中国新时代教育文库

民办高等教育政策变迁的历史与逻辑

以非营利性与营利性为视角

何炜 著

·北京·

图书在版编目（CIP）数据

民办高等教育政策变迁的历史与逻辑：以非营利性与营利性为视角／何炜著．--北京：中国经济出版社，2023.5
ISBN 978-7-5136-7297-9

Ⅰ．①民… Ⅱ．①何… Ⅲ．①民办高校-教育政策-研究-中国 Ⅳ．①G648.7

中国国家版本馆CIP数据核字（2023）第074302号

组稿编辑　崔姜薇
责任编辑　夏军城
责任印制　马小宾
封面设计　任燕飞

出版发行	中国经济出版社
印 刷 者	北京艾普海德印刷有限公司
经 销 者	各地新华书店
开　　本	710mm×1000mm　1/16
印　　张	15
字　　数	253千字
版　　次	2023年5月第1版
印　　次	2023年5月第1次
定　　价	88.00元

广告经营许可证　京西工商广字第8179号

中国经济出版社　网址 www.economyph.com　社址 北京市东城区安定门外大街58号　邮编 100011
本版图书如存在印装质量问题，请与本社销售中心联系调换（联系电话：010-57512564）

版权所有　盗版必究（举报电话：010-57512600）
国家版权局反盗版举报中心（举报电话：12390）　　服务热线：010-57512564

前 言

中国民办高等教育经过40多年的发展，已从最初的"拾遗补阙"发展成为我国高等教育事业的"重要组成部分"。在民办高等教育的发展历程中，非营利性和营利性问题一直是各方关注的焦点。长期以来民办高等教育的非营利性与营利性问题界定不清，导致针对民办高等教育的财政扶持政策、税收优惠政策以及用地政策等得不到有效落实，制约了中国民办高等教育的健康可持续发展。纵观中国民办高等教育的政策变革历程，先后经历了民办高等教育"不得以营利为目的"、允许民办高校举办者获取"合理回报"、非营利性与营利性民办高等教育分类管理三个阶段。作为一项解释性研究，本书基于民办高等教育政策变迁为什么会呈现这种阶段性特征，进而借助于历史制度主义和政策变迁相关理论，运用文献分析法和历史分析法，试图对这一政策现象做出合理的解释。

本书首先回顾了西方政策变迁的间断—均衡理论、多源流理论以及倡议联盟理论等，并提取了相关理论中引发政策变迁的理念、利益和制度因素。在此基础上，借鉴制度复合体模型，搭建了政策变迁的"理念—利益—制度"分析框架，并论述了这一框架用于分析民办高等教育政策变迁的必要性、适用性。其次，以政策文本为基础，以非营利性与营利性政策演进为线索，梳理了40多年来民办高等教育政策的历史发展脉络，以呈现民办高等教育政策变迁过程中的阶段性特征。最后，从理念、利益和制度三个方面分别论述其对民办高等教育非营利性与营利性政策变迁的影响。

本书研究发现：第一，以非营利性与营利性政策变迁为线索，民办高等教育的政策变迁可以划分为"不得以营利为目的"的政策阶段、允许举办者获取"合理回报"的政策阶段以及非营利性与营利性分类管理的政策阶段，三个阶段的政策分别呈现出限制与管控、鼓励与扶持、规范与引导的特征。第二，民办高等教育政策场域中存在着高等教育国家所有制理念、高等教育产业化理念、高等教育非营利组织理念、高等教育准公共物品理念，这些理念并非都能对民办高等教育政策产生影响。一种理念要对政策产生影响，则需要通过理念学习使之合法化、通过理念竞争使之主导化、通过理念嵌入制度使之制度化。理念影响政策的关键是能够被政治家（决策者）认同和接受。第三，从20世纪80年代初至今，基于利益和政策诉求的差异，民办高等教育政策场域中先后出现了发展社会行为体和管控社会行为体、市场化社会行为体和公益性社会行为体、规范发展社会行为体和趋利性发展社会行为体。这些社会行为体并非都能获得决策者的支持，只有那些具有要素禀赋优势、竞争力强和发展理念契合国家民办高等教育发展战略的社会行为体可以获得决策者的支持。第四，宏观制度、中观制度和微观制度影响着民办高等教育政策变迁。三个层次的制度对政策变迁的影响是非均衡的，宏观制度和中观制度变化相对较小，对民办高等教育政策影响不明显，微观制度变化显著，对民办高等教育政策变迁的影响较为明显。

目 录

绪 论 ··· 001
    一、选题缘由 ··· 001
    二、国内外研究文献综述 ··· 005
    三、研究内容与方法 ··· 018
    四、研究的创新与不足 ·· 022

第一章 民办高等教育政策变迁分析框架建构 ················ 024
    一、政策变迁的理论 ··· 024
    二、政策变迁的一个分析框架:理念—利益—制度 ············ 037
    三、民办高等教育政策变迁的"理念—利益—制度"分析框架 ····· 043

第二章 民办高等教育政策变迁的轨迹 ························· 051
    一、不同政策阶段的核心概念 ···································· 051
    二、民办高等教育政策的建构历程 ······························· 059
    三、民办高等教育政策变迁的阶段性特征 ······················ 075

第三章 理念与民办高等教育政策变迁 ························· 081
    一、民办高等教育政策理念的来源与变迁 ······················ 081
    二、理念影响民办高等教育政策的途径 ························· 092
    三、理念变迁与民办高等教育政策创新 ························· 111

第四章 利益与民办高等教育政策变迁 ························· 120
    一、社会联盟理论:部门分化与要素禀赋 ······················ 120
    二、社会行为体格局:1982—2002 年 ·························· 124

三、社会行为体格局：2002—2010 年 ……………………… 135
　　四、社会行为体格局：2010—2021 年 ……………………… 145

第五章　制度与民办高等教育政策变迁 …………………………… 155
　　一、制度与制度分层 …………………………………………… 155
　　二、宏观制度变迁与民办高等教育政策选择 ………………… 158
　　三、中观制度变迁与民办高等教育政策选择 ………………… 170
　　四、微观制度变迁与民办高等教育政策选择 ………………… 184

第六章　民办高等教育政策变迁：理念、利益与制度的互动 ……… 196
　　一、理念、利益与制度：民办高等教育政策变迁的关键因素 …… 196
　　二、民办高等教育政策变迁：理念、利益与制度的互动 ……… 202

结论与讨论 …………………………………………………………… 208
　　一、本书的基本结论 …………………………………………… 208
　　二、本书的贡献 ………………………………………………… 209
　　三、本书的不足 ………………………………………………… 210
　　四、需要进一步讨论的问题 …………………………………… 210

参考文献 ……………………………………………………………… 212
索　引 ………………………………………………………………… 230
致　谢 ………………………………………………………………… 231

绪 论

一、选题缘由

(一) 选题背景

民办高等教育已成为高等教育的重要组成部分。中国的民办教育有着悠久的历史,早在2400多年前的春秋时期就出现了私学教育,孔子设立私学,开创了民办教育的先河。春秋战国时期,思想文化领域的"百家争鸣"更是促进了私学教育的繁荣,宋代的书院和近代的教会学校,也是我国民办教育的重要表现形式,为我国民办高等教育的发展积累了宝贵的经验。随着改革开放的不断推进,现代意义上的民办高等教育从1982年恢复并迅速发展。40多年来,从弥补国家财政不足到满足公众多元化需求,从"拾遗补阙"到高等教育的"重要组成部分",民办高等教育彰显出强大的生命力和灵活性。从《2019年全国教育事业发展统计公报》的数据来看,截至2019年底,我国共有民办高校757所,占比28.2%(全国高校2688所)。本专科在校生708.83万人,占全国普通高校本专科在校生的23.4%(普通本专科在校生3031.53万人)。① 从以上数据可以看出,民办高等教育已成为我国高等教育的重要组成部分。

民办高等教育非营利性与营利性分类管理政策已经确立,但实施缓慢。自2002年《中华人民共和国民办教育促进法》(以下简称《民办教育促进法》)颁布实施以来,国家大力支持民办高等教育发展,依法规范管理民办高等教育成为我国民办高等教育事业改革发展的主题。2010年7月,国家发布了《国家中长期教育改革和发展规划纲要(2010—2020年)》,该规划纲要提出了开展非营利性与营利性民办教育分类管理试点工作,② 该项政策被认

---

① 2020年全国教育事业发展统计公报 [EB/OL]. 教育部,2020-5-20 [2020-6-15]. http://www.moe.gov.cn/jyb_sjzl/sjzl_fztjgb/201907/t20190724_392041.html.

② 参见《国家中长期教育改革和发展规划纲要(2010—2020年)》,第44条,2010年。

为是依法管理民办高等教育，促进民办高等教育健康发展的一项重要政策。同年10月，国务院办公厅印发了《国务院办公厅关于开展国家教育体制改革试点的通知》，该通知提出探索非营利性与营利性民办学校分类管理办法，纠正并清理针对民办教育的各类不科学政策，提出保障民办学校办学自主权，探索国家财政支持民办教育的具体政策。两年后，教育部印发了《国家教育事业发展第十二个五年规划》，该规划强调要按照举办者自主选择和政府分类管理的原则，开展非营利性与营利性民办教育分类管理试点工作，逐步确立民办教育的分类管理制度和监督管理制度。2015年1月召开的国务院常务会议提出了对《中华人民共和国高等教育法》（以下简称《高等教育法》）《中华人民共和国教育法》（以下简称《教育法》）以及《民办教育促进法》等法律进行一揽子修改的议案，拟通过立法的方式，确立对民办高等教育的分类管理制度，允许举办营利性民办教育。2016年4月习近平总书记主持召开了中央全面深化改革领导小组第二十三次会议（2018年3月，根据中共中央印发的《深化党和国家机构改革方案》，将中央全面深化改革领导小组改为中央全面深化改革委员会），指出规范和扶持民办教育发展，坚持党对民办学校的领导，保证民办学校的社会主义发展方向。同时，要建立非营利性民办学校与营利性民办学校分类管理制度。① 2016年12月，全国人大通过了新的《民办教育促进法》，相关部门制定了《民办学校分类登记实施细则》《营利性民办学校监督管理实施细则》《国务院关于鼓励社会力量兴办教育促进民办教育健康发展的若干意见》等法律法规及规范性文件，确立了民办高等教育分类管理政策，但是与之相关的《民办教育促进法实施条例》2021年5月才得以出台实施。

（二）问题的提出

从公共政策的视角来看，民办高等教育政策作为一种主体性活动和过程，产生于特定的政策环境中，民办高等教育的发展受到其所在的政策环境的影响。从20世纪80年代初，中国现代意义上的民办高等教育产生并在曲折中逐步发展，近年来得以迅速发展。民办高等教育的发展离不开政府的管理，政府的管理往往以公共政策的形式得以实现。民办高等教育的营利性与非营利性问题既是一个理论热点问题，也是民办高等教育改革的一个难点问题。针对这一问题，民办高等教育发展40多年表现出了不同的政策形态。

在民办高等教育复苏与发展的前20年，国家在教育政策上表现为禁止民

---

① 王洋.习近平主持召开中央全面深化改革领导小组第二十三次会议[EB/OL].新华网，(2016-4-18)[2019-12-22]. http://news.xinhuanet.com/ttgg/2016-04/18/c_1118659626.htm.

办高等教育营利。1982年颁布的《中华人民共和国宪法》（以下简称《宪法》）赋予了社会力量办学的合法性，该《宪法》第十九条规定国家鼓励集体经济组织、企业组织以及其他社会力量举办各类教育事业。这一规定明确了国家对民办教育的态度，赋予了民办教育的合法地位。1987年颁布的《关于社会力量办学的若干暂行规定》，是改革开放后第一个较全面的有关社会力量办学的文件，虽然文件没有明确规定民办高等教育是否可以营利，但是文件第十六条做出了"社会力量举办学校的资产以及全部收入，归学校所有"的规定，这一表述间接规定民办高等教育的举办者不能营利。1993年国家教育委员会制定的《民办高等学校设置暂行规定》中明确要求民办高等学校不得以营利为办学宗旨。其后颁布的《教育法》（1995年）、《社会力量办学条例》（1997年）、《高等教育法》（1998年）、《民办非企业单位登记管理暂行条例》（1998年）以及《教育类民办非企业单位登记办法》（2001年）等，均要求"不得以营利为目的"进行民办高等教育及教学活动。

2002—2010年，相关政策允许民办高等教育适当营利。2002年国家颁布了《民办教育促进法》，该法规定民办学校在扣除办学成本和预留发展基金以及必要的费用后，办学者可以从办学结余中获取合理回报，取得合理回报的办法由国务院规定。① 这一规定改变了中国禁止民办高等教育营利的局面。依据这一规定，中国的民办高等学校可以划分为"不取得合理回报的民办高校"与"取得合理回报的民办高校"。理论界一般认为允许合理回报，即为允许民办高校营利。2004年颁布的《中华人民共和国民办教育促进法实施条例》将"合理回报"进行了细化。这一时期所颁布的其他相关政策，均是在"合理回报"语境下对相关问题进行制度设计。诸如2002年颁布的《社会力量设立科学技术奖管理办法》、2005年颁布的《民办教育收费管理暂行办法》、2006年发布的《关于加强民办高校规范管理引导民办高等教育健康发展的通知》、2007年制定的《民办高等学校办学管理若干规定》以及2008年颁布的《独立院校设置与管理办法》等。

2010—2021年，相关政策要求对营利性与非营利性民办高等教育进行分类管理。中共中央、国务院在2010年发布了《国家中长期教育改革和发展规划纲要（2010—2020年）》，在该规划纲要中提出了开展对非营利性与营利性民办教育分类管理试点的工作，② 并确定在温州市、上海市、深圳市以及吉

---

① 参见《中华人民共和国民办教育促进法》第51条，2002年。
② 参见《国家中长期教育改革和发展规划纲要（2010—2020年）》第44条。

林华侨外国语学院开展民办高等教育分类管理的试点改革工作。2012年，教育部制定了《关于鼓励和引导民间资金进入教育领域促进民办教育健康发展的实施意见》，明确提出了探索与完善民办教育分类管理的制度与机制。2015年，国务院向全国人大提交了《高等教育法》《教育法》《民办教育促进法》的修正案，删除了"教育不得以营利为目的"的相关规定，为民办高等教育分类管理制度的建立扫清了上位法的障碍。2016年底，国家修订了《民办教育促进法》，制定了《民办学校分类登记实施细则》《营利性民办学校监督管理实施细则》《国务院关于鼓励社会力量兴办教育促进民办教育健康发展的若干意见》，2021年国务院制定了《民办教育促进法实施条例》等。至此，确立了民办高等教育分类管理制度。

通过以上民办教育政策的分析可以看出，有关民办高等教育非营利性与营利性问题，先后经历了"不得以营利为目的"的禁止营利的政策阶段、"合理回报"语境下的允许适当营利的政策阶段以及非营利性与营利性民办高等教育分类管理的政策阶段。本书将研究目标定位于民办高等教育政策为什么会从"不得以营利为目的"到"合理回报"，最终走向"分类管理"，并试图对这一变化过程进行解释。

（三）选题的意义

从民办高等教育"不以营利为目的"到"合理回报"再到"非营利性与营利性分类管理"，既是民办高等教育改革的问题，也是涉及理念变迁和利益分配的公共政策与教育管理问题。探究民办高等教育从"不得以营利为目的"到允许举办者获取"合理回报"，再到非营利性与营利性分类管理的政策变迁，有利于深化中国民办高等教育政策变迁的研究，拓宽研究层次、提高研究水平。同时，探索中国民办高等教育非营利性与营利性的政策变迁，对当前民办高等教育分类管理政策的顺利实施，促进民办教育健康发展具有重要的现实意义。

1. 理论意义

一是搭建了民办高等教育非营利性与营利性政策变迁的一个综合性分析框架。现代意义上的中国民办高等教育发源于改革开放之后，至今也不过40多年的历史，如果除去20世纪80年代初期的自修大学、业余大学等非学历职业培训的发展时期，民办高等教育在中国也就30余年的发展历史。由于发展时间短暂，中国民办高等教育仍处于摸索阶段，理论研究相对缺乏。本书从政策变迁视角出发，反思了西方经典政策变迁范式的局限性与不足，基于制度变迁中的理念、利益与制度三个核心要素，依据中国民办高等教育的实际情况，讲述中国民办高等教育的发展"故事"，搭建民办高等教育非营利性与营利性政策变迁的"理念—利益—制度"分析框架，并探究理念、利益以及制度三个因素对民办高等教育政策变迁的影响，丰富了政策变迁理论。

二是有助于推进中国民办高等教育改革和发展的理论研究。在整个民办高等教育改革的过程中，非营利性与营利性问题一直是理论界的热门话题，事关依法治教与民办高校健康可持续发展全局，但是相关研究很少，基于政策变迁的研究更少，将民办高等教育政策变迁置于民办高等教育发展过程的研究更是空白。本书以"不以营利为目的""合理回报"以及"分类管理"为主线，从理念、利益与制度三个维度探寻民办高等教育政策变迁的历史逻辑，发现政策变迁过程中存在的问题，为进一步清理、完善与补充民办高等教育相关法律法规以及配套政策提供理论支撑。

2. 现实意义

一是有利于明晰民办高等教育非营利性与营利性改革的历史与现实，为准确判断当前的改革形势提供参考。本书从历史的视角洞悉民办高等教育非营利性与营利性政策变迁过程中的理念、制度以及利益等因素对政策变迁的影响，使政策制定者对民办高等教育非营利性与营利性政策变迁的过程有更清晰的认识。只有了解了历史，以史为鉴，才能够更深入地认识政策变迁的艰巨性和困难性，才能更好地判断变革的形势和发展方向，为决策提供参考。

二是有利于揭示民办高等教育政策变迁的深层次逻辑，呈现非营利性与营利性政策变迁的整个过程以及相关影响因素的作用机理，为民办高等教育的深层次改革提供依据。本书深入分析了理念、社会行为体的利益格局以及制度三个因素对政策变迁的影响和驱动，指出三者共同作用促进了民办高等教育非营利性与营利性政策变迁。

二、国内外研究文献综述

在文献综述部分，本书基于国内和国际两个视角，从非营利性民办高等教育与营利性民办高等教育政策内涵、政策差异、政策变迁的动因等方面对相关文献进行综述。通过对已有文献的综述，有助于理清当前国内外学术界针对民办高等教育非营利性与营利性政策的研究路径与重点难点，进而发现研究空白，挖掘研究空间。

（一）国内研究现状

根据中国知网（https：//www.cnki.net）收录的相关文献，最早讨论民办高等教育非营利性与营利性的问题的学术文章是1996年林荣日和杜作润在《上海成人教育》上发表的《民办高校的"营利性"问题之我见》一文，该文认为规定民办教育"不得以营利为目的"既不符合国际通行的做法，也不符合中国高等教育发展的实际，允许民办高校适当营利，有利于激发公民个人和社会组织办学的积极性。[①] 此后随着《民办教育促进法》的酝酿出台，民办高等教育非营利性与营利性问题相关研究文献逐步增多。由于《民办教育促进法》并没有在法律上确立民办教育的可营利性，相关研究逐渐转向民办教育的国家扶持、税收优惠以及师生权益保护等方面。2010年国家进行非营利性与营利性民办高等教育分类管理改革试点，民办高等教育的非营利性与营利性问题再度成为研究热点。

1. 非营利性与营利性民办高等教育的内涵

从非营利性与营利性民办高等教育的内涵来看。清华大学贾西津博士后认为民办教育应存在非营利性和营利性两种不同的形式，并对两种不同类型的民办学校进行了界定。基于非营利组织的组织性、非营利性、非政府性、志愿性和自治性，贾西津认为非营利性民办学校具有三个显著特征：办学宗旨不能以营利为目的；学校的资产不能以任何形式转化为私人资产；学校的资产不能用于成员之间分红或者分配。营利性民办学校则是与非营利性学校相对应，营利性学校办学目的是获取利润；学校的资产是一种私有资产且可以在成员之间进行分配。[②] 王名和郑林媛也有类似的界定，认为非营利性民办高校不以营利为目的，不能将剩余利润进行分红，不能将学校的财产转变为私有资产，在此基础上归纳出非营利性民办高校与营利性民办高校的五点差异：从办学性质来看，非营利性民办高校属于捐资办学范畴，法律上界定为民办非企业单位，营利性民办高校是企业或者个人投资举办，提供的是高等教育产品；从所有权来看，非营利性民办高校的全部资产归学校所有，营利性民办高校的资产归投资者所有；从收益权来看，非营利性民办高校结余只能用于学校发展，不能分配，营利性民办高校具有财产收益权，可以获取办学收益；从收费权来看，非营利性民办高校的收费权受政府严格监管，营利性民办高校的收费权由市场决定，受市场供求关系影响；从管理方式来看，非营利性民办高校按照公益性事业单位管理，在税收、用地方面享受的优惠

---

① 林荣日，杜作润.民办高校的"营利性"问题之我见［J］.上海成人教育，1996（6）：1.
② 贾西津.对民办教育营利性与非营利性的思考［J］.教育研究，2003（3）：88.

较多，营利性民办高校按照企业的管理办法进行管理，依法注册、纳税。[①]

从非营利性与营利性民办高等教育的特征来看。不少学者对非营利性与营利性民办高校的特征进行了研究。宋京认为非营利性民办高等教育是一种偏重于通识教育和学术研究的高等教育，办学目的是传播和创造知识、教育和培养人才，教学活动具有明显的外部性，许多国家会对非营利性民办高等教育提供资助；营利性民办高等教育主要提供各类职业教育、资质认证培训以及语言培训等项目，实用性较强，具有明显的私人产品属性。[②] 鞠光宇和江虹认为非营利性民办高校坚持通识教育，将科研作为自身使命，开设专业较为齐全，分布于各个层次；营利性民办高校将学生视为顾客，以学生为中心，以职业为导向，开设社会需求量较大的专业。[③] 不同类型的民办高等教育的办学目的不同，决定了其办学特征的差异。

从非营利性与营利性之间的关系来看。在民办高等教育营利性与非营利性问题上，学术界存在两种观点：一种观点认为非营利性与营利性二者是矛盾的，持这种观点的人认为民办高等教育的目的是培养人才，如果以营利为目的必然会损害大学的教学质量，偏离高等教育的公益性和教育逻辑。比如张维迎教授认为高等教育的功能是创造知识、传授知识和服务社会，一个好的大学不能是营利性的。[④] 也有人认为，民办教育的营利性导致民办高校在办学过程中以营利为导向，把追求利润作为办学目的，导致民办高校偏离教育逻辑。[⑤] 另一种观点认为民办高等教育本质上是一种公益性事业，办学过程中存在盈余并不意味着民办高校是一种营利性组织。由于民办高校在中国是特定历史环境下的产物，投资办学是其显著特征，为了调动举办者的积极性，应当允许其获取办学收益。潘懋元教授等是这一观点的支持者，他认为民办高等教育投资办学的特征和国家财政支持不足的特定环境，决定了民办高等教育营利性特征，但是如果民办高校所获得的办学收益不划归私人所有，而是将其继续用于高等教育事业，则民办高校营利有利于公益性的实现。[⑥] 吴光芸认为政府与民

[①] 王名，郑林嫒. 民办大学营利性的公共政策分析 [J]. 高教探索，2002 (3)：73.

[②] 宋京. 我国民办高等教育的改革方向：区分营利性与非营利性组织 [J]. 民办教育研究，2005 (1)：88.

[③] 鞠光宇，江虹. 分类管理制度下民办高等教育发展战略研究 [M]. 北京：九州出版社，2017：51-57.

[④] 张维迎. 大学的逻辑 [M]. 北京：北京大学出版社，2004：130.

[⑤] 王耀忠，王亚菲. 民办学校营利性和非营利性选择之难与剖析 [J]. 教育财会研究，2018 (3)：88.

[⑥] 潘懋元，别敦荣等. 论民办高校的公益性与营利性 [J]. 教育研究，2013 (3)：25.

办学校之间存在着博弈，当二者达到博弈均衡状态时，能够实现营利性与非营利性的兼顾。① 可见，民办高等教育的非营利性和营利性并不总是冲突的。

2. 非营利性与营利性民办高等教育的政策差异

相关文献一般以是否获取和分配办学收益为标准，将民办高等教育分为非营利性与营利性两类。由于两类民办高校存在属性上的差异，理论界倾向于采取不同的政策对其分类管理。从相关文献来看，非营利性与营利性民办高等教育的政策差异，主要体现在税收优惠、财政扶持、办学自主权以及师生权益保障等方面。

从税收政策的差异性来看。税收是调节民办高等教育举办者办学积极性的重要政策安排，既是鼓励民办高等教育快速发展的政策工具，也是减轻公共财政负担的重要手段。从当前的税收政策来看，适用于民办高等教育的税收包括经营税、契税、企业所得税、土地增值税等。刘小清等认为应该给予各类民办高校退税优惠，使非营利性民办高校享受与公办高校同等的税收待遇，但是现行的税收政策多是采用限制性优惠方式，各类民办学校很难享受到免税的政策待遇。② 李虔认为，按照国际惯例，非营利性民办高校和营利性民办高校通常分别被称为免税高校和纳税高校，应该根据两类高校是否营利自动获取或者免除纳税资格。③ 李望国将民办高校分为捐赠举办的民办高校、投资不要求获取合理回报的民办高校以及投资要求合理回报的民办高校三类，前两类民办高校实行"税不进校"政策，享受与公办高校同等的税收优惠政策，第三类民办高校在免征营业税的前提下，可征收民办高等教育合理回报所得税。④ 申素平等认为，对于非营利性民办高校来说，应依据其以营利性收入是否与办学宗旨和办学目的相关决定是否征税，与办学宗旨和办学目的无关的收入应进行征税，但对于非营利性民办高校的资本性收入应给予免税；对于营利性民办高校来说，应将其进一步细分，根据其公益性程度确定有区别的税收优惠。⑤

---

① 吴光芸. 民办教育营利性和公益性的博弈论分析 [J]. 当代教育论坛, 2003 (9): 89.
② 刘小清, 韦彦辰. 非营利性民办学校多元化筹资渠道研究 [J]. 现代商贸工业, 2011 (7): 162.
③ 李虔. 税收政策与私立高校分类管理：美国经验及其启示 [J]. 国家教育行政学院学报, 2015 (8): 90.
④ 李望国. 资本的逐利性与教育的公益性——民办高校的"非营利性"探讨 [J]. 中国高教研究, 2010 (10): 46.
⑤ 申素平, 贾楠. 二分格局基础上民办教育税收制度之完善 [J]. 清华大学教育研究, 2018 (5): 48.

从财政政策的差异性来看。财政扶持是鼓励民办高等教育健康发展的重要措施,主要包括直接资助和间接资助两种形式。吴伟、张松研究发现:在对民办高等教育实施非营利性与营利性分类管理政策之前,民办高校从政府部门获取的经费非常少,绝大部分民办高校很难得到政府的财政资助。① 刘建银认为现有的政府对民办高校的资助政策很不公平,捐资举办的民办高校、出资举办不要求合理回报以及出资举办要求合理回报的民办高校,其所享受的资助政策相差无几,解决这一问题的根本办法是实施非营利性与营利性民办高校分类管理。② 何国伟认为政府对非营利性民办高等教育的财政扶持包括直接资助和间接资助两种方式,直接资助是政府直接向非营利性民办高校拨付财政资金,间接资助则是通过非财政拨款方式给予民办高校扶持与帮助。③ 王纾然、何鹏程研究了非营利性与营利性民办高等教育分类管理背景下的财政扶持政策,认为无论是非营利性民办学校还是营利性民办学校,都要坚持教育的公益性导向,都应该把社会公益放在第一位,非营利性民办学校是财政支持的主要对象。分类管理后,非营利性民办教育以财政直接扶持为主,营利性民办学校则以财政间接扶持为主。④ 非营利性与营利性分类管理改革后,政策倾向于给予非营利性民办高等教育更多的财政扶持。

从师生权益的政策差异性来看。学生和教师都是民办高等教育利益重要的相关者,对师生合法权益的保护是民办教育政策的一个重要方面。文川等是较早关注民办高校教师权益保障的学者。他认为政策对民办高校教师权益保障不足体现在三个方面:一是民办高校在职称评定、课题申报、职业培训等方面与公办高校教师差异明显;二是民办高校的社会保障制度与公办高校存在很大差异;三是捐资举办的民办高校和投资不要求取得合理回报的民办学校没有建立教师年金制度。⑤ 在针对学生权益的保护政策上,亦存在公办高校与民办高校的不平等。尹晓敏研究发现,有些地方对民办学校的学历文凭存在歧视,民办学校的学生在交通优惠、国家资助以及评奖评优等方面很难

---

① 吴伟,张松. 公共财政经费资助民办高校方式问题初探 [J]. 民办教育研究,2006 (6):89.
② 刘建银. 公共财政支持民办学校的政策体系:基于分类管理视角的分析 [J]. 教育科学,2011 (6):1.
③ 何国伟. 政府公共财政资助非营利性民办高校问题研究 [J]. 教育探索,2016 (1):61.
④ 王纾然,何鹏程. 分类管理背景下民办教育财政扶持政策的转向 [J]. 教育发展研究,2018 (7):16.
⑤ 文川,莫振豪. 基于政府责任的民办高校教师权利贫困问题研究 [J]. 浙江树人大学学报,2013 (3):18.

享受到与公办学校学生同等的待遇。① 高昌林等认为非营利性与营利性民办教育不分是师生权益得不到保障的一个重要原因。② 在师生权益保障方面，周海涛等认为政府应鼓励和引导重点支持非营利性民办学校。③ 李虔认为应制定非营利性民办学校和营利性民办学校差别化师生保障政策，强化非营利性和公益性的政策导向，师生权益保护政策向非营利性民办学校倾斜。④ 在师生权益保护政策上，已有研究针对公办高校和民办高校师生权益保障不平等的问题，提出赋予非营利性民办高校更多支持，使之享受与公办高校在师生权益保护方面同等的政策。

从办学自主权的政策差异性来看。2002 年制定的《民办教育促进法》赋予了民办高校办学自主权，体现在专业设置、招生、收费以及教师职称评定等方面，但是在民办高等教育办学自主权政策实施方面仍存在变相缩水和落实不到位的问题。⑤ 王文源认为应进一步放开民办高等教育办学自主权，针对非营利性和营利性两种不同性质的民办高校，自主权的放开程度应体现出差异性。以收费权来说，非营利性民办高等教育机构属于事业单位法人，具有公立高等教育的属性，其收费标准和收费项目受政府教育行政部门指导与管理；营利性民办高校属于企业法人，具有企业属性，应由学校自主确定收费标准和收费项目，但同时应当向当地物价部门备案和向社会公示。⑥ 周海涛教授从行政审批的视角研究了民办学校的办学自主权问题，认为应取消非营利性民办教育机构的前置审批，营利性民办教育在收费、招生等方面不设置前置审批。⑦ 从已有的文献可以看出，学界倾向于区别对待非营利性民办高校与营利性民办高校，应给予营利性民办高校更多办学自主权。

3. 非营利性与营利性民办高等教育政策变迁的动因

民办高等教育非营利性与营利性政策变迁的动因，是有关分类管理研究的一个热点问题。许多学者把非营利性与营利性民办高等教育政策变迁的动

---

① 尹晓敏. 构建民办学校学生合法权益的保障机制 [J]. 浙江树人大学学报，2009（1）：10.
② 高昌林，刘剑玲. 新《民促法》背景下民办学校教职工合法权益保障：理论之维与实践之径 [J]. 浙江树人大学学报，2019（4）：21.
③ 周海涛，闫丽雯. 我国民办教育发展的动向和思考 [J]. 教育发展研究，2016（17）：108.
④ 李虔. 民办学校分类管理推进难点与破解路径 [J]. 四川师范大学学报（社会科学版），2019（2）：124.
⑤ 范绪锋. 民办学校分类管理改革难在哪 [J]. 教育发展研究，2015（13）：98.
⑥ 王文源. 深水区教育改革背景下的民办教育顶层制度设计 [J]. 北京师范大学学报（社会科学版），2014（4）：5.
⑦ 周海涛. 民办学校分类管理改革如何推 [J]. 教育发展研究，2015（13）：108.

因作为研究的逻辑起点,从不同视角对非营利性与营利性民办高等教育政策变迁进行了解读。通过对相关研究文献的梳理发现,有关非营利性与营利性民办高等教育政策变迁的动因主要存在以下三种观点:

需求驱动非营利性与营利性民办高等教育政策变迁。这种观点认为非营利性与营利性民办高等教育政策变革的动因,来自解决民办高等教育现实问题的需要。方建锋认为实行非营利性与营利性民办教育分类管理政策,是解决民办教育营利性问题的需求。其认为在民办教育40多年的发展进程中,大量寻利性资本进入民办教育领域,在利益驱动下办学者基于"市场逻辑",尽管在经费、科研以及师资等方面投入不足,却获取了大量利润,造成许多民办学校"假公益、真营利"现状。这种状况损害了受教育者及其家长的权益,必须通过非营利性与营利性分类管理改革让非营利学校更加公益,让营利性学校合法获益。[①] 王建提出了类似的观点,认为基于现行的法律制度,民办学校究竟是企业还是非企业,是营利机构还是非营利机构,答案是模糊不清的,甚至是冲突的,解决这一问题关键在于区分民办教育的非营利性与营利性,理清产权归属、合理回报与税收优惠难题,实施分类管理。[②] 刘耀明认为实施非营利性与营利性分类管理政策是社会环境需求的驱动。他认为高等教育资源的丰富为开展分类管理改革试点提供了社会基础,社会公众基本上具备了对营利性民办高等教育的付费能力,开展营利性办学试点不会对我国民办高等教育发展造成太大的冲击。[③] 周朝成认为非营利性与营利性民办教育分类管理是政府需求的驱动。他认为民办教育经过短期行业竞争沉淀之后,政府部门希望民办教育持续健康发展;希望通过分类管理改革,引导民办教育转向公益性教育事业;希望通过分类管理改革,不断提高民办教育质量,建设一批有特色、高水平的民办学校。[④] 对非营利性与营利性高等教育进行分类管理是当前许多私立高等教育发达国家所采取的普遍性政策,这一政策既积极鼓励纯公益性私立高等教育,同时允许营利性私立高等教育的存在。

结构驱动非营利性与营利性民办高等教育政策变迁。这种观点认为非营利性与营利性民办高等教育政策变迁源于民办高等教育的结构特征。刘耀明

---

① 方建锋. 对民办教育机构实行营利性非营利性分类管理的制度架构研究[M]. 上海:上海人民出版社,2017:6-8.
② 王建. 民办学校分类管理——从"四分法"到"二分法"[J]. 北京大学教育评论,2012(2):22.
③ 刘耀明. 民办高校分类管理的制度逻辑[J]. 复旦教育论坛,2011(3):68.
④ 周朝成. 促进民办教育的可持续发展——谈《民办教育促进法》修订中的分类管理问题[J]. 复旦教育论坛,2016(3):63.

认为中国的民办高等教育的结构特征表现为：一是以投资办学为主。投资办学的结构特征破坏了民办教育结构的均衡、引发了生源危机、造成信息不对称的合约失灵、逐利性引发政府的不信任以及资金链的断裂等。二是以非对称性的管理模式为主。在以投资办学为主体的结构特征下，获取回报是投资办学者的天然诉求，但是现实中民办高等教育的举办者却并不要求合理回报，以便于可以享受到相应的土地优惠、税收减免以及财政资助政策，这种逻辑促使所有的举办者都不要求合理回报。三是结构的趋同性明显。市场逻辑主导下的民办教育，展现出来的是一种外延发展较快、内涵发展趋同的状况，这种趋同性在民办高等教育的路径选择、办学模式以及人才培养方面尤为突出。上述结构化特征，驱动着需求，驱动非营利性与营利性民办高等教育政策变迁政策变革。① 吴华通过对民办教育结构的考察，也提出了类似观点。他认为中国的民办教育与西方发达国家办学者感恩回报社会的捐资办学不同，中国大多数民办教育办学者财力有限，一般通过学费维持学校的生存和发展。表面上看，很多举办者不要求取得合理回报，但在私底下却存在利益输送行为。② 这种行为特征需要通过非营利性与营利性分类管理政策加以纠正。

　　机制驱动非营利性与营利性民办高等教育政策变迁。这种观点认为非营利性与营利性分类管理政策变迁源于分类管理制度运行机制的优势。袁曙宏、李晓红、许安标等认为，将民办教育分为非营利性和营利性两类，针对两类不同性质的民办教育采取不同的管理方法，能够解决民办学校的身份性质不清、财产权益归属不明、加大对民办教育的扶持、加大对民办学校的监管等问题。③ 李文章认为非营利性与营利性民办教育分类管理，既能够积极鼓励纯公益性的民办教育，也允许一部分营利性民办教育的存在。④ 李丽丽认为对进行非营利性与营利性民办高等教育的分类管理，给予差别化的财政和税收优惠政策，有利于满足中国不同类型民办高校的现实需求、帮助民办高校吸收更多的社会资本、促使政府对民办高校出台更多可行的扶持政策。⑤ 正是由于非营利性与营利性民办高等教育分类运行机制的优势，驱动了相应的政策变革。

---

① 刘耀明. 民办高校分类管理的制度逻辑 [J]. 复旦教育论坛, 2011 (3): 68.
② 吴华. 重新审视民办学校分类管理的理由 [J]. 教育经济评论, 2016 (2): 3.
③ 袁曙宏,李晓红,许安标,等. 《民办教育促进法》释义 [M]. 北京: 中国民主法治出版社, 2017: 45-46.
④ 李文章. 民办教育分类管理研究述评 [J]. 大学教育, 2014 (10): 116.
⑤ 李丽丽. 民办高等教育分类管理研究 [J]. 继续教育研究, 2013 (12): 95.

(二) 国外研究现状

从世界范围来看,营利性私立高等教育产生于 20 世纪中期,虽经历 70 余年的发展,但是其在整个私立高等教育领域所占的份额并不大,许多国家在是否允许存在营利性私立高等教育问题上界定模糊,政府在政策上对营利性私立高等教育限制严格。基于此,国外对于非营利性和营利性私立高校政策的研究相对不多,相关文献散见于非营利性与营利性私立高校属性的划分、政策差别、营利性私立高校政策变迁的动因等方面。

1. 非营利性与营利性私立高等教育的内涵

沃尔特·W. 鲍威尔在其著作《非营利部门研究手册》(*The nonprofit sector: a research handbook*) 中对私立、公立、非营利性、营利性进行了研究,认为私立、公立、非营利性、营利性作为四种制度逻辑可以被用于描述三种组织形式,营利性组织、非营利性组织以及公共组织(政府)。沃尔特·W. 鲍威尔认为,教育领域中的私立学校既可以是非营利性组织,也可以是营利性组织。非营利性教育组织所有权归属于董事会,董事会不能将学校的经营收入分配给个人,但需对学校的经营承担一定的债务责任。营利性教育组织的所有权归属于股东或者个人,可以分享利润。① 可见,鲍威尔认为非营利性与营利性学校的分类标准是所有权基础上的利润分配方式,利润分配方式不同,私立学校的性质不同。非营利性私立学校不允许分配利润,营利性私立学校则允许分配利润。凯文·金瑟和丹尼尔·C. 利维认为,随着近年来营利性私立高校在私立高等教育领域的快速发展,过往理论界对教育机构公私二元分类的局限性越来越明显。从全球来看,传统上许多以公立高等教育为主的国家,营利性私立高等教育的快速发展为私立高等教育展现出一种全新的模式。基于这种情况,金瑟和利维将高等教育的形式分为三类:公立高校、非营利性私立高校以及营利性私立高校。② 金瑟和凯文指出,美国的私营部门包括非营利性和营利性两种,营利性组织在一些关键领域的作用日益显著,逐渐可以与公立机构相媲美。作为私立高校重要组成部分的营利性私立高校在私立教育体系中所发挥的作用越来越引人注目。③ 可见,把私立高等教育分

---

① Walter W. Powell. The Nonprofit Sector: A Research Handbook. Yale University Press, 2006.
② Kevin Kinser, Daniel C. Levy. For-profit higher education: U.S. tendencies, international echoes. 2007: 107-119.
③ Kinser, Kevin. Access in U.S. higher education: What does the for-profit sector contribute [J]. program for research on Private Higher Education, 2009: 25-45.

为非营利性与营利性两类，已形成理论上的共识。

2. 非营利性与营利性私立高等教育的政策差异

从现有的国外文献来看，国外针对非营利性私立高校和营利性私立高校办学性质的不同，认为政府对两类私立高校应制定差别化的政策进行管理，差别化的政策体现在税收、财政补贴以及监管等方面。从税收政策的差异性来看，税收对于非营利性私立高校和营利性私立高校都具有重要意义，以至于弗里曼认为非营利性私立学校和营利性私立学校可以用"免税学校"和"纳税学校"进行替代。这一观点已得到学术界和政府部门的广泛认同，不少国家把非营利性私立高校称为免税高校，把营利性私立高校称为纳税高校。[①] 有研究者认为税收政策是美国私立高等教育繁荣和非营利性与营利性私立高等教育有序发展的强有力的杠杆，是为非营利性和营利性高等教育机构提供差别化政策而精心设计的，具有"组织税收优惠的自动获取和排除"、"员工税收待遇的义务平等和约束差异"，以及"有条件的实行学生税收共享"的特点。[②] 从监管政策的差异性来看，已有文献倾向于对非营利性和营利性两类不同性质的私立高等教育采取不同的监管政策。比卡斯·C. 桑亚尔和D. B. 约翰斯顿通过对公立高等教育、混合所有制教育、营利性私立高等教育以及非营利性私立高等教育的所有权、资金来源以及办学使命等进行比较分析，认为非营利性私立高等教育机构的自主权较大，政府应加强对其监管，营利性私立高校的属性类似于企业，政府对其监管也应类似于对商业组织的监管，赋予营利性私立高等教育更多的自主权。[③] 从财政补贴的差异性来看，斯宾塞认为对非营利性与营利性两种不同性质的私立高校在财政补贴上应体现出差异性。营利性私立高校需要纳税，非营利性私立高校不需要纳税，同时还能获得国家的财政补贴。庞瑟等认为非营利性私立高等教育与营利性私立高等教育存在着明显的差异性，这种差异性在于经济效应（社会效益）的公有性或者私有性。非营利性私立高等教育既能提供个人收益，也能提供一定的社会收益，这种社会收益主要表现为受教育者受教育程度的提高带来的

[①] Freeman, Jody. Extending public law norms through privatization [J]. Harvard Law Review, 2003: 1285-1352.

[②] Qian L. Taxation policy and classified management of nonprofit and for profit private higher education institutions: The U. S. experience and its inspiration [J]. Journal of National Academy of Education Administration, 2015: 78-85.

[③] Sanyal B C, Johnstone D B. International trends in the public and private financing of higher Education [J]. Prospects, 2011, 41 (1): 158.

劳动力素质提高、生产力提高以及税收增长，还能够培养出不同背景的领导者以及促成更高的公民参与，非营利性私立高等教育所带来的这种正的外部效应使得其更有资格获得政府资助和财政补贴。营利性私立高等教育以货币化的个人收益为导向，所获得的办学收益用于个人分配，这种特征决定了营利性私立高等教育很难获得政府财政的补贴和资助。① 总之，从现有的文献来看，国外对于非营利性和营利性私立高等教育的相关研究，倾向于在税收、财政补贴以及监管等方面实行差别化的政策措施。

基于国别的非营利性与营利性私立高等教育的政策差异。从已有的文献来看，许多学者以某些国家政策实践为分析对象，研究非营利性与营利性私立高等教育的政策差异。比如有的学者对美国两类不同性质的私立高校的管理政策进行了研究，在注册方面，美国对非营利私立大学的申办标准较为严格，参照公立高校的注册标准，注册时一定要申明办学目的的公益性；营利性私立大学的注册标准相对宽松，满足相关卫生、安全以及设备方面的要求后即可申请注册。在税收方面，非营利性私立高校具有非营利性组织的特征，拥有免税身份；营利性私立高校视为营利性组织，不享有非营利组织税收优惠。在产权方面，美国非营利大学的产权归属学校；营利性大学的产权属于投资者，可按照法律规定分配利润。② 沙和刘易斯通过对澳大利亚私立高等教育的研究发现，由于澳大利亚在联邦法律层面禁止私立大学的营利行为，导致澳大利亚绝大多数私立高校都是非营利性质，但是澳大利亚允许非学历层次的私立高等教育机构存在。非营利性私立高校具有慈善组织的法律身份，享受各种税收优惠政策，所募集的办学资金，无须缴纳税款。③ 在私立高等教育的非营利与营利性政策问题上，澳大利亚允许设立营利性高等教育机构，但是不允许设立营利性高校。日本所有的私立大学都是非营利性质，都属于公益性组织。④ 私立大学的设立、财政拨款和监管都受政府严格管理。日本自2004年出现第一所营利性私立高校以后，同样面临着营利性私立高校的管理问题。在针对营利性非营利性私立高校的政策体系上，营利性私立高校被置

---

① Pusser B, Doane D J. Public purpose and private enterprise [J]. Change the Magazine of Higher Learning, 2001, 33 (5): 20.

② Liu Xiao-ming, Luo Sha-sha. Policies of classified management of American Private Schools: Unscramble and inspiration [J]. Communication of Vocational Education, 2012 (2): 12.

③ Shah M, Lewis I. Private higher education in Australia: Growth, quality and standards [J]. Journal of Institutional Research South East Asia, 2010, 8 (2): 93.

④ Yuichiro, Anzai. Higher education and private university in Japan [J]. Trends in the Sciences, 2003 (2): 292.

于法律框架外管理,往往是一区一策和一校一策,没有将营利性私立高校纳入现有法律体系内;非营利性私立高校在法律框架内管理,在法律框架内,日本政府为非营利私立高校提供科研补贴、学生贷款以及学生奖学金等非机构性补助,在教育设备购买、教师培训等方面给予相应补贴。① 非营利性私立高校在招生、专业设置、学费和教师招聘等方面的自主权较大。可见,不同国家针对私立高等教育的非营利性与营利性问题,存在明显的政策差异。

3. 非营利性与营利性私立高等教育政策变迁的动因

基于非营利性与营利性政策变迁的视角,中国民办高等教育存在从"不得以营利为目的"到允许获取"合理回报",再到非营利性与营利性分类管理的政策变迁路径。对比西方的私立高等教育非营利性与营利性政策变迁问题,由于其有关非营利性私立高等教育管理的政策已非常成熟,相关研究较少。从已有的文献来看,相关学者研究了营利性私立高校政策变迁的动因问题。斯劳特、希拉等从政治、政策和创业大学的视角研究了大学的市场化取向问题,对国家、市场和高等教育相互作用引发的高校市场化进行了深入剖析。研究发现,新经济对高等教育的影响日益明显,高等教育进入市场是新经济的必然选择。学术资本主义和教育产业化理念对高等教育产生了两个方面的效应:一方面公立高等教育机构出现营利行为;另一方面出现了大量的营利性私立高校。② 可见,斯劳特和希拉等将营利性私立高等教育的出现归因于新经济形态下学术资本主义和教育产业化的影响。鲁克桑德拉·朱尔科特等认为在市场化理念的影响下,美国高等教育进入市场是不可避免的,高等教育的市场化变革已经开始,营利性私立大学作为一种新型的高等教育服务供给主体推动着美国高等教育市场化的进程。③ 杰克敏认为美国营利性私立高校的产生是多种因素共同作用的结果,内部因素包括非传统学生人数和教育成本的增加,外部因素包括知识经济的出现、政府优先发展战略的调整、公众对高等教育质量的怀疑以及国际组织的推动。④ 从已有文献可以看出,相关学者主要从市场化的角度论述营利性私立高等教育的出现和相关政策的变迁,看

---

① Asonuma A. Finance reform in Japanese higher education [J]. Higher Education, 2002, 43 (1): 109-126.

② Slaughter, Sheila, Leslie, Larry L. Academic capitalism: Politics, policies, and the entrepreneurial university [J]. Academic Freedom, 2001, 23 (100): 221-228.

③ Ruxandra Jurcut, Sorin Giusca, Andre La Gerche. The future of higher education: Rhetoric, reality, and the risks of the market [J]. Review of Higher Education, 2005, 29 (78): 487-490.

④ Li X. The emergence of for-profit higher education institutions [J]. International Encyclopedia of Education, 2010, 15 (27): 450.

到了市场在私立营利性高等教育政策变迁中的重要作用。但是政策变迁是多种因素共同作用的结果，除了市场因素之外还应该有其他因素，这是已有研究的不足之处。

（三）对国内外已有研究的评述

综观上述国内外已有的研究文献，相关学者从非营利性和营利性民办高等教育的内涵、非营利性与营利性民办高等教育的政策差异以及非营利性与营利性民办高等教育政策变迁的动因等方面进行了大量研究，这些研究积累了较为丰富的理论成果，为本书的研究奠定了坚实的理论基础。

从国内的研究来看。随着营利性民办高等教育在中国不被认可到逐渐获取政策上的认同，有关非营利性与营利性民办高等教育的研究成果大量涌现。已有的研究成果呈现以下特征：首先，在早期的研究文献中，相关研究者关注营利性和非营利性民办高校的属性特征，对两类不同性质的民办高校进行了具体界定和区分，逐渐廓清了两类不同类型的民办高校的特征，认识到民办高校的非营利性与营利性并非完全对立，认为营利性对于非营利性的实现有一定的促进作用。其次，关于非营利性与营利性民办高等教育的政策差异性方面，相关研究成果散布于税收、财政扶持、师生权益以及办学自主权等方面，整体性研究相对缺乏。最后，有关非营利性与营利性政策变迁的动因方面，已有文献集中于非营利性和营利性民办高校分类管理的研究，关注机制、结构和需求等因素的驱动，但缺乏从历史视角关注民办高等教育从禁止营利到允许适当营利，再到非营利性与营利性民办高校分类管理的整个过程研究。上述研究不足为本书预留了空间。

从国外的研究来看。综观非营利性与营利性私立高等教育政策研究的已有文献，呈现如下特征：在非营利性与营利性内涵方面，已有研究从非营利组织视角对非营利性与营利性两类不同性质的私立高校进行了具体界定，认为两类私立高校的区别在于所有权归属和经营收入是否可以分配，如果所有权归个人和组织且可以对经营收入进行分配，则此类学校是营利性私立高校；如果所有权归属董事会且不允许分配经营收入，则此类学校为非营利性私立高校。在非营利性与营利性私立高校的政策差异方面，已有研究基于两类私立高校的差异性，分析了税收、监管、财政补贴、师生权益等方面的政策差异。对两类不同类型的私立高校实行差别管理是各国通行的做法，但是在两类私立高校的划分上存在差异。美国在法律上允许私立高校营利，而日本和澳大利亚则只允许高等教育培训机构营利，学历教育机构不允许营利。在非营利性与营利性私立高校的政策变迁动因方面，已有文献看到了市场和学术资本主义的影响，而对诸如理念、利益和制度对营利性私立高校政策变迁的影响鲜有论及。上述国外已有研究，既为本书积累了丰富的外文资料，又为本书预留了创新空间。

三、研究内容与方法

（一）研究内容

绪论部分。首先阐释了选题缘由，包括选题的背景、问题的提出以及选题的意义；其次对本书的相关文献进行了综述，包括对国内外非营利性与营利性民办高等教育的内涵、非营利性与营利性民办高等教育政策的差异性以及非营利性与营利性民办高等教育政策变迁的动因等的综述，并对相关研究进行了反思与评述；再次介绍了研究内容与研究方法，研究内容主要介绍了本书的整体结构，研究方法主要采用了政策文本分析法和历史分析法；最后简要说明了本书的创新与局限。

第一章主要介绍了民办高等教育政策变迁分析的理论框架建构。首先，在介绍政策以及政策变迁理论的基础上，分析了研究西方政策变迁的多源流理论、间断均衡理论以及倡议联盟理论，并阐释了三种理论模型的内容及理念、利益与制度因素。其次，借鉴历史制度主义制度复合体模型，搭建了政策变迁的"理念—利益—制度"分析框架，并阐释这一分析框架引发政策变迁的机理。最后，论述了民办高等教育政策变迁"理念—利益—制度"框架建构，论述了这一分析框架建构的必要性、适用性与策略，并具体论述了民办高等教育政策变迁的理论框架。

第二章主要从非营利性与营利性视角，阐释了民办高等教育政策变迁的轨迹。首先介绍了本书需要界定的相关概念，包括民办高等教育、不以营利为目的、合理回报、非营利性与营利性民办高等教育分类管理等；其次分析了非营利性与营利性视野下的民办高等教育政策变迁历程，根据历史制度主义的关键节点理论，将非营利性与营利性民办高等教育政策变迁分为三个阶段：民办高等教育"不以营利为目的"的禁止营利的政策阶段、民办高等教育"合理回报"语境下允许适当营利的政策阶段以及民办高等教育非营利性与营利性分类管理的政策阶段；最后分析了民办高等教育政策变迁的阶段性特征，三个阶段的特征表现分别为：禁止营利阶段以"限制与管控"为导向的政策特征、允许适当营利阶段以"鼓励与扶持"为导向的政策特征以及分类管理阶段以"规范与引导"为导向的政策特征。

第三章研究了理念对民办高等教育政策变迁的影响。首先论述了民办高等教育政策理念的来源与理念的变化，民办教育发展40多年来，经历了高等教育国家所有制理念、高等教育产业化理念、非营利组织理念以及准公共物品理念等；其次分析了理念影响民办高等教育政策的途径，主要包括理念学习与理念合法化、理念竞争与理念的主导化以及理念嵌入与理念的制度化；最后，分析了理念变迁与民办高等教育政策创新，引入政策工具与政策目标作为衡量政策创新的标准，不同阶段的政策目标表现为弥补不足、快速发展及内涵式发展，不同阶段的政策工具表现为限制与管控、鼓励与扶持及规范与引导。

第四章主要探讨了利益与民办高等教育政策变迁的关系。由于利益是一个抽象的概念，本章借鉴了社会联盟理论中的社会行为体分化和社会行为体的要素禀赋理论，对民办高等教育政策场域中的社会行为体进行分类。依据民办高等教育发展的阶段性特征，将民办高等教育政策变迁划分为三个不同阶段：第一阶段为1982—2002年，这一阶段表现为发展社会行为体和管控社会行为体之间的竞争；第二阶段为2002—2010年，这一阶段表现为市场化社会行为体和公益性社会行为体之间的竞争；第三阶段为2010—2021年，这一阶段表现为规范发展社会行为体和趋利性发展社会行为体之间的竞争，并分别从社会行为体的要素禀赋、在政策场域中的竞争力大小以及社会联盟的政策主张与国家民办高等教育发展战略的契合度等方面来研究社会行为体的特征以及利益诉求。

第五章主要研究了制度与民办高等教育政策变迁的关系。首先分析了制度的属性及其分层，分别探讨了制度的属性、制度的重要性以及制度的分层（宏观制度、中观制度和微观制度）；其次分析了宏观制度与民办高等教育政策变迁的关系，主要从国家与社会的关系、政府与民办高等教育的关系两个方面论述二者关系的变迁以及它们对民办高等教育政策变迁的影响；再次分析了中观制度与民办高等教育政策变迁的关系，主要从党政关系的变迁以及央地关系的变迁角度探讨民办高等教育政策选择的逻辑；最后分析了微观制度与民办高等教育政策变迁的关系，主要从决策者之间关系的变迁以及决策者与民办教育行为体之间关系的变迁来探讨民办高等教育政策选择的逻辑。

第六章主要研究了民办高等教育政策变迁中理念、利益和制度的互动关系。理念是民办高等教育政策变迁的认知要素，构成民办高等教育政策变迁的认知和信念，理念产生新的社会行为体，引发利益格局调整，促进制度的变迁;利益是民办高等教育政策变迁的动力要素,为民办高等教育政策变迁提供核心动力,利益建构新的社会行为体,引发制度调整,社会行为体利益格局的调整形塑理念并使理念产生明显的路径依赖。制度是民办高等教育政策变迁的框架要素,民办高等教育政策是特定政治制度下的产物,特定的制度影响着民办高等教育政策的选择。制度不但界定了理念的"恰适性",而且形塑社会行为体的活动方式。理念、利益和制度三种因素相互作用、相互影响,共同促进了民办高等教育非营利性与营利性的政策变迁。

最后是结论与讨论。包括本书的基本结论、本书的贡献、本书的不足以及后续需要进一步讨论的问题。

(二) 研究方法

"工欲善其事,必先利其器。"研究方法的选取对于科学研究能否达到预期的目标非常重要。罗伯特·K. 殷(Robert K. Yin)指出,社会科学研究方法的选取一般要考虑以下三个要素:一是需要解决问题的类型;二是对研究对象的操控能力;三是关注的是当前现象还是历史问题。① 选择合适的研究方法是科学研究工作取得成功的基础。结合资料的可得性和研究的需要,本书主要采用的研究方法为政策文本分析法和历史分析法。

1. 政策文本分析法

按照鲍尔的观点,政策即是一种文本。② 政策文本既是政策的存在形式,又是超越"技术—经验"取向的阐释性政策研究取向。政策文本可以表现为立法性政策、行政性政策、执行性政策以及司法性政策等。政策文本分析既指对政策文本产生的分析,又指对政策文本之间的脉络关系分析。前者包含对政策文本产生的机构、文本的类型、文本产生的过程的分析,后者则是对政策文本与其他政策文本以及与其产生的历史背景之间关系的分析。政策文本既是理解政策变迁的一个重要工具,也是研究政策变迁的重要途径。政策文本是政策研究的一种必备工具。政策文本涵盖了民办高等教育非营利性与营利性政策的基本特征,反映了民办高等教育非营利性与营利性政策变迁的历史进程。由于理念、利益和制度都能够在政策文本中得到一定的体现,通过对政策文本的分析,可以在一定程度上探寻影响民办高等教育非营利性与

---

① [美] 罗伯特·K. 殷. 案例研究:设计与方法 [M]. 重庆:周海涛,李永贤,张蘅,译. 重庆大学出版社,2010:11.

② Stephen J. Ball. What is policy? Texts, trajectories and tool boxes [J]. Discourse Studies in the Cultural Politics of Education, 1993, 13 (2):10-17.

营利性政策变迁的逻辑。本书试图通过研究相关的政策文本，寻找我国民办高等教育非营利性与营利性政策变迁的本质特征。

本书认为政策文本分析既是一种目的，又是一种手段。政策文本分析最终要走出文本，使政策文本与其产生的历史背景相结合，通过特定的政策文本解读方法和视角，发现政策文本背后隐藏的深层次结构与政策变迁的关系。政策文本分析既是一把打开政策"黑箱"的钥匙，又是打开政策"黑箱"的一项技能。政策文本分析法需要将政策文本放入特定的历史阶段，与政策绩效和制度结构进行对话。对于政策研究者而言，并不一定有机会参与整个政策变迁过程，这种分析为研究者提供了一种打开政策变迁"黑箱"的技术，即通过政策文本分析，解开其并没有直接参与的政策变迁过程。本书梳理了有关民办高等教育的国家层面政策文本，其中，与本书密切相关的有《宪法》《关于社会力量办学的若干暂行规定》《中共中央关于教育体制改革的决定》《社会力量办学财务管理暂行规定》《民办高等学校设置暂行规定》《中国教育改革发展纲要》《教育法》《中华人民共和国社会力量办学条例》《民办教育促进法》《高等教育法》《教育类民办非企业单位登记办法（试行）》《民办高等学校办学管理若干规定》《国家中长期教育改革和发展规划纲要（2010—2020）》《关于鼓励和引导民间资金进入教育领域促进民办教育健康发展的实施意见》《营利性民办学校监督管理实施细则》《民办学校分类登记实施细则》《国务院关于鼓励社会力量兴办教育促进民办教育健康发展的若干意见》等。

2. 历史分析法

马克思主义唯物史观认为，万物皆有其产生、变化、发展和衰亡的过程，都是历史偶然性和历史必然性的统一。公共政策在人类历史发展过程中不断地被制定、修正和变迁，因此，政策变迁研究需要坚持历史分析法，将公共政策放在特定的历史背景下进行研究。本书研究的是历经40多年发展的民办高等教育政策变迁。对民办高等教育政策进行研究，需要从源头上研究民办高等教育政策产生的历史背景，从根源上把握民办高等教育政策发展的历史脉络，以历史的关键节点为依据，对各个历史阶段的政策内容、特点以及绩效做出尽可能符合历史的分析与评价，揭示民办高等教育政策变迁的基本线索与演进逻辑。将政策理念、社会行为体的利益格局以及政治制度置于特定的历史状态之中，探讨其在政策变迁过程中的作用，以发现政策演进的逻辑，发现政策变迁的规律，总结政策变迁的经验与教训。

四、研究的创新与不足

（一）研究创新

1. 研究对象的现实契合性

本书以政策变迁为基础，研究中国民办高等教育非营利性与营利性政策变迁逻辑。目前学术界对民办教育非营利性与营利性政策变迁的研究成果较少，基于历史考察民办高等教育非营利性与营利性政策变迁的研究更是空白。从民办高等教育的发展历程来看，先后经历了"不以营利为目的"、"合理回报"与"非营利性与营利性分类管理"阶段，尤其自 2010 年以来，国家从宏观层面制定了《国家中长期教育改革和发展规划纲要（2010—2020）》，该纲要明确提出进行非营利性和营利性民办学校分类管理试点，进而引发了民办高等教育非营利性与营利性问题理论研究热潮。新修订的《民办教育促进法》已于 2017 年 9 月 1 日开始实施，与之相关的《国务院关于鼓励社会力量兴办教育促进民办教育健康发展的若干意见》《民办学校分类登记实施细则》以及《营利性民办学校监督管理实施细则》等相继出台，民办高等教育非营利性与营利性分类管理制度设计已基本完成。但是与之相关的《民办教育促进法实施条例》直到 2021 年才得以发布实施，本书正是在这种背景下选择这一研究课题，与民办高等教育改革现实相契合。

2. 研究视角的跨学科性

非营利性与营利性民办高等教育的界定问题是有关民办高校的属性问题，但是它并不仅仅是有关民办高校属性的问题，还涉及两类不同民办高校的法人登记与财产归属、政府扶持、教师权益保护、经费筹措与资金管理、学校内部治理结构管理以及风险防范与监管服务等，牵涉民办高等教育的方方面面。从历史的角度来看，它更是涉及理念的创新、利益的协调和制度的变革。从这一点来看，民办高等教育非营利性与营利性政策变迁涉及教育学、经济学、公共政策学、公共管理学、社会学等多个学科。但是当前的文献多是从教育学和经济学理论视角来研究民办高等教育问题。本书拟从公共政策、公共管理以及政策变迁的理论视角来研究民办高等教育分类改革问题，同时借鉴教育学和经济学的研究成果，是一种综合性跨学科研究。

（二）研究的不足

民办高等教育非营利性与营利性政策变迁是中国教育领域的重大问题，是民办高等教育管理的重要组成部分，是一项涉及思想观念转变和利益格局重新调整的深层次变革，是一个涉及国家、政府、民办高等教育举办者等的理念认知和利益博弈的问题。如果能与上述利益相关者进行访谈或进行问卷调查，就可以获得第一手资料，可以让整个政策变迁过程生动地呈现，可以大大提高研究的生动性、可靠性以及科学性。但是由于本书所涉内容有40多年的时间跨度，进行问卷调查和直接访谈并不现实。本书的相关资料和案例更多的是根据数据资源和相关政策文本提取归纳而来，更多的是二手资料，这个缺陷可能会降低本书的效度和信度。为提高本书的效度和信度，本书在研究过程中尽可能地采用多种文献资料，使之相互印证。

第一章
民办高等教育政策变迁分析框架建构

理论分析框架建构在科学研究中具有极其重要的意义。奥斯特罗姆认为分析框架的意义在于它能够帮助研究者在制度分析过程中明晰需要关注的具体要素,并提示各要素之间可能存在的互动关系,分析框架所提供的变量是一般性的、相对宽泛的,有助于对研究的问题做出诊断和规范。[①] 相对于分析框架而言,理论能够清晰地为研究人员揭示研究要素与研究问题之间的关系,且能够呈现围绕研究要素开展的相关性研究假设,理论既可以诊断研究问题,也可以为研究人员提供预测和解释的特殊性假设。[②]本书在绪论部分主要介绍了民办高等教育政策变迁的轨迹,并依据不同阶段的政策内容,归纳出不同阶段的政策特征。在此基础上,本章根据研究的需要,通过梳理政策变迁理论及其范式,搭建了民办高等教育政策变迁的"理念—利益—制度"分析框架,并对本书所需的关键概念、概念之间的关系以及引发政策变迁的机理进行描述,以揭示民办高等教育非营利性与营利性政策变迁的逻辑。

一、政策变迁的理论

(一) 政策与政策变迁

政策与政策变迁是本书的核心概念,在探究政策变迁的理论之前,有必要对政策和政策变迁的含义进行相应的分析。

1. 公共政策

公共政策理论起源于西方,西方学者从不同视角界定了公共政策的概念。公共行政学创始人、著名行政学家伍德罗·威尔逊曾对公共政策的概念进行了说明,认为公共政策是由具有立法权威的政治家制定出来的行政人员执行

[①②] Ostrom Elinor. Institutional rational choice: An assessment of the institutional analysis and development framework in theories of the policy process [M]. Boulder: The West View Press, 2017.

的法律法规。① 从威尔逊的这一概念来看，公共政策的本质就是法律法规，而这些法律法规是由政治家制定交给行政人员执行的。这一概念非常契合威尔逊的政治与行政二分思想，公共政策制定和执行是不同的职能，应交由不同的部门来完成。政策科学的创立者拉斯韦尔和卡普兰认为，公共政策是具有价值、目标、策略的大型计划。从这一概念来看，公共政策本质上是一种计划，而且是一种大型计划，以区别于工商管理中的具体计划。计划是管理学的一项重要职能，拉斯韦尔与卡普兰把公共政策界定为一种计划，带有浓厚的工商管理学思想。戴维·伊斯顿认为公共政策是对全社会的价值所做的权威性分配。② 伊斯顿的定义具有浓厚的传统政治学色彩，侧重于公共政策的分配功能，认为公共政策的本质就是一种分配活动，且是权威部门所做的权威性分配。随着我国政策科学的不断发展，西方有关公共政策的研究成果被不断引介，在这一过程中，中国学者也对公共政策的概念做出了界定，提出了自己的观点。林水波、张世贤认为公共政策是政府为了解决社会公共问题、实现公共目标，经由相应的政治过程所产生的行动策略。③ 从这一概念可以看出，公共政策的本质是一种行动策略。从目标取向来看，公共政策是为了实现公共利益而采取的行动策略；从问题取向来看，公共政策是为了解决社会公共问题而采取的行动策略；从过程取向来看，公共政策是政治过程的产品。吴江认为公共政策的含义可归纳为：社会权威在特定的社会情境中，通过一定程序，为实现一定的公共目的而制定的行为准则或行动方案。④ 这一概念强调了公共政策的制定主体是社会权威；公共政策的制定目的是实现公共目的；公共政策的实现形式是行为准则或行动方案。

综合上述国内外学者对"公共政策"的界定，本书认为公共政策是以政府为主体的公共权威组织在特定的历史时期，为解决特定的问题或达到特定的目的，经过一定的政治程序而制定的一系列行为准则或行动方案。它表现为国家制定的法律、法规、行政命令、会议决议文件等各种表达政府或其他公共权威组织的某种特定意图的行为准则或行动方案。本书研究的对象是民办高等教育政策，属于公共政策的研究范畴，既包括《宪法》《教育法》《高等教育法》《民办教育促进法》等法律，也包括党中央、国务院及其所属部委

---

① 竺乾威，马国泉. 公共行政学经典文选 [M]. 上海：复旦大学出版社，2000：41.
② Anderson W, Easton D. The political system: An inquiry into the state of political science [J]. American Political Science Review, 1953, 47 (3): 862.
③ 林水波，张世贤. 公共政策 [M]. 台湾：五南图书出版公司，1993：20.
④ 吴江. 公共政策学 [M]. 北京：科学出版社，2017：31.

等行政部门制定的规划纲要、发展纲要、行动计划、实施意见、实施细则、实施条例、实施办法、通知、通告、命令、规定、决定等。

2. 政策变迁

作为以政府为主体的公共组织在特定时期制定的解决特定问题（实现特定目标）的行为准则或行动方案，公共政策变化是唯一不变的法则，这是政策变迁最朴素的内涵。关于政策变迁的研究，可追溯到20世纪50年代。1952年美国学者莫里斯最早提出了政策变迁议题，他把政策变迁界定为"一种对现行政策的变革活动"。很显然，这是政策变迁最基本的含义，对现行政策进行变革就是政策变迁。从莫里斯对政策变迁的界定来看，他只是说明了公共政策的变化趋势，而没有说明公共政策变化的原因和内容。基于此，政策学者安德森对莫里斯的政策变迁概念进行了补充，认为政策变迁是指为了实施新的公共政策或对现行公共政策进行修改（废止）而采取的通过一个或者多个政策代替现行公共政策的行为。安德森进一步指出，政策变迁可能存在三种形式：一是现行公共政策的渐进改变；二是特定公共政策领域内新的公共政策的制定；三是公共政策的重大转变。[①] 但在这一时期，由于政策变迁是一个新出现的理论研究领域，没有得到太多学者的关注。直到20世纪70年代，政策变迁问题才开始引起公共政策研究者的兴趣。

豪格伍德和彼得斯在《动态性的政策》一书中指出，正如所有的事物都在变化，没有事物是静止的一样，所有的政策都是变迁的，随时随地在发生变化。[②] 这一概念强调了政策变迁的动态性和变化性本质特征，即政策变迁是不断发生的。他们进一步将政策变迁分为政策维持、政策连续、政策创新与政策终结四种类型，并对政策连续进行了细分，分为双方合并、直接取代、部分终结、互相分割、非线性延续和附带延续六种类型。豪格伍德和彼得斯通过六种类型来界定政策变迁的总体历程，并以此来界定政策变迁的过程内涵。他们强调了政策变迁的非线性特征，这对我们认识政策变迁的本质有一定的理论价值，但是他们没有进一步解释政策变迁的非常规性问题。在库恩"范式革命"的基础上，政策学者豪尔在1993年创造性地提出了"政策范式"[③] 的概念，把政策变迁分为常规性政策变迁和非常规性政策变迁。豪尔认

---

① 杨代福. 西方政策变迁研究：三十年回顾 [J]. 国家行政学院学报, 2007 (4): 106.

② Hogwood W Brain, Peters B Guy. Policy dynamics [M]. New York: The St. Martin's Press, 1983: 25-81.

③ Hall P A. Policy paradigms, social learning, and the state: The case of economic policy-making in Britain [J]. Comparative Politics, 1993, 25 (3): 294.

为"政策范式"一方面影响着决策者定义公共问题的性质与选择政策工具的标准,另一方面也决定着产品所有者对政策目标的非理性选择。豪尔把没有改变"政策范式"的变迁称为常规性政策变迁;把改变了"政策范式"的变迁称为非常规性政策变迁。豪尔对政策变迁的这种分类方法消弭了渐进政策变迁模式与激进政策变迁模式的争论,将政策变迁概念的内涵进一步拓展。霍利特、拉梅什将豪尔的观点进一步完善,他们从政策变迁的模式和政策变迁的快慢来考察政策变迁,根据政策变迁模式(包括渐进性政策变迁和范式性政策变迁)与政策变迁速度,将政策变迁分为四个类型(见表1-1):快速的范式性政策变迁、快速的渐进性政策变迁、慢速的范式性政策变迁、慢速的渐进性政策变迁。这一理论将政策变迁的速度融入政策变迁模式中,有利于拓展对政策变迁概念的认知。

表1-1 霍利特与拉梅什对政策变迁的分类

政策变迁的模式	政策变迁的速度	
	慢	快
渐进性政策变迁	慢速的渐进性政策变迁	快速的渐进性政策变迁
范式性政策变迁	慢速的范式性政策变迁	快速的范式性政策变迁

资料来源:Howlett M, Ramesh M. Policy subsystem configurations and policy change: Operationalizing the postpositivist analysis of the politics of the policy process [J]. Policy Studies Journal, 1998, 26 (3): 466-481.

国内对政策变迁的研究起步较晚,一些学者在介绍西方政策变迁理论的基础上,对政策变迁的概念进行了界定。从上述分析可以看出,西方学者对政策变迁概念的界定强调概念的演进和范式的转换,中国学者对政策变迁概念的研究更注重于政策理念的变化和政策过程的调整。中国台湾学者林水波、张世贤认为政策变迁是政策行为者通过对现行政策(公共项目)进行审慎的评估之后,采取相应的措施以改变政策(公共项目)的一种政策行为。[①] 从这一概念可以看出,政策变迁源于政策行为者的能动性,行为者通过对政策问题的诊断,采取相应的措施对现行政策进行调整,进而实现政策的变迁。陈振明在《政策科学》一书中从时空维度对政策变迁的概念进行了界定:从时间维度来看,政策变迁是政策短期、中期或者长期的演化过程;从空间维度来看,公共政策是一个从点到面、从一个区域向另一个区域不断移植、扩

---

① 林水波,张世贤. 公共政策 [M]. 台湾:五南图书出版公司, 2006.

散和发展的变化过程。① 陈振明从时间和空间两个方面界定政策变迁，对我们研究政策变迁的概念有一定的启发性。他强调政策变迁既要关注较短时间段的政策变化规律，也要关注中长时间段的政策变化规律；既要关注政策的改变，又要关注政策的扩散、移植和发展。

基于国内外学者对政策变迁的研究，本书认为政策变迁的概念应包含政策制定主体的特征、动态的内外部环境因素、政策修订的过程以及政策变迁的法理性质等。关于政策变迁的概念，本书在第一章"相关概念的界定"中已做了简单的定义，认为政策变迁是在一定时期内以政府为主体的权威公共组织依据内外部政策环境的变化，将不能继续适用的政策加以调整和废除，进而通过合理与合法的途径制定和实施新政策的过程。本书的研究对象是民办高等教育非营利性与营利性政策变迁，通过政策变迁理论探寻民办高等教育非营利性与营利性政策的演进并进行解释。关于本书所界定的政策变迁的含义作如下说明：首先，从政策变迁的时间维度来看，本书的时间跨度为改革开放至 2021 年，属于中长时间段的政策变迁；其次，从政策变迁的空间维度来看，本书的政策变迁兼具政策转移、政策扩散、政策移植、政策学习的特征；再次，从政策变迁的范式来看，本研究的民办高等教育政策经历了"不得以营利为目的"、"合理回报""分类管理"的政策阶段，政策与政策之间出现了明显的断裂，属于非常规性政策变迁的范畴；最后，从政策变迁的考察变量上来看，本书把相关变量定位在政策的"理念""利益"以及"制度"上，探寻它们对政策变迁的影响。

（二）西方政策变迁的过程理论

西方关于政策变迁的研究最早可追溯到 20 世纪 50 年代，这一时期以林德布鲁姆为代表的学者提出了政策变迁的"渐进主义"模型，但在当时政策变迁问题没有得到主流研究者的关注。直到 20 世纪 70 年代末，西方主流的政策学者才开始关注政策变迁问题。这一时期对政策变迁的研究建立在批判渐进主义和阶段启发论的基础之上，② 致力于对非线性政策变迁问题的解释。20 世纪 80 年代以来，许多政策研究者通过对当时政策变迁理论的反思，修正了传统的政策变迁的阶段论模型，提出了新的政策变迁理论模型。这些新的理论模型包括多源流理论、间断—均衡理论以及倡议联盟理论。本书拟通过

---

① 陈振明. 政策科学 [M]. 北京：科学出版社，2015：221.
② [美] 保罗 A. 萨巴蒂尔. 政策过程理论 [M]. 北京：彭宗超，等译. 生活·读书·新知三联书店，2004：9.

对这三种理论的介绍,分析政策变迁的发生机理,提炼影响政策变迁的因素。

1. 政策变迁的多源流理论

政策变迁的多源流理论是由美国政策学者金登等在 20 世纪 80 年代提出的,金登在借鉴马奇、科恩以及奥尔森等组织选择的"垃圾桶模型"的基础上,提出了该理论,该理论最早形成于 1984 年金登出版的《议程、备选方案与公共政策》一书中。在该书中,金登为了形象地说明多源流理论的分析框架,借用"垃圾桶模型",提出了问题源流、政策源流、政治源流三个变量。

多源流理论认为,问题源流中"流动着"的是一些有待解决的社会公共问题,这些问题只有被人们意识和感知到,才有可能成为社会公共问题。人们意识和感知社会公共问题的途径包括指标,焦点事件、符号和危机,反馈等;[①] 政策源流中"流动着"的是针对上述有待解决的社会公共问题的各种政策建议、政策主张、政策方案等。这些政策主张、政策建议以及政策解决方案最初的状态类似于一盆"政策原汤",各种政策主张都漂浮在"原汤"中,在政策共同体以及政策企业家的共同作用下,经过试验和检验,或者重组,或者变异,最终只保留几个政策建议备决策者选择;[②] 政治源流中"流动着"的是关系到政治选举问题的国民情绪、政治力量的权力分配、利益集团利益的博弈以及政府本身的关键人事调整和管理权限等。[③] 通过以上三条源流的内容分析,我们在一定程度上可以判断某一公共政策的现实情况和政治背景。

金登在多源流理论中引入了"政策之窗"的概念。金登认为一般情况下问题源流、政治源流、政策源流三条源流相互独立,任何单一的源流都不能导致政策议程的开启。只有当"政策之窗"开启之时,三源流汇合,政策议程才能启动。"政策之窗"开启与否,决定着社会公共问题能否进入政策议程。金登认为政策之窗之所以开启,一方面是因为政治源流中国民情绪的变化、行政当局的变化或者执政党意识形态的变化;另一方面也可能是因为重

---

① [美] 约翰 W. 金登. 议程、备选方案与公共政策 [M]. 北京:丁煌,方兴,译. 中国人民大学出版社,2017:85-97.

② [美] 约翰 W. 金登. 议程、备选方案与公共政策 [M]. 北京:丁煌,方兴,译. 中国人民大学出版社,2017:111-132.

③ [美] 约翰 W. 金登. 议程、备选方案与公共政策 [M]. 北京:丁煌,方兴,译,中国人民大学出版社,2017:138-150.

大的公共问题引发了公众的关注。① 政策之窗开启的时间一般不会太久,当政策之窗开启之时,政策企业家需要抓住机会,促进三源流汇合,把相关公共问题提上政策议程,实现政策变迁(见图1-1)。

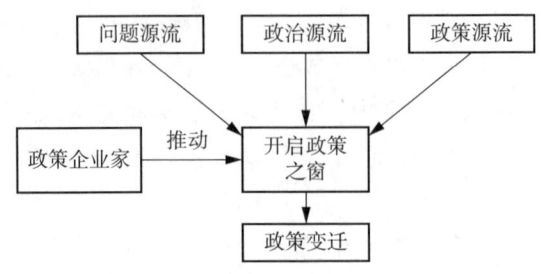

图1-1 多源流政策变迁框架

资料来源:根据约翰 W. 金登《议程、备选方案与公共政策》一书相关内容,笔者自制。

2. 政策变迁的间断—均衡理论

20世纪90年代初,美国学者鲍姆加特纳(Baumgartner)和琼斯(Jones)提出了政策变迁的间断—均衡理论。这一理论建立在对达尔文的生物进化论的批判基础之上,鲍姆加特纳和琼斯认为,宇宙万物的进化并不像生物学家达尔文所描述的是一个连续的缓慢的渐进的变化过程,这一点在公共政策上尤为明显。随着全球化进程的进一步加快,各种政策的变迁逐渐呈现出跳跃式与超常规特征,传统的渐进主义政策变迁理论对此很难做出解释,而间断—均衡理论则很好地解释了政策变迁的这一现象,间断—均衡理论因此受到政策学者的青睐。间断—均衡理论的核心是探讨公共政策的长期稳定性与短暂的间断性之间的关系。这种关系表现为政策变迁往往受渐进主义驱动,表现为长期的稳定性,但这种均衡偶尔会被有别于过往的重大变迁所打断。② 为解释这一问题,鲍姆加特纳和琼斯将政策过程置于政治制度和有限理性决策的双重基础之上。③ 理解间断—均衡理论的关键在于理解其两个基础。

一是政策问题界定嵌入政治制度,解释了政策过程的稳定性。美国的分权制度是一种保守的制度设计,这种制度与相对公开的政策议程相结合,使

---

① [美]约翰 W. 金登. 议程、备选方案与公共政策 [M]. 北京:丁煌,方兴,译. 中国人民大学出版社, 2017:156-157.

② Jones, Bryan D, Baumgartner, Frank R, Talbert, et al. The destruction of issue monopolies in congress [J]. American Political Science Review, 1993, 87 (3): 657.

③ [美]保罗 A. 萨巴蒂尔. 政策过程理论 [M]. 北京:彭宗超,等,译. 生活·读书·新知三联书店, 2004:125-149.

得"宏观政治"与"子系统政治"之间产生了某种抵制政策变迁的机制。但是这种机制并非绝对,如果政策问题能够突破既得利益者的阻碍,则有更多的政府行动者进入政策领域,引发政策变迁。鲍姆加特纳和琼斯认为,子系统政治内部相对稳定的政策图景与渐进决策是政策保持均衡的原因所在,政治动议的推动和政策图景的改变则是政策在宏观政治系统内发生变迁的原因所在。子系统政治是"负反馈过程"和"平衡的政治"相互作用与相互促进的结果。政治动议产生之后,就会推动政策议程,进而促发正反馈机制,打破原有既得利益者的均衡状态,这一过程促使公共问题由原来的子系统进入国家层面的宏观系统。与子系统政治不同,宏观系统政治包含了彼此竞争的多种类型的政治图景,它是一种间断的政治,在宏观系统政治中政策变迁相对容易发生。二是有限理性的注意力转移,解释了政策过程的间断性。间断—均衡理论暗含着一个理论预设:政策间断不是因为偏好的改变,而是因为注意力转移。鲍姆加特纳和琼斯把政策的间断解释为政策图景和政治制度互动的结果,在美国的政策实践中表现为国会制度与政策议题的互动,新的参与者的加入和对公共问题新的理解是政策间断的主要原因。鲍姆加特纳和琼斯重新界定了"有限理性",这一界定突破了原来的渐进主义,因为渐进主义无助于解释政策间断。他们认为由于现实的多变性、多重性与复杂性,导致人们的思考只能聚焦于某一方面,而非全部。注意力一旦发生转移,人们的偏好往往也会发生间断性变化。

3. 政策变迁的倡议联盟理论

倡议联盟理论产生于20世纪80年代,1988年萨巴蒂尔发表了《政策变迁的倡议联盟理论与政策学习的功能》一文,标志着政策变迁的倡议联盟理论产生,之后在詹金斯等的共同努力下,倡议联盟理论逐步完善。由于该理论在政策变迁中的强大解释力,已被欧美政策学者广泛应用于环保政策、能源政策和社会政策的研究中。[1]

倡议联盟理论对政策变迁原因的阐释。在特定的政策子系统中,存在着大量的与政策相关的行动者,这些相关行动者对政策目标的期望存在着差异;为了实现自己所期望的政策目标,相关行为者不再单独开展行动,而是基于共同的政策信念结成政策的倡议联盟;不同的倡议联盟为了实现自身所期望的政策目标而展开互动、竞争,以期将倡议联盟所期望的政策信念转变成现

---

[1] Sabatier, Paul A. The advocacy coalition framework: Revisions and relevance for Europe [J]. Journal of European Public Policy, 1998, 5 (1): 98-130.

实政策。这一过程的实现,即为政策变迁的发生(见图1-2)。

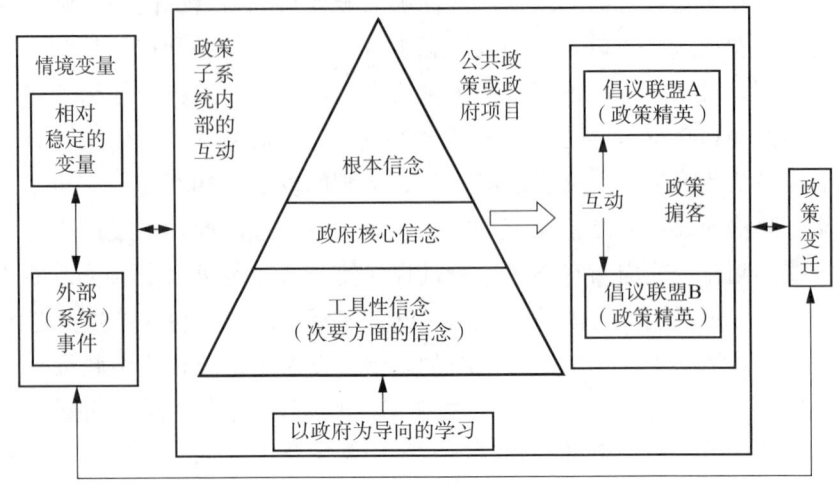

图1-2 倡议联盟政策变迁框架示意图

资料来源:笔者根据保罗 A. 萨巴蒂尔,汉克 C. 詹金斯等的《政策变迁与学习:一种倡议联盟途径》一书相关内容修正。

倡议联盟理论关注外部环境和内部环境两类影响政策变迁的结构性因素,认为外部环境和内部环境对政策场域的冲击会导致政策变迁,但是两类因素的冲击需要借助国家政治系统的解读和转化;否则,便很难引发政策变迁。倡议联盟理论认为政策变迁的动力来自两个方面:一是个人为了实现个体目标而进行的努力;二是政策子系统外部因素的干扰。因此,可以认为政策变迁是上述两个过程共同作用的产物。外部因素分为相对稳定的因素和外部事件,两种因素共同作用于政策子系统,对其产生机会或者限制;子系统内部的联盟行动者试图将联盟的信念转化为政府的公共政策,这里的信念体系包括核心信念和次要方面。

倡议联盟理论分析政策变迁的两个核心概念是政策子系统和信念体系。萨巴蒂尔把政策子系统定义为"关心某一政策议题的行动者共同体"。[①] 这些行动者共同体是政策参与者,可以把他们分为两类:一类是政策倡议联盟,这些人拥有共同的信念;另一类是政策经纪人,主要是政治家或者政府高级官员。子系统内部的倡议联盟亦可以分为两类:一类是主导联盟,这个联盟占据主导地位,是既得利益群体;另一类是次要联盟,这个联盟对现有政策

---

① Christopher M. Weible, Paul A. Sabatier. Coalitions, science, and belief change: Comparing adversarial and collaborative policy subsystems [J]. Policy Studies Journal, 2010, 37 (2): 195-212.

不满，希望对现有政策进行变革。政策子系统的开放程度影响着政策变迁的类型，在政策子系统开放程度较高且与政策共同体差异较大的情况下，很容易出现范式转变的政策变迁。倡议联盟理论认为结成联盟的基础是个人的信念体系。信念体系包括价值观、对政策工具效果的判断、对世界局势和因果关系的理解等。在政策变迁过程中，信念体系发挥着巨大作用。萨巴蒂尔将信念体系分为三个层次，第一层是深层内核的信念，它代表了关于本体论和规范性的认知，是最高程度被共享的信念体系；第二层是政策的核心信念，它代表了政策行动者在价值偏好、因果逻辑和问题确认等方面的认知；第三层是次要方面的信念，它是基于实践经验的工具性认知。[①] 在联盟受到攻击时，一般会先放弃信念体系的次要方面以保护核心信念。

（三）西方政策变迁过程理论的理念、利益和制度因素

上文简要介绍了西方政策变迁的三个经典理论：多源流理论、间断—均衡理论以及倡议联盟理论。三个理论分别从焦点事件、政策目标的调整、信念变迁与政策学习等视角，对政策变迁的过程进行了解释。仔细品读上述西方政策变迁的三个理论，虽然三个理论在解释政策上所采用的变量各有差异，强调的重点也各不相同，但是都在不同方面强调了理念、利益和制度对政策变迁的影响。

1. 西方政策变迁理论中的理念因素

"理念"是政治学研究的一个核心概念，在政治学发展中起着非常重要的作用。随着西方制度主义的"理念回归"，"理念"在政策过程研究中得以复兴。在上文介绍的西方政策变迁的多源流理论、间断—均衡理论以及倡议联盟理论中，也能发现理念的因素，它们在不同层面论述了理念在政策变迁过程中的作用。

多源流理论的理念因素。多源流理论认为，在问题源流的问题界定中，"一个人带入某一观察中的价值观具有重要的作用"，"如果一个人所观察到的状态与其理想的状态之间存在着不匹配就成了问题"；[②] 在政策原汤中思想起着提出智力问题、使人陷入智力困境，然后解决智力问题的作用。在政策共同体中有些思想没有显现出来，是因为这些思想的主题令人生厌，那些幸存

[①] Paul A. Sabatier, Hank C. Jenkins-Smith. Policy change and learning: An advocacy coalition approach [M]. Boulder: CO West view Press, 1993: 30-31.

[②] [美] 约翰W. 金登. 议程、备选方案与公共政策 [M]. 北京：丁煌，方兴，译. 中国人民大学出版社，2017: 104-105.

下来的思想，既具有技术的可行性，更具有思想的可接受性。这些思想之所以可接受，是因为它们彰显了公平与效率。在政治源流中，政治问题的界定来源于社会运动在国民情绪中的地位，而共识的达成则是通过说服和传播渠道；在政策之窗的开启过程中，金登强调了政策企业家的作用，认为他们之所以会成为政策企业家除了具有某些权力和谈判技巧之外，这些人拥有坚韧不拔的意志和理念。这些意志和理念让他（们）乐意参与公共问题的处理并表现出自己的理念态度。总之，金登关于多源流引发政策变迁逻辑的阐述，散见于问题的界定、政策源流、政治源流以及政策之窗的开启过程中，他强调了理念在其中发挥的辅助作用，但是没有作为一个主要的考察标量进行系统分析。

间断—均衡理论的理念因素。鲍姆加特纳和琼斯认为政策稳定性表现在对政策垄断的追求上。每一个集团、每一种利益、每一个政策企业家都对建立政策垄断抱有很大的兴趣，而要保持和固化政策垄断，条件之一即是要有一套与此制度结果密切结合在一起的权威性政策理念的支持。[1] 鲍姆加特纳和琼斯指出了这些支持信念的特征，认为它们通常与核心政治价值相连接，通过直接而简明的形象和修辞建立起来。譬如爱国、进步、公正、参与、独立、经济增长是公认的好理念。如果一个政治集团能够说服其他人相信其理念服务于这个崇高的政策目标，那么这个集团就使得政策垄断成为可能，进而保持政策的均衡。鲍姆加特纳和琼斯用理念解释政策均衡的现象，但是他们并没有指出理念在引发政策变迁过程中的作用。当然，鲍姆加特纳和琼斯也注意到了这个问题，他们认为整个社会中存在很多政策理念，这些理念存在着竞争，政策过程中的赢者通过政治方式将理念融入政策方案中，将他们的政策理念和一些强有力的象征符号——经济增长、进步、民族认同等连接在一起。

倡议联盟理论的理念因素。倡议联盟理论被认为是一种后实证主义政策变迁理论，这一理论强调信念体系在政策变迁中的重要意义（这里我们暂不讨论信念和理念的区别）。萨巴蒂尔等认为信念体系包括个人和联盟的价值取向、对因果关系的认知、对重要问题的理解、对世界局势的判断以及对政策工具有效性的判断，信念体系在政策变迁过程中发挥着重要功能。[2] 将信念体系放在政策变迁的层面研究政策变迁问题，有助于理解政策参与者（个人和

---

[1] ［美］弗兰克 R. 鲍姆加特纳，布莱恩 D. 琼斯. 美国政治中的议程与不稳定性 [M]. 北京：曹堂哲，文雅，译. 北京大学出版社，2017：6-7.

[2] ［美］保罗 A. 萨巴蒂尔. 政策变迁与学习：一种倡议联盟途径 [M]. 北京：丁煌，方兴，译. 中国人民大学出版社，2017：150.

联盟）的信念在政策变迁过程中的作用，为我们分析和解释政策变迁提供了一个很好的理念途径。

2. 西方政策变迁理论中的利益因素

政策过程本质上就是政策主体之间基于利益得失而进行的利益博弈过程。[①] 利益对于政策变迁研究是一个非常重要的领域。政策变迁与利益二者之间有着异常紧密的关系，政策变迁主体的行为从根本上受利益驱动。只有从利益的角度来考察政策变迁，才能发现政策变迁的本质，才能对政策变迁进行深入探讨。由于政策是对价值的权威性分配，是一种国家宏观层面的分配，如果仅从个体的利益角度来考察政策变迁未免烦琐而不得要领。在多源流、间断—均衡以及倡议联盟政策变迁理论中，对利益的研究大多是在"利益联盟""利益集团""倡议联盟"等语境下进行的。

多源流理论的利益因素。金登为了使多源流理论对政策变迁更具解释力，其所建构的问题源流、政策源流以及政治源流都是由多种因素构成。三个源流构成政策变迁的三个变量，也是政策之窗开启的三个函数，三个函数的相互交织最终促使政策变迁行为的发生。根据金登的观点，不仅政策源流、问题源流和政治源流三者之间存在着博弈现象，而且三个源流内部各自的构成要素相互碰撞与冲突、交流与合作。金登试图通过这种多重博弈行为来解释政策变迁，但是他没有进一步回答这种博弈何以成为可能。其实促成这种多重博弈行为发生的一个重要因素就是利益，比如在政治源流中，金登认为一个人之所以加入联盟，并不是因为他完全被某个政策好处说服，而是因为他害怕不加入联盟可能会丧失某些只能加入联盟才能获得的利益。[②] 可见，利益因素是驱使个人行动的关键因素。

间断—均衡理论的利益因素。鲍姆加特纳和琼斯所建构的间断—均衡理论很好地解释了公共政策的长期稳定和短暂断裂的现象。从利益集团的角度来看，公共政策之所以会出现间断—均衡现象，鲍姆加特纳和琼斯解释为：特定利益集团对重要政策领域的支配，导致政策的长期稳定性；特定经济利益集团在政治斗争上失败，导致政策的快速变迁。[③] 处于优势的政治利益集团

[①] 丁煌. 利益分析：研究政策执行问题的基本方法论原则 [J]. 广东行政学院学报，2004（3）：28.

[②] [美] 约翰 W. 金登. 议程、备选方案与公共政策 [M]. 北京：邓征，译. 北京大学出版社，2011：30-34.

[③] [美] 弗兰克 R. 鲍姆加特纳，布莱恩 D. 琼斯. 美国政治中的议程与不稳定性 [M]. 北京：曹堂哲，文雅，译. 北京大学出版社，2017：3.

把控着公共问题的界定和公共政策议程的设置,处于优势地位的宏观政治利益集团相对保守,他们倾向于形成一种抵制政策变迁的机制,以维持政策的稳定性;处于劣势的经济利益集团提出对公共问题新的描述,并且试图吸引政策系统中的其他联盟的注意力,优势利益集团会对这种行为加以抵制,并且尝试在这种情形下强化初始的观点。① 在这个过程中,如果劣势利益集团获得成功,则政策变迁;如果失败,则政策稳定。

倡议联盟理论的利益因素。萨巴蒂尔所建构的倡议联盟理论认为,外部因素和政策子系统共同作用促进了政策变迁。在政策子系统内部包括各层级政府部门、利益集团、相关研究人员以及大众传媒人士等,政策子系统的组成人员会基于共同的偏好结成政策"倡议联盟"。② 与政治学、经济学等结盟所依据的偏好不同(传统政治学、经济学认为结盟的基础是共同的利益),萨巴蒂尔认为是个人的信念而非利益促成了结盟,政策变迁是不同政策倡议联盟互动博弈的结果。

3. 西方政策变迁理论中的制度因素

从社会科学的发展来看,20世纪六七十年代的核心概念是集团,80年代的核心概念是国家,制度则成为近期社会科学研究的焦点。③ 诺斯将制度界定为"一个社会中博弈的规则"或"人为设计出来框定人类互动的制约"。④ 制度在某种程度上是一个社会或政体的结构性特征。⑤ 公共政策是特定政治制度的产物,研究政策变迁必然离不开制度因素。多源流理论、间断—均衡理论以及倡议联盟理论都在一定程度上涉及了政治制度问题的研究。

多源流理论的制度因素。多源流理论在解释政策变迁时强调了问题源流、政策源流和政治源流在政策企业家的推动下实现交汇,开启政策之窗,引发政策变迁。相比较问题源流、政策源流而言,政治源流与政治制度关系最为密切。金登认为,不管政策源流和问题源流如何变化,政治源流都是按照它

---

① [美]弗兰克 R. 鲍姆加特纳,布莱恩 D. 琼斯. 美国政治中的议程与不稳定性[M]. 北京:曹堂哲,文雅,译. 北京大学出版社,2017:8.
② [美]保罗 A. 萨巴蒂尔. 政策变迁与学习:一种倡议联盟途径[M]. 北京:丁煌,方兴,译. 中国人民大学出版社,2017:25.
③ [韩]河连燮. 制度分析理论与争议[M]. 北京:李秀峰,柴宝勇,译. 中国人民大学出版社,2014:3.
④ [美]道格拉斯·诺斯. 理解经济变迁过程[M]. 北京:钟正华,译. 中国人民大学出版社,2008:105.
⑤ [美]B. 盖伊·彼得斯. 政治科学中的制度理论:"新制度主义"[M]. 上海:王向民,段红伟,译. 上海世纪出版集团,2011:18.

本身的规则性和动态性流动。① 它包括了国民情绪的变化、政府的变更、选举结果、政党在国会中的分布以及意识形态等。这些因素通过讨价还价机制达成共识，促使政策议程发生变化。金登给我们提供一个很好的政治制度视角来分析政策变迁的影响因素。

间断—均衡理论的制度因素。间断—均衡理论为了解释政策变迁的长期渐进、均衡和短期的突变跳跃现象，将政策过程基于政治制度进行考察，认为美国分权制度、动员的相对开放性和交叉管辖创造了政策子系统、国会和总统宏观政治之间的互动，使得美国的公共政策表现出较长时期的渐进均衡与偶尔的突变跳跃。从这一点来看，制度是政策均衡的基础，也是打破均衡的工具。为了更形象地说明间断—均衡现象，鲍姆加特纳和琼斯分析了政策次级系统，认为在美国政治制度中，政策次级系统不断地被创造和消灭，当次级系统变得强大时，它有能力来强化保守和保持稳定。随着次级系统的破坏和创建，变迁就会显著地发生，而且还会自我强化。② 间断—均衡理论在分析政策变迁时强调了政治制度以及政治制度的动态性，为我们分析政策变迁提供一个很好的制度分析视角。

倡议联盟理论的制度因素。倡议联盟理论在分析政策变迁的动力机制时强调了外部因素和政策子系统。萨巴蒂尔在分析外部因素时强调，"应该把相对稳定的外部因素和比较动态的外部因素进行区分"③，其中相对稳定的外部因素主要以国家制度因素为主，包括基本的国家宪法结构和社会文化价值结构。可见，萨巴蒂尔把国家宪法因素和社会文化价值因素视为政策变迁的一种外生变量，且这种外生变量是相对稳定的。

二、政策变迁的一个分析框架：理念—利益—制度

上一节分析了政策与政策变迁的相关概念、西方政策变迁的过程理论及其涉及的理念、利益和制度因素。正如骆苗、毛寿龙所言，西方政策变迁的过程理论是对西方政策实践的理论抽象，是建立在西方多元主义政治制度基

---

① [美] 约翰 W. 金登. 议程、备选方案与公共政策 [M]. 北京：丁煌，方兴，译. 中国人民大学出版社，2011：153.
② [美] 弗兰克 R. 鲍姆加特纳，布莱恩 D. 琼斯. 美国政治中的议程与不稳定性 [M]. 北京：曹堂哲，文雅，译. 北京大学出版社，2017：6.
③ [美] 保罗 A. 萨巴蒂尔. 政策变迁与学习：一种倡议联盟途径 [M]. 北京：丁煌，方兴，译. 中国人民大学出版社，2017：20.

础之上的政策变迁理论,它们在解释中国政策变迁时存在着适用性问题。① 套用这些理论模型解释中国的政策变迁案例存在解释力不足的问题。因此,应该根据中国特殊的国情,建构符合中国实际的政策变迁理论模型,用适合中国的政策变迁理论模型讲述中国政策变迁的"故事"。

(一) 来自制度复合体模型的启发

历史制度主义认为制度复合体决定制度的属性。在结构和行为者的作用下,制度复合体中的理念、利益和制度三种因素的变化导致制度复合体的变化。理念、利益和制度分别作为认知框架、社会网络及制度实践作用于制度复合体,三者决定了制度的属性差异,三者的变化亦会引发制度的变化(见图1-3)。制度复合体模型强调理念、利益和制度的整体功能,理念、利益和制度三者的互动形成制度变迁的动力体系,三者的协作与冲突成为制度变迁的重要动力来源。

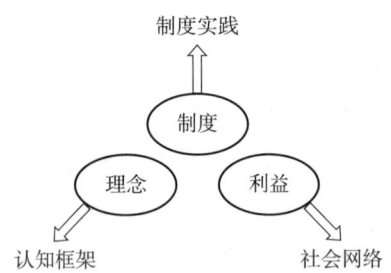

图1-3 制度复合体模型

1. 制度复合体模型中的理念

制度复合体模型认为理念在制度变迁中起着至关重要的作用,是制度变迁的一个重要动力因素。制度复合体模型基于理念与制度的关系,将理念划分为非正式制度理念和非制度理念。前者包括诸如惯例、非正式规则以及习俗等意识形态,后者则包括认知、态度、价值判断等。制度复合体模型把作为非正式制度的意识形态等同于非正式规则,是正式规则的补充,是内生的,与正式制度相联系,对行为体产生一种软约束。非正式制度理念与正式制度联系在一起,易于内化为制度。这种非正式制度理念在制度分析框架中是一种中间变量,提供制度变迁的内生动力。非正式制度理念的存在,有利于降

---

① 骆苗,毛寿龙. 理解政策变迁过程:三重路径的分析[J]. 天津行政学院学报,2017(2):58.

低制度变迁的成本。非制度理念是一种外生性理念，处于正式制度体系之外，具有认知、文化和心理的背景。这种理念提供了制度变迁的外生性动力，往往被视作制度变迁的自变量。理念塑造制度的文化环境，影响制度变迁，但理念对制度的影响需要借助特定的行动者。

2. 制度复合体模型中的利益

利益是制度变迁的重要动力。制度复合体模型强调了利益在制度变迁中的重要性，认为利益冲突关涉集体行动，是制度变迁的一种动力。制度复合体模型认为利益是由政治制度所塑造的，行为者的利益偏好具有自主性，通过自主建构，形成不同的社会网络。制度复合体模型利用社会网络替代阶级的冲突，汲取群体冲突的观点，行动者围绕稀缺性资源进行竞争是制度变迁的根源，社会网络之间的对立冲突关系是制度变迁的动力机制，将不同社会网络之间的冲突和斗争转化为制度约束的结构性差异，制度变迁的动力来自社会网络冲突的制度化。[①] 制度变迁的本质是组织结构因素在空间上的重新排序和再组合，结构的变化导致了制度的差异。制度变迁的动力源自权力、资源和利益的分配。利益冲突是制度变迁的核心要素。

3. 制度复合体模型中的制度

制度复合体模型中的制度属性。在制度复合体模型中，制度属性被当作引发制度变迁的自变量，制度自身属性的调整导致制度变迁。制度包括正式制度和非正式制度、规则与程序、宪法原则、决策机制、权力结构等。宪法是最重要的制度框架，为国家的决策规则提供了制度空间；决策和行政立法是制度输入过程，关注程序和规则的落实，围绕政治精英和利益集团输出政策，是制度执行的关键环节；政府组织和利益集团既是制度主体，也是制度客体，受宏观制度和微观行动者制约，组织结构影响制度绩效，是理念变迁和利益表达的平台。制度复合体模型关注制度属性，认为制度内部要素的冲突和重新组合是制度变迁的动力，制度内部要素的冲突程度决定制度变迁的剧烈程度。制度属性影响制度变迁，制度变迁的动力来自制度属性的变化。

---

① Kathleen Thelen, Sven Steinmo. Historical institutionalism in comparative politics [M]. //Sven Steinmo, Kathleen Thelen, Frank Longstreth. Strunturing politcs: Historical institutionalisrn in comparative analysis. Cambridge: Cambridge University Press, 1992: 12.

(二) 政策变迁的一个分析框架：理念—利益—制度

上文对制度复合体模型进行了简要描述，制度复合体中存在理念、利益和制度三种要素，作为解释政策变迁的三个变量，三者相互联系，相互影响，共同引发制度变迁。受制度复合体模型理论的启示，本书将制度复合体模型中的理念、利益和制度三要素引入政策变迁的分析，认为在特定的政策场域中亦存在理念、利益和制度三种因素，三种因素随着时间的推移亦发生变化，这种变化影响着政策的变迁（见图1-4）。

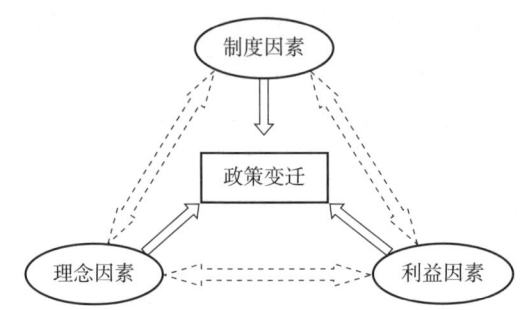

图1-4 政策变迁的"理念—利益—制度"分析框架

1. 制度复合体模型分析政策变迁的恰适性

政策变迁引入制度复合体理念、利益和制度分析框架的恰适性。从政策与制度的关系来看，历史制度主义在关于制度和政策的关系上强调二者的互动性。这种互动性表现在两个方面：一方面是制度对政策的约束，早期的历史制度主义强调制度对政策的塑造，认为制度属性的调整表现为政策的变迁，公共政策是制度输出的一种产品，公共政策的内容表现出制度的属性，制度结构约束政策变迁，制度的稳定性强于政策；另一方面政策变迁反作用于制度，随着历史制度主义理论的发展，人们发现仅仅强调制度对政策的制约是不全面的，现实中的政策会反作用于制度，比如通过修订规章制度、程序规范、标准化规则等，会对制度变迁产生压力，尤其在稳定的社会环境下，制度具有很强的稳定性，政策的调整会对制度产生倒逼机制，进而促进制度进行调整，以至于有学者将政策称为"流动的制度"。① 国内学者陈潭把政策变迁与制度变迁的关系表述为：政策变迁是制度变迁正式的基本形式，任何社

---

① Jens Hansen J. A new institutional perspective on policy networks [J]. Public Administration, 1997, 75 (4): 685.

会条件下的社会变迁基本上是通过政策文本表现出来的。① 由上述分析可知，政策变迁与制度变迁既存在着互动性，也存在着相似性，将制度变迁的理论引入政策变迁研究有其合理之处。

2. 政策变迁的"理念—利益—制度"分析框架的主要内容

理念与政策变迁。理念是个人或者组织关于如何行动的认知与信念。本书所指的理念是社会行为体以及决策者（组织）的认知与信念，属于政治或者政策层面的理念。对于一个国家的政治系统来说，理念具有稳定且持久的影响力。原因在于理念既能够将自身融入政治讨论当中并对政策产生影响，也可以嵌入制度之中，通过制度的运作而对政治产生影响，② 理念一旦嵌入制度便会产生持久的影响力。理念之所以能够持久的另一个原因，是因为理念能够产生符合预期的政策结果。当一种理念能够提供有效地解决现实社会生活中的重大公共问题的方案时，它将拥有强大的力量。理念推动公共政策产生预期的政策结果，不但使理念成为实现公共政策目标的手段，而且成为公共政策合法化的重要依据和途径。良好的政策效果也能反过来推动理念由一般性理念上升为原则性理念，即对于解决某一公共问题理念不仅仅是"有效"的，而且是"合法"与"合意"的。解释政策变迁过程之所以需要引入理念，是因为物质利益和政治制度都很难单独影响公共政策。在对公共政策的解释上，现实主义关注利益和权力的作用，建构主义则过分关注理念的作用。因此，有必要对理念在政策变迁中的作用做出客观的解释。本书认为理念在政策变迁中发挥了重要的作用：首先，理念界定了政策行为的"合意性"。公共政策在决策的过程必然会有多种选择方案，多种选择方案存在排序问题，决策者会根据排序选择最合意的方案，最终选择的方案反映了决策者的决策理念和意识形态。其次，理念推动了政策创新。理念并不是凭空产生的，科学的理念一般都是科学理论的积淀，在某种程度上可以说理念来源于理论。针对同一事物的不同理念之间在某一特定场域中存在着竞争，决策者会根据自身的判断选择"合意"的理念作为其处理公共问题的依据，并将此理念应用于具体的政策中，从而实现了政策的创新。最后，理念具有塑造社会行为体的作用。这一观点类似于倡议联盟理论。倡议联盟理论认为政策系统中的政策行动者具有不同的政策信念，相同政策信念的行动者易结成政策联盟。

---

① 陈潭. 公共政策变迁的过程理论及其阐释 [J]. 理论探讨，2006（6）：129.
② [美] 朱迪斯·戈尔茨坦. 观念与外交政策：信念、制度与政治变迁 [M]. 北京：刘东国，译. 北京大学出版社，2005：21.

这样一来，政策子系统中就存在具有不同信念体系的政策联盟，他们之间通过理念的学习与博弈，实现政策变迁。

利益与政策变迁。政策变迁中的利益是针对某一项特定的公共政策，政策行动者为了获取自身存在和发展所需的某些有用资源，采取与决策主体和其他政策行动者合作或者竞争的方式，改变政策对资源的分配。从政治学的角度来看，一项公共政策合法性的获得需要两个方面的要素：一是决策者的支持。解决某一公共问题的途径很多，一种政策主张要在与其他政策主张的竞争中获得优势并进入政策议程，必须获得政策制定者的支持，因为决策者具有相应的资源可以打开"政策之窗"。二是社会公众的支持。政策的制定和执行离不开社会公众的支持，政策制定者必须与政党、政府官员、利益集团以及其他社会行为体达成共识，获得广泛的支持。决策者为了使政策获得合法性，必须满足于社会需求。如果一项政策没有获得社会的支持，那么它就面临着合法性危机，同时有着执行的困难。要研究一项公共政策的社会支持问题，首先要对政策场域内的社会行为体进行解构，细分出不同的社会行为体，社会联盟理论为社会行为体的细分提供了一个很好的理论工具。其次应该关注社会行为体的结构，不同结构的社会行为体具有不同的偏好，不同的偏好决定了他们在政策场域中不同的活动方式和不同的利益诉求。不同于倡议联盟理论，本书认为社会行为体的偏好植根于利益最大化，其行为受经济利益影响和支配。最后，社会行为体是不断变化的，不同时期具有不同的利益诉求，表现为不同时期属于不同的社会行为体。

制度与政策变迁。制度研究曾在一段时间内为社会科学研究者所忽视，后来这些研究者发现"他们所观察到的世界并不符合当代理论的预期，而政治生活的组织因素才是最重要的"。[①] 任何政策变迁都是在特定的政治制度下进行的，都受到特定政治制度因素的影响与制约。政策变迁的实质就是政策行动者在一定环境约束下改变旧政策、创造新政策的过程，[②] 这里的"环境约束"在某种程度上可以理解为制度约束。本书所研究的制度特指国家的政治制度，包括宏观制度、中观制度和微观制度三个层次。诺斯认为制度是一种规则，这种规则用来框定人类的行为。从宏观层面来说，政治制度设定国家与社会的关系，国家与社会的关系是此消彼长的，一般表现为强国家弱社会

---

① [美]詹姆斯·G.马奇，约翰·P.奥尔森.重新发现制度：政治的组织基础[M].北京：张伟，译.生活·读书·新知三联书店，2011：1.

② 周光礼.中国大学办学自主权（1952—2012）：政策变迁的制度解释[J].中国地质大学学报（社会科学版），2012（3）：15.

或者弱国家强社会，在两种不同的表现形式中，政策变迁的驱动力量必然存在差异。从中观层面来看，中观政治制度设定了国家政权内部各部门间权力配置的法律法规、原则以及惯例等，中观层面的制度变化具体表现为党政关系和央地关系的变化。不同阶段党政关系和央地关系表现出不同的特征，影响着民办高等教育政策的制定与选择。从微观层面来看，微观制度是决策层面的制度，它是和民办高等教育的政策制定与选择直接相关的制度，它界定了决策部门之间的关系以及与决策相关的程序、规则等，具体包括决策系统中决策主体之间的关系、决策主体和民办教育行为体之间的关系。不同阶段决策主体之间的关系以及决策主体和民办教育行为体之间关系的差异，也会影响民办高等教育政策的变迁。

三、民办高等教育政策变迁的"理念—利益—制度"分析框架

前文在反思西方政策变迁过程理论和借鉴制度复合体模型的基础上，建构了政策变迁的"理念—利益—制度"分析框架，本书认为这一分析框架有助于解释中国民办高等教育政策变迁的历程。这一节主要论证政策变迁的"理念—利益—制度"分析框架用于解释中国民办高等教育政策建构历程的必要性、适用性以及解释策略，并对民办高等教育政策变迁的解释框架进行大致描述。

（一）建构"理念—利益—制度"政策变迁分析框架的必要性、适用性与策略

1. 建构"理念—利益—制度"政策变迁分析框架的必要性

西方政策变迁理论解释民办高等教育政策变迁的适用性不足。前文对西方主流的政策变迁过程理论进行了分析，从分析可以看出西方政策变迁的多源流理论、间断—均衡理论以及倡议联盟理论均是西方相对稳定的民主政体的产物，这些理论侧重于从议题的形成到议题的设定等政策过程以及政策系统内部的变化来解释政策变迁。但是，中国民办高等教育非营利与营利性政策的演进是在中国特定的政策环境下发生的，中国民办高等教育相关政策议程的形成、议程设定以及政策内部系统，与西方民主政体的决策机制有很大的差异。因此，用西方政策变迁理论解释中国民办高等教育政策变迁很容易出现"水土不服"的问题。此外，西方政策变迁理论所讨论的政策变迁是在一个宏观政治环境相对稳定的情形下发生的政策变迁，而本书所研究的民办高等教育政策变迁则是在国家经济社会发生重大转型的背景下发生的。政策

变迁背景的差异导致用西方政策变迁理论解释中国民办高等教育政策变迁适用性不足的问题。

民办高等教育政策变迁的复杂性。民办高等教育非营利性与营利性政策变迁经历了从民办高等教育"不得以营利为目的"到"合理回报"再到"分类管理"政策变迁过程，具有时间跨度长、改革内容多、涉及部门广等特征，政策变迁过程异常复杂。从时间上看，它从改革开放后民办高等教育复苏开始，到《民办教育促进法实施条例》的发布实施，其间跨越40年的时间；从内容上看，非营利性与营利性民办高等教育政策变迁涉及民办高等教育的产权制度、扶持制度、法人治理结构等，可谓涉及民办高等教育的方方面面；从参与部门看，它涉及执政党、中央政府、全国人大、地方政府以及民办高校等部门，政策变革的协同难度大。从西方政策变迁理论看，多源流理论认为政策变迁是问题源流、政策源流与政治源流在政策企业家的作用下开启政策之窗，三个源流汇合，实现政策变迁，这一理论强调政策之窗开启的重要性；间断—均衡理论认为政策的均衡源自美国分权制衡的政治制度，政策的间断则是注意力转移的有限理性决策造成的；倡议联盟理论认为政策变迁的一个重要原因是政策子系统内部因政策信念相同而结成的政策联盟，这些联盟通过信念博弈和政策学习等行为实现政策变迁。可见，西方主流的经典政策变迁理论都很难单独解释清楚中国民办高等教育非营利性与营利性政策变迁的现象。民办高等教育非营利性与营利性政策变迁的复杂性，决定了有必要搭建一个新的有效的政策变迁解释框架，本书的分析框架便是一种尝试。

2. 建构"理念—利益—制度"政策变迁分析框架的适用性

民办高等教育非营利性与营利性政策变迁的一个显著特征，是处于中国社会的转型期。在这一转型时期，经济体制由传统计划经济体制转向社会主义市场经济体制，这一转变带来的是整个国家的机制转轨、结构转型、利益协调与观念转变。政策的变迁在这一背景下进行，必然与国家的机制转轨、结构转型、利益协调与观念转变存在着某种联系，从利益、理念、制度角度解释民办高等教育非营利性与营利性政策变迁有其充分的合理性。从民办高等教育非营利性与营利性政策本身看，这一政策的演进与理念转变、利益调整、制度变革有着密切的关系。

民办高等教育非营利性与营利性政策变迁是国家教育理念的转变。新中国成立初期，国家对高等教育进行了社会主义改造，私立高校全部转变为公立高校。随着改革开放的推进，市场化的理念影响到教育领域，私立高等教育开始出现，但是由于公有制强大的路径依赖，政策规定民办高等教育"不得以营利为目的"。在20世纪90年代教育产业化理念影响下，政策允许民办高等教育获得"合理回报"。21世纪初期，国家对高等教育的属性有了新的认识，认为无论办学主体是国家还是个人教育产品都属于公益产品，都具有公益性。在高等教育准公共物品理念的影响下，国家允许营利性民办高等教育的存在，实行非营利性与营利分类管理政策。可见，国家的教育理念影响着民办高等教育非营利性与营利性政策的变迁。

民办高等教育非营利性与营利性政策变迁存在着激烈的利益博弈。政策变迁的利益论者认为教育政策变迁是一种利益性存在，表现为一种利益分配或重组。[①] 发端于改革开放初期的民办高等教育其最初的表现形式为各类文化补习班、自学辅导班等，这时的社会力量办学具有强烈的营利动机。在利益的驱使下办学主体不断地"违规"，政府为了抑制办学主体的"违规"行为，提出了"不得以营利为目的"的政策约束；在此政策约束下，民间资本降低了投资高等教育的热情，为了鼓励民间资本投资高等教育事业，《民办教育促进法》允许办学者可以获得"合理回报"，在"合理回报"政策影响下，中国的民办高等教育办成了西方的营利性高校，[②] 公益性缺失；为了使民办高等教育回归公益，国家制定了民办高等教育的营利性与非营利性分类管理的政策，这一政策向非营利性民办高等教育倾斜，给予其更多的优惠政策，但是在产权、法人治理上给予相应的限制；然而民办高等教育举办者一方面想获得国家的优惠政策，另一方面又想保有产权和管理权，政府与民办高等教育举办者之间存在着明显的张力。可见，民办高等教育非营利性与营利性政策变迁存在着明显的利益博弈，通过利益因素解释政策变迁具有恰适性。

民办高等教育非营利性与营利性政策变迁是在制度变革中进行的。民办高等教育政策演进的40多年，也是制度深刻变革的时期。从宏观制度上看，国家与社会的关系发生了变化，国家逐步向社会放权，赋予社会更多的自主性，民办高等教育获得了生存空间；从中观制度上看，央地关系的变化表现为逐步向地方放权，地方发展民办高等教育的积极性提高；从微观制度上来看，决策的民主化和科学化使得决策主体之间的分工更加明确，民办教育行为体逐步参与到政策过程之中。

---

① 石火学.教育政策创新模式研究：创新路径的视角[J].教育发展研究，2011（21）：40.
② 鞠广宇，江虹.分类管理制度下民办高等教育发展战略研究[M].北京：九州出版社，2017：69-71.

总之，民办高等教育非营利性与营利性政策变迁是一项复杂的制度变革，它涉及理念转变、利益调整与制度变革，制度变迁的"理念—利益—制度"分析框架对其具有很强的适用性与解释力。

3. 建构"理念—利益—制度"政策变迁理论框架的分析策略

在论证了运用"理念—利益—制度"分析框架解释民办高等教育非营利性与营利性政策变迁的必要性和适用性的前提下，基于以下基本思路和策略对本书的研究进行架构：

首先，确定因变量。所谓因变量，是指由一些变量变化而引起变化的量。本书的因变量是民办高等教育非营利性与营利性政策变迁的结果，即民办高等教育先后经历了"不得以营利为目的"的禁止营利政策阶段、"合理回报"语境下的允许适当营利政策阶段以及非营利性与营利性民办高等教育分类管理政策阶段这样一个政策变迁的过程。其实，这也是本书的研究问题，即民办高等教育为什么会出现这种阶段性特征。确定了因变量就确定了研究问题，进而就确定了需要解释的现象，它对本书的研究有非常重要的意义。

其次，确定自变量。所谓自变量，是引起其他变量发生改变的变量。民办高等教育非营利性与营利性政策变迁跨越了40多年时间。这期间中国民办高等教育的政策场域发生了翻天覆地的变化。这些变化既有来自制度的变化，也有来自利益调整的变化，还有政策理念的变化。单独某一方面的变化都不足以解释民办高等教育非营利性与营利性政策变迁的结果。因此，借鉴制度复合体模型，本书把自变量确定为理念、利益和制度。

再次，构建因变量和自变量之间的关系。即理念、利益、制度三个变量如何在民办高等教育的政策场域中通过相应的机制，促使民办高等教育经历了"不得以营利为目的"的禁止营利政策阶段、"合理回报"语境下的允许适当营利政策阶段以及非营利性与营利性民办高等教育分类管理政策阶段。

最后，总结理念、利益和制度引发政策变迁的机理。根据理念、利益与制度引发民办高等教育非营利性与营利性政策变迁的机理，探寻三种因素相互作用促进民办高等教育非营利性与营利性政策变迁的逻辑。

（二）民办高等教育政策变迁的解释框架及其描述

理念、利益和制度是解释政策变迁的三个核心要素，建构"理念—利益—制度"的政策变迁分析模型既是理论上的需要，也是解释现实政策的需要。用"理念—利益—制度"解释民办高等教育非营利性与营利性政策变迁有其必要性与适用性。这一部分主要介绍理念、利益与制度对民办高等教育非营利性与营利性政策变迁的影响,以便廓清本书的整体解释框架。

1. 理念与民办高等教育政策变迁

理念是基于理性认知而形成的理想与信念,体现着主体对事物本质的深刻洞察与行为的明确指引。① 改革开放 40 余年来,国家的政策理念在高等教育领域发挥着重要作用。因此,通过考察理念的变迁及其影响公共政策的机制,有利于更好地解释民办高等教育非营利性与营利性政策变迁问题。

理念的来源与变迁。理念是政策的灵魂,也是政策选择的来源。教育的国家所有制理念、教育产业化理念、教育的非营利组织理念、教育的准公共物品理念,是民办高等教育非营利性与营利性政策变迁的理念来源。这些理念在社会行为体之间相互竞争,胜出者成为公共政策的主导理念。新中国成立至今,中国的民办高等教育理念受到了高等教育的国家所有制理念、教育产业化理念、非营利组织理念、公共物品理念等的影响。在此影响下,不同阶段的政策理念,引致民办高等教育政策表现出不同的特征。

理念影响公共政策的途径。理念不会自动地转化为政策,只有通过相应的机制,理念才能嵌入政策并使之制度化,实现对公共政策的长期稳定影响。理念影响公共政策的机制包括:理念的学习与理念的合法化、理念的竞争与理念的主导化、理念嵌入制度与理念的制度化。

理念变迁与政策创新。借鉴熊彼特对创新的界定,本书认为政策创新是突破公共政策的僵化均衡进而寻找一种新的均衡的政策变化过程。理念对公共政策具有引导作用,理念的变革可以引发公共政策创新。但是,理念并非都能体现在政策中,也并非所有的政策都能找到相应的理念。连接理念与政策变化的是政策范式。通过分析政策范式,可以发现理念对政策变化的影响,而这种变化的表现形式则是政策目标和政策工具。改革开放至今,政策目标的变化轨迹是从弥补不足到快速发展,再到内涵式发展;政策工具的变化则表现为:从限制与管控型政策工具到鼓励与扶持型政策工具,再到规范与引导型政策工具。

2. 利益与民办高等教育政策变迁

利益的冲突与对立一般涉及集团行动,社会联盟理论中的社会行为体分化和要素禀赋思想,为我们分析民办高等教育的利益问题提供了一个很好的分析工具。这一理论认为对外经济政策场域中存在着不同的社会联盟,这些

---

① 王有升. 理念的力量:基于教育社会学的思考 [M]. 北京:高等教育出版社,2007: 2.

联盟在行业内部可以进一步细分为不同的行为体，它们具有不同的要素禀赋和发展理念。在发展过程中，它们总是希望获取决策者的支持，但是决策者并不会对所有社会行为体进行支持，仅支持那些在行业中具有竞争力、具有要素禀赋优势和发展理念契合国家民办高等教育发展战略的社会行为体。民办高等教育政策场域中存在着不同的社会行为体，这些社会行为体亦想获得政策上的支持。以社会联盟理论为分析工具，从社会结构层面分析民办高等教育政策变迁，主要关注的是社会行为体在政策场域中的结构、地位以及政策偏好等。同时，在一个政策场域中，社会行为体的偏好并不是固定不变的。随着经济环境、政治体制以及民办高等教育自身的发展变化，民办高等政策场域中的社会行为体围绕着自身利益面临着不断的分化和重构。这种变化和重构对国家民办高等教育政策制定与选择具有一定的影响。

社会行为体格局（1982—2002年）。20世纪80年代，中国的高等教育供需矛盾尖锐，在国家改革开放和市场经济快速发展的大背景下，民办教育开始复苏，并逐步发展壮大。那些从民办高等教育发展过程中获益的社会行为体认为在发展民办高等教育满足社会需求的同时，也可以从办学过程中获取收益，因此成为发展民办高等教育的积极支持者，形成了民办高等教育的发展社会行为体；另一部分社会行为体则认为以"逐利"为目的的民办高等教育扰乱了国家正常的高等教育秩序，背离了高等教育的"教育属性"，主张对民办高等教育进行严格的管控，这些社会行为体则形成了民办高等教育的管控社会行为体。这两类行为体基于"发展"理念与"管制"理念，具有不同的利益诉求。由于掌握国家决策权力的中央政府是管控社会行为体的重要支持者，主导了这一时期的民办高等教育政策的制定，所以民办高等教育政策总体上表现出明显的管控特征。在民办高等教育是否可以营利的问题上，表现为民办高等教育"不得以营利为目的"。

社会行为体格局（2002—2010年）。21世纪初，随着中国市场化进程的进一步加快，市场化和产业化的理念对高等教育产生了很大影响，大量的民间资本进入高等教育领域，民办高等教育得以快速发展。资本具有天然的逐利性，投入高等教育领域的民间资本自然也有逐利的动机。在《民办教育促进法》制定过程中，争论最激烈的问题就是是否允许民办高等教育营利的问题。围绕着营利性与公益性的政策议题，民办高等教育政策场域中的社会行为体出现了分化与重组，形成了市场化社会行为体和公益性社会行为体。由于掌握国家立法权力的全国人大是市场化社会行为体的重要支持者，倾向于借助于市场化手段促进民办高等教育的快速发展，使得这一时期的民办高等教育政策总体上表现出市场化的特征。在民办高等教育是否可以营利的政策问题上，表现为允许民办高校的举办者获取"合理回报"。

社会行为体格局（2010—2021年）。2010年以来，中国民办高等教育得到了长足发展，总体规模以及在国家高等教育中所占的比重不断增大。但是中国民办高等教育一直处于低端的发展水平，"大学排行榜"很难看到民办高校的影子，民办高校常与"落榜生""差生"联系在一起，这与西方私立高等教育的发展存在着天壤之别。学界普遍将这一问题归结为"公益性"掩盖下的逐利行为，也就是说民办高校在没有选择获取"合理回报"的情况下，私下里却获得了"合理回报"，同时享受着国家对"非营利组织"的各种政策扶持。民办高校为了获取更多的利益，将民办高校办成"学店"，按照经营企业的"成本—收益"思维经营高等教育，使得民办高校的办学行为逐渐偏离了"教育逻辑"的方向。针对这种情况，政策场域中的社会行为体出现了分化，形成了规范化发展社会行为体和趋利性发展社会行为体。规范化发展社会行为体认为应该对民办高校进行分类管理，让营利性民办高校光明正大地营利，让非营利性民办高校更好地从事公益，以此规范两类不同性质民办高校的行为；趋利性发展社会行为体认为实施非营利性与营利性分类管理的时机还不成熟，在产权、扶持政策、法人治理、内部治理、剩余索取等方面提出异议。由于决策者支持民办高校规范化发展，这一阶段的民办高等教育政策表现为非营利性与营利性民办高校分类管理。

3. 制度与民办高等教育政策变迁

制度，尤其是国家的政治制度在政策变迁中发挥着重要作用，因为公共政策的制定、抉择和执行都是发生在特定的政治制度之内。为了更深入地理解公共政策，我们必须理解产生公共政策的政治制度。改革开放40余年来，中国制度环境发生了深刻的变革，这些变革既有宏观层面的，也有中观和微观层面的。无论是哪个层面的制度变革，都对民办高等教育非营利性与营利性政策的变迁产生了深远影响。

从宏观层面的制度变革看。宏观制度是国家与社会关系层面的制度，它是最基本的制度。国家与社会的关系可以化约为政府与市场的关系，在国家与社会关系影响之下，政府与市场的关系亦经历了相应的变迁。这种变迁决定了政府对民办高校的渗透能力、汲取能力以及协商能力，也决定了政府对民办高等教育的态度与行为。通过研究国家与社会（政府与市场）关系的变迁，有助于更好地解释民办高等教育非营利性与营利性政策的选择。

从中观层面的制度变革来看。中观制度是围绕着政府所形成的政治权力结构，界定国家政权内部各部门间权力配置的法律法规、原则以及惯例等。中观层面的制度变革分析有助于我们解释民办高等教育从路径依赖下的不得以营利为目的，到诱致性变迁下的合理回报，再到强制性变迁下的分类管理。

从微观层面的制度变革来看。微观制度是决策层面的制度，它是和民办高等教育政策制定与选择直接相关的制度。微观制度界定了决策部门之间的关系以及与决策相关的程序、规则等，具体包括决策系统中机构之间的关系以及决策机构与民办教育行为体之间的关系。不同阶段不同决策主体的决策偏好的差异，决定了政策选择的差异性；从决策主体与民办教育行为体的关系来看，二者之间的关系先后经历了依赖、合力和竞争三个阶段，二者之间关系的不同影响着政策过程中的博弈力量对比，进而影响着民办高等教育的政策选择。

第二章
民办高等教育政策变迁的轨迹

民办高等教育的政策供给是随着时代发展而不断变化的。改革开放后，面对公众高涨的接受高等教育的需求，国家允许社会力量办学，民办高等教育开始出现，但是由于社会主义国家所有制意识形态强大的路径依赖，政策上要求社会力量举办的高等教育"不得以营利为目的"。21世纪初，国家为了解决国内需求不足的问题，鼓励社会公众将手中的储蓄用于高等教育消费，民办高等教育在这一过程中得以快速发展。为了鼓励更多的社会资金进入高等教育领域，国家允许民办高等教育举办者获取"合理回报"。2010年之后，允许民办高等教育举办者获取"合理回报"的政策导致民办高等教育以营利为目的，使得民办高等教育偏离了高等教育的教育属性，为了规范民办高等教育发展，引导民办高等教育举办者公益性办学，国家进行营利性与非营利性民办高等教育分类管理，对非营利性民办高等教育在税收、土地使用以及财政扶持等方面给予更多的优惠政策。探讨民办高等教育非营利性与营利性政策变迁的历史轨迹，有利于更好地把握民办高等教育的发展脉络，为从理念、利益和制度等方面分析民办高等教育政策变迁提供历史事实。

一、不同政策阶段的核心概念

规范性学术研究首先需要对研究对象的概念进行界定，清晰明了的概念界定有利于对研究对象内涵和外延的把握，进而有利于研究的顺利开展。民办高等教育发端于改革开放，纵观其40多年的发展历程，从非营利性与非营利性视角来看民办高等教育萌芽起步阶段的"不得以营利为目的"、快速发展阶段的"合理回报"、规范管理阶段的"分类管理"政策变迁，以此为线索，本节主要介绍了"民办高等教育""不得以营利为目的""合理回报"以及"分类管理"等概念。

（一）不得以营利为目的

现代汉语中的"目的"是指一个组织或者一个人从事某一活动的出发点

或归宿。出发点和归宿一般情况下是一致的，但是也存在不一致的情况。即有某种出发点，但不一定出现这样的归宿；或者没有这种出发点，但却出现了某种归宿。目的实现的过程即是出发点与结果相统一的过程。从这一视角看民办高等教育"不得以营利为目的"暗含着两种规定性情形：其一是对民办高校及其举办者办学出发点的规定。民办高等教育是社会主义国家教育的有机组成部分，必然为国家现代化建设服务，培养社会主义事业所需要的全面发展的建设者和接班人。这就要求民办高等教育的办学出发点和目的不应放在营利上，而应放在提高教育质量、培养合格人才、为社会主义现代化建设服务的目的上，这是民办高等教育公益性的应然体现。从西方民办教育的发展实践看，营利性与公益性并不是截然对立的，判断民办高等教育是否具有公益性，并不在于民办高校的办学结果是否营利，而在于办学的出发点与结果是否以营利为目的以及利润如何处置。如果民办高校在办学过程中在保证教育质量、培养合格人才以及满足社会需求的情况下，同时出现盈余，那么这种营利就应该被认为是合理的、是被允许的。其二是对民办高校及其举办者办学结果的规定。"不得以营利为目的"并没有对民办高校及其举办者的办学过程进行规定，这就使得举办者创办民办高校的过程具有两种可能的情形：一种情形是营利，另一种情形是不营利。这进一步导致了民办高校的办学结果具有两种可能性：一种可能性是盈利；另一种可能性是没有盈利。"不得以营利为目的"是对民办高校及其举办者办学结果的规定，并不在于办学结果是否盈利，而在于办学的盈利如何分配。正如张建华所言，民办教育"不得以营利为目的"并不是指"教育机构不能有正当收益和盈余……关键是盈余和合法积累的用途，如果用于民办学校自身的建设发展、增加民办教育投入、改善办学条件，就不是以营利为目的；如果用于其他投资或者举办者个人占有，就是以营利为目的"。[①] 可见，"不得以营利为目的"与不许营利或不能营利的含义是不同的。不得以营利为目的并不是不允许民办高校营利，而是暗含着民办高校及其举办者可以在合法经营的前提下盈利，只是这种盈利不能用于投资或者私人占有。

基于不同的立场态度与价值取向，关于民办高等教育是否可以营利这一问题"公说公有理，婆说婆有理"，社会各界一直争论不休。但是有一点是可以肯定的，那就是相关法律法规作为客观的事实存在，对于这一问题的规定十分清楚明了：教育不得以营利为目的。1993年国家教委制定的《民办高等

---

① 张建华. 社会力量办学条例释义 [M]. 广州：广东经济出版社，1998：22.

学校设置暂行规定》最先规定了民办高校不得以营利为办学宗旨；1995年八届全国人大三次会议通过的《教育法》规定：任何组织和个人不得以营利为目的举办学校；① 1997年国务院发布《社会力量办学条例》对这一问题进行了重申：社会力量举办的教育机构，不得以营利为目的；② 1998年九届人大常委会四次会议通过《高等教育法》，再次重申设立高等教育机构"不得以营利为目的"。③ 即便国家对这一问题进行了顶层设计，但是对"教育不得以营利为目的"的争论仍未停止，对教育"不得以营利为目的"这一概念的解读仍有较大分歧。从相关的法律法规看，分歧的原因在于上述法律法规都没有对"教育不以营利为目的"做出具体的规定，也没有对什么样的行为是"不以营利为目的的行为"或什么样的行为是"以营利为目的的行为"进行具体区分。这为民办高等教育理论界提供了政策的解读空间，也为实际工作者提供了行动上的策略空间。

（二）合理回报

"合理回报"中的"回报"，在现代汉语中有"投资所产生的收益"之意。经济学认为投资和收益息息相关，有了投资才可能有收益。投资的收益即为"回报"。投资收益、投资获益、投资赚钱都是营利行为，与无偿捐赠的公益行为有着本质的不同。中国民办高等教育以投资办学为主是不争的事实，获取"回报"亦是理所当然。然而，教育"不得以营利为目的"是国家对教育的要求，不允许民办教育举办者获取"暴利"，但同时国家鼓励民办民间资本投入教育行业。为了提高投资办学者的积极性，国家允许民办教育举办者有"合理回报"。关于如何认定合理回报的性质，存在着两种解释：一种是"利润说"；另一种是"奖励说"。④ 利润说认为民办高等教育的"合理回报"本质上就是营利，就是办学者投资所应获得的收益。这一观点源自中国民办高等教育的实际情况，即中国民办高等教育的办学资金大部分来自商业投资，属于投资办学，投资的主要目的是追求经济利益的回报。从现实的运行情况看，民办高校营利已成为"公开的秘密"⑤。全国人大教科文卫委员会曾做过相应调研，认为90%的民办教育是投资办学，要求经济"回报"，在国家财政

---

① 参见《中华人民共和国教育法》第25条，1995年。
② 参见《社会力量办学条例》第6条，1997年。
③ 参见《中华人民共和国高等教育法》第24条，1998年。
④ 张春生. 中华人民共和国民办教育促进法释义 [M]. 北京：法律出版社，2003：32-37.
⑤ 肖晗. 民办教育中合理回报制度之重构 [J]. 昆明理工大学学报（社会科学版），2008（3）：46.

投入短期内不可能大幅增加的情况下,通过立法给予民办高等教育投资办学者"合理回报",有利于激发民间资本投资教育的热情。奖励说认为民办高等教育是一种公益性事业,是在其办学声誉高、质量好的情况下,政府对民办高等教育的一种奖励和扶持措施,民办高校可以从办学结余中提取合理回报。"奖励说"是在确认民办高校公益性的前提下,从民办高等教育的现实情况与发展需求出发,为积极鼓励民办高校举办者的办学行为,鼓励社会资本投资举办高等教育而采取的一种奖励、扶持措施。当然,这种奖励是有条件的,国家通过《民办教育促进法实施条例》对此进行了相应限制。《民办教育促进法》将"合理回报"置于"扶持与奖励"一章中,可见国家法律是持"奖励说"的。可以发现,"利益说"与"奖励说"两种说法殊途同归,目的都是为了激发举办者的办学热情,促进民办高等教育发展。

2002年,国家颁布实施了《民办教育促进法》,这部法律在制定过程中四易其稿,争论的焦点就是"合理回报"问题,即民办学校举办者是否应该取得合理回报。针对这一问题,既有支持的观点,也有反对的观点,双方展开了激烈的争论。支持民办学校举办者取得合理回报的观点认为:允许合理回报有利于激发民办教育投资者投资办学的积极性;民办教育具有双重属性,应体现公共利益与经济利益的统一,仅仅强调公共利益是不够的;如果将民办教育分为非营利性与营利性两类,就不符合《教育法》第25条有关教育公益性原则的规定,"合理回报"提供了一个可行方案;对经营状况良好、办学绩效显著的民办教育举办者给予"合理回报",与坚持民办教育的公益性并不矛盾;"合理回报"有利于对某些高收费和乱收费的民办教育机构进行正确引导和依法管理。反对"合理回报"的观点认为:"合理回报"违背了《教育法》第25条"不得以营利为目的"的规定;"合理回报"与《民办教育促进法》有关会计制度的规定相矛盾;"合理回报"背离国家对教育实施优惠政策的初衷,引发国家土地政策与税收政策的紊乱;"合理回报"与国外的私立教育管理经验相悖;"合理回报"的界限不明确;"合理回报"会带来冲击公立教育的消极后果等。① 最终,《民办教育促进法》规定民办教育机构在预留发展基金、扣除办学成本和其他费用后,出资人可以从办学结余中取得"合理回报"。② 2004年2月国务院制定《民办教育促进法实施条例》对"合理回报"进行了进一步细化和规范。相关内容有:一是出资人取得合理回报的前

---

① 程化琴.《民办教育促进法》制定过程研究 [M]. 北京:北京大学出版社,2012:123-125.
② 参见《中华人民共和国民办教育促进法》第51条,2002年。

提是存在办学结余,且不得存在发布虚假招生广告、骗取财产、抽逃资金以及挪用办学经费等违法行为;二是民办学校举办者取得的合理回报的比例由收取费用的标准与项目、教学活动和改善办学条件等的费用占所收取学费的比重以及其他民办学校取得合理回报的情况等三个因素确定;三是欲取得合理回报的民办学校在确定取得合理回报前,应向社会公布有关办学水平和教育质量的资料以及财务状况;四是对不按照《民办教育促进法实施条例》相关规定取得合理回报的民办学校规定了相应的处罚措施,包括没收所得、停止招生以及吊销办学许可证等。① 国家通过颁布实施《民办教育促进法》和《民办教育促进法实施条例》等,确立了民办高校的合理回报制度。

(三) 非营利性与营利性分类管理

分类管理是本书的一个核心概念,本书主要围绕分类管理政策的演进路径进行分析,有必要对这一概念进行理论上的详细描述。新修订的《民办教育促进法》于 2016 年 11 月 7 日经第二届全国人大常委会第二十四次会议审议通过。该法规定民办学校的举办者可自主设立非营利性民办学校或营利性民办学校,非营利性民办学校不允许获取办学收益,学校的办学结余必须全部用于继续办学,营利性民办学校可以获取办学收益,办学结余依据《公司法》等相关法律法规的规定处理。② 这一规定从法律层面确立了非营利性与营利性两类不同类型的民办学校,承认了营利性民办学校的合法地位,为民办高等教育分类管理制度的实施扫清了障碍。分类管理最基本的含义是将民办高等教育分为非营利性与营利性两类,依据两类高校不同的特点,建立不同的管理制度。"分类管理"涉及"非营利性民办高等教育""营利性民办高等教育"以及"非营利性与营利性民办高等教育分类管理"三个核心概念。

1. 营利性民办高等教育

"营利"的"营"具有谋取和追求的意思,《现代汉语词典》对"营利"的解释是谋取或者追求利益,即通过经营活动谋求利益,重点是"意图谋划",是一种主观性很强的谋取利益行为。然而,对于营利性民办高等教育的界定,国内相关研究较少,散见于对美国营利性高等教育的介绍。学者谈营利性民办高等教育,通常对比非营利民办高等教育,认为营利性民办高等教育办学目的是索取办学收益,以营利为目的,办学者拥有学校所有权。钟秉

---

① 参见《中华人民共和国民办教育促进法实施条例》第 45、第 46、第 47、第 48、第 49 条,2002 年。

② 参见《中华人民共和国民办教育促进法》第 19 条,2016 年。

林等把举办者是否索取合理回报作为分类标准，认为不要求索取回报的民办教育，无论办学主体是谁，一律是非营利性民办教育；反之，则为营利性民办教育。① 徐纯正、陶夏认为营利性民办高等教育的界定有三个基本要素：非政府组织或个人举办、非国家财政性经费、办学的主要目的是营利。②

营利性私立大学作为一种新兴的高等教育组织形式，在很多方面与传统的非营利私立大学有着很大差异。美国的私立高等教育非营利性与营利性分类管理体系较成熟，营利性私立高等教育发展较好。从理查德·鲁克对营利性大学的研究来看，我们可以发现私立营利性高等教育的一些特质③：第一，从营利性私立高等教育的产生看，其创办主体是个人和商业性组织。比如，阿波罗教育公司的创始人是约翰·思柏森，德伟教育公司的创始人是丹尼斯·科勒，林森教育集团的创办人是大卫·穆尔，思德教育公司的创办者为一家出版职业教育教材的出版社。私立营利性高等教育的办学目的相对单一，而且非常明确，就是为了获取商业利润。第二，从发展模式看，营利性私立高等教育大多由诸如补习学校、职业技能培训机构等发展而来。它们按照市场需求，通过兼并、新建、特许经营、发展网络教育等方式快速增加学生数量和扩大校园，通过市场化运作方式在短期内实现学校规模的扩大。第三，从办学理念看，营利性私立高等教育以学生为中心，将学生视为顾客，为学生提供以职业为导向的教育服务，专业设置清新明确，集中于社会需求量较大的专业，通过高质量的商业、管理和技术等职业技术教育，为学生提供职业发展机会。第四，从产权制度看，营利性私立高等教育所有制明确，界定清晰，确立了完善的法人财产权制度，学校所有权为投资办学者或者股东。在正常办学期间，投资办学者或者股东拥有参与决策权和利益分配权；在学校解散时，拥有最终的剩余财产分配权。第五，从组织机构看，营利性私立高等教育是以行政权力为主导架构的组织体系，股东大会掌握决策权，董事会向股东大会汇报工作，对其负责，董事会掌握学校内部最高决策权，学校管理者对董事会负责，下属部门对上级管理层负责，学术权力处于被行政权力支配的地位。营利性私立高等教育机构基于节约成本的考虑，管理层级较

---

① 赵应生，钟秉林等. 积极稳妥地推进民办教育分类管理——我国民办高等教育改革与发展探析（三）[J]. 中国高等教育，2011（10）：21.
② 徐纯正，陶夏. 营利性民办高校的界定之困、发展之觞与破解之策 [J]. 黑龙江高教研究，2017（12）：12-14.
③ [美] 理查德·鲁克. 高等教育公司：营利性大学的崛起 [M]. 于培文，译. 北京：北京大学出版社，2015：11-21.

小，管理人员较少，大多数采取 M 型组织结构，少部分采取 U 型组织结构。第六，从教师管理制度看，营利性私立高等教育大量使用兼职教师，教师雇佣数量相对较少，分工详细明确，取消了终身教职制度，而采用一般商业组织的雇佣制度，以刚性化管理为主，管理更加集权。

2. 非营利性民办高等教育

关于非营利性民办高等教育的概念，不同学者基于不同视角，对之进行了界定。何国伟从资金来源的视角出发，认为非营利性民办高等教育是捐资办学以及投资办学但不要求合理回报的民办高校；① 尹晓敏从非营利组织的视角出发，认为非营利性民办高等教育按照非营利组织方式运作与管理，属于捐资办学范畴，不能够获取经济回报；② 方建锋对这一概念进行了较全面的界定，认为非营利性民办高等教育的注册形式是民办非企业单位，举办者不要求利润回报，不拥有学校产权，只能取得固定收入，办学结余只能用于学校发展，政府对其的税收优惠和财政扶持参照公办高校。③ 虽然上述学者的视角各异，但在非营利性民办高校运行过程中不能获得办学收益上还是存在共识的。

非营利性高等教育作为一种传统的高等教育组织形式，它在很多方面具有特质。第一，从非营利性私立高等教育的产生看，其创立者主要有个人、教会以及殖民地政府等，如普林斯顿的创立者是教会，哈佛大学、哥伦比亚大学的创立者是殖民地政府，耶鲁大学、斯坦福大学以及麻省理工学院等的创立者是个人。这些大学的创立目的或基于宗教目的，或为了国家利益，或为了培养人才等，而非为了获取办学收益。第二，从发展模式看，非营利性私立高等教育产生的时间要早于营利性私立高等教育，但是营利性私立高等教育发展相对缓慢，如哈佛大学创立于 1636 年，初创时仅有 9 名学生，截至 2015 年，经过 379 年的发展，学生只增加了 20991 人。此外，非营利性私立高等教育的发展依托学科发展，而非学生规模和校园面积。哈佛大学 1816 年创建神学院，1817 年创建法学院，1890 年创建教育学院，1936 年创建政治学院，至 1966 年，哈佛大学共创建了 10 个研究生院，可见，其主要通过学科

---

① 何国伟. 我国非营利性民办高校基本意涵及发展态势 [J]. 现代教育管理，2016 (9)：60-61.

② 尹晓敏. 论我国非营利性民办学校的培育之道 [J]. 浙江树人大学学报（人文社会科学版），2011，11 (6)：12.

③ 方建锋. 民办学校营利性和非营利性分类管理的实证分析 [J]. 教育发展研究，2011 (24)：20.

发展来实现发展，而非规模扩张。第三，从办学理念看，全球著名的非营利性私立大学一般坚持通识教育，将全人类的利益作为服务对象，视科学研究为其使命，坚持创造、传播和储存知识。第四，从产权制度看，非营利性私立高等教育没有明确产权所有者，坚持产权独立和产权社会化。在学校正常运行时，董事会虽然享有学校的管理权，但是对于学校的财产不享有所有权和财产索取权；在非营利性私立大学终止办学时，董事会不享有最终的剩余财产分配权。第五，从组织机构看，非营利性私立高等教育组织结构由行政机构和学术机构两部分组成，两个结构分别执行行政权力和学术权力，这种二元治理结构从学校延伸到学院和系。行政权力机构包括董事会、校长、学院、系。董事会负责长远规划，校长负责学校层面的日常运作，学院院长和系主任负责本层级的行政工作。学术机构负责各学科的教育和科研工作，包括专业建设、课程修订以及职称评聘等工作。在这种二元治理结构中，从系到学校，行政权力逐渐增强，学术权力则逐渐减弱。第六，从教师管理制度看，非营利性私立高等教育相较营利性私立高等教育，非营利性私立高等教育教师分工相对简单，民主性较强，拥有较大的学术自由，并普遍建立了终身教职制度。

3. 非营利性与营利性民办高等教育分类管理

"分类"，即根据事物的特征将事物分为不同的种类。这一概念包括两层含义：一是归类的标准和依据，即依据什么标准对事物进行分类；二是类型的判断和归属的划分，即类型是先验的还是后验的。"管理"是指组织或个人通过各项职能活动，合理配置相关资源，以实现组织目标的过程。注重权变管理，强调在管理过程中根据组织所处的内外部环境随机应变，针对具体条件采用不同的管理方式。根据管理对象类型的不同，采用不同的管理方法，符合权变管理思想。从这一视角看，分类管理即是依据管理对象的状态和属性的差异，基于一定的标准将其划分为不同的类别，以便采取不同的管理方式，实现组织的管理目标。从目的与手段的关系看分类管理，分类是手段，在于依据一定的标准，采用一定的方法将之进行科学分类；管理是目的，通过科学的分类，依据管理对象的不同特征，采取差异化管理方式，以实现管理的目标。

非营利性与营利性民办高等教育分类管理。2016年修订的《民办教育促进法》最大的亮点是将民办学校分为非营利性和营利性民办教育两类，对两类学校采取分类登记和分类扶持，进行差别化管理。民办高等教育分类管理是指依据办学收益是否进行分配为标准，将民办高等教育分为营利性和非营利性两类，并依据两类民办高等教育不同的办学模式，从法人属性、出资回报、产权归属、税收政策、土地政策、扶持政策以及收费政策等方面实行差别化管理（见表2-1）。分类管理对两类高校都产生了正反两方面影响，对非营利性民办高等教育可能产生的正效应包括：注册为事业单位；"公益性"有利于获得更多社会资本，有利于学校招生；财政支持不同于营利性高校，并会有所提高；招生计划不同于营利性高校，并可能得以改善；享受公办高校的土地、税收以及融资政策。对非营利性民办高等教育可能产生的负效应包括：办学者不再享有合理回报；承担更多的社会责任；出现办学管理权让渡，严格采取现代大学治理制度。对营利性民办高等教育可能产生的正效应：办学收益可以进行分配；可以通过上市等方式拓宽融资渠道；实现利润最大化；治理模式更加灵活多样；政府管制减少，自主性增强。对营利性民办高等教育可能产生的负效应：税收增加、财政补贴减少导致成本增加；社会信任度下降，可能影响招生。

表2-1　非营利性和营利性民办高等教育的政策差别

政策条目	非营利性民办高等教育	营利性民办高等教育
法人属性	民政部门登记；事业单位	市场监管部门登记；企业法人
出资回报	不允许获取办学收益；办学结余继续用于办学活动	投资办学者可以取得办学收益
产权归属	办学终止，依法清偿债务后的剩余资产继续用于社会办学	办学终止依法清偿后有剩余的，依照《公司法》有关规定处理
土地政策	享受与公办高校同等的土地政策待遇；依据划拨方式提供土地	按照国家相应的政策供给土地，只有一个意向用地者，协议供给用地
税收政策	享受公办学校同等待遇；免征企业所得税	征收企业所得税
扶持政策	政府补贴、购买服务、捐赠奖励、基金奖励、税收减免、土地划拨	税收优惠、政府购买服务
收费政策	通过市场化改革试点，逐步实行市场定价；具体收费政策由省级人民政府确定	市场调节定价；具体收费政策由学校自主确定

资料来源：笔者自制。

二、民办高等教育政策的建构历程

我国民办高等教育的恢复与发展，与时代特征密切相关。1949年中华人民共和国成立之后，对当时已有的私立高等教育采取了"积极维持，逐步改造，重点补助"① 的政策。1952 年开始，国家对私立高等教育进行了公立化改造，1956 年社会主义改造完成，私立高等教育全部改造为公立高等教育。党的十一届三中全会后，教育事业逐步恢复并发展，民办高等教育事业也随之复苏。40 多年来，从弥补国家财政不足，到满足公众多元化教育需求，从"拾遗补阙"到成为国家高等教育事业的"重要组成部分"，民办高等教育事业逐步发展壮大。纵观民办高等教育的发展历程，从非营利性与营利性视角看，可以将民办高等教育的发展历程分为三个发展阶段：第一个阶段是"不得以营利为目的"的禁止营利政策阶段（1982—2002 年）；第二个阶段是"合理回报"语境下允许适当营利的政策阶段（2002—2010 年）；第三个阶段是民办高等教育营利性与非营利性分类管理的政策阶段（2010—2021 年）。之所以如此划分，是基于历史制度主义的关键节点理论。历史制度主义认为关键节点是事物在历史发展过程中的转折点、政策设计和重大决策的关键点、重要的时间点、结构分歧点、冲突爆发点、能动选择点等，它会对政策后期的发展轨迹产生重要影响。1982 年作为一个关键节点，是因为这一年颁布的《宪法》鼓励社会力量办学，赋予了社会力量办学合法地位；2002 年作为一个关键节点，是因为《民办教育促进法》明确了民办高等教育可以取得"合理回报"；2010 年作为一个关键节点，是因为国家在《国家中长期教育改革和发展规划纲要（2010—2020）》中提出了探索非营利性与营利性民办教育分类管理改革试点工作。

（一）民办高等教育"不得以营利为目的"的禁止营利政策阶段

民办高等教育"不得以营利为目的"的禁止营利政策阶段起始于 1982 年《宪法》的颁布，一直延续至 2002 年《民办教育促进法》颁布之前。严格来说，这一阶段可以进一步分为两个阶段，1982 年至 1987 年是第一个阶段，1987 年至 2002 年是第二个阶段。第一个阶段是民办高等教育的恢复起步阶段，这一阶段民办高等教育从无到有，逐步发展壮大。由于民办高等教育是一个新生事物，这一时期并没有"不得以营利为目的"的规定。随着民办高等教育在发展过程中"违规"事件的不断涌现，相关政策法规规定"不得以营利为目的"。第二个阶段起始于 1987 年《关于社会力量办学的若干暂行规定》出台，间接规定社会力量不得举办以营利为目的的民办学校，此后相关政策文件不断出现"不得以营利为目的"的表述。在民办高等教育发展初期，由于缺失民办高等教育发展的相关政策法规，这一阶段国家对民办高等教育

---

① 刘林. 新中国民办高等教育发展历程与基本特征［J］. 北京教育（高教版），2010（1）：73.

的管理参照对公立高等教育的管理方式，带有明显的公立高等教育的路径依赖色彩，禁止民办高等教育营利是必然的政策选择。为了避免过于"碎片化"，本书将其作为一个阶段进行分析。

1978年，党的十一届三中全会后，党中央对高等教育工作做出了一系列重大决策部署，高等教育事业得以恢复发展，民办高等教育事业亦在此过程中复苏。随着社会经济的恢复发展，国家对先进知识和各类专业人才的需求激增，催生了社会人员、在职人员以及落榜考生等群体参加文化补习和各类专业技能培训的热情，但当时有限的国家公立教育资源还不能完全满足这些群体接受教育的需求。在此背景下，一些热心国家教育事业人士直面社会需求，举办了各类文化补习班、职业培训学校等。这些文化补习班、职业培训学校即是民办高校的雏形，经过积累、发展壮大，逐渐发展成为现代意义上的民办高等教育。这一时期出现了一批有代表性的民办高校：1977年著名教育家刘季平、李燕杰等创办了北京自修大学，被誉为新中国成立以后创办的第一所全日制、综合性民办大学，邓小平同志为北京自修大学题写了校名。1982年，经北京成人教育局批准，著名教育家聂真、于陆琳、李达以及张友渔等创办了中华社会大学。中华社会大学是改革开放后成立的第一所民办高校。1984年3月，北京市人民政府发出通知，同意海淀区政府试办海淀走读大学①（现北京城市学院），刘达任学院董事长，傅正泰、贾春旺等任董事，聘任傅正泰为校长，中华社会大学是新中国成立后第一所具有颁发国家承认学历的民办高校。1983年，郑州大学教师胡大白创办了"郑州市高等教育自学考试辅导班"，1985年其所招收的第一期学员自考成绩合格率达87%。由于教学成绩显著，教学规模逐步扩大，后经教育部批准，成为全国第一所民办本科普通高校。② 这一时期民办教育发展迅速，仅1984—1986年三年时间，全国新建民办高校250余所，至1991年，民办高校总数已达到450所。③ 这一时期民办高等教育多由个人创办，具有明确的逐利动机和良好的营利能力。④ 在营利的驱动之下，大量民办高校出现了诸如没有挂靠单位或办学资格、没有办学条件、擅自承诺发放国家承认的学历文凭、乱登招生广告、跨

---

① 王永均. 海淀走读大学的发展历程及其办学新路 [J]. 北京城市学院学报，2004 (1)：94.
② 胡大白. 办一所对学生最负责任的大学 [EB/OL]. 黄河科技学院，(2018-5-21) [2019-11-4]. http://www.hhstu.edu.cn/contents/17/521.html.
③ 周国平. 改革开放以来（1978—2006）中国民办高等教育政策法规回顾与思考 [J]. 民办教育研究，2007 (5)：8.
④ 李虔. 论中国民办高等教育发展的逻辑转向 [J]. 东北师大学报（哲学社会科学版），2018 (4)：192.

省市招生办学以及利用办学非法牟利等"违规"行为，导致国家教育行政部门不断出台相关有针对性的民办教育政策。

在这一阶段，民办高等教育非营利性与营利性问题涉及产权制度、法人治理结构、监管与服务制度、退出制度等。由于时间跨度较大及民办高等教育萌芽起步阶段问题的复杂性，有关部门出台的政策法规相对较多，共计31项（见表2-2）。其中法律3项，规定6项，纲要1项，条例2项，决定2项，通知10项，意见4项，规划1项，计划1项，实施办法1项。

表2-2 1982—2002年民办教育政策法规以及发文机关统计

时间	政策法规名称	发文机关
1982年12月4日	《中华人民共和国宪法》	全国人大
1985年5月27日	《中共中央关于教育体制改革的决定》	中共中央
1986年1月20日	《关于不得乱登办学招生广告的通知》	国家教委、中宣部
1987年7月08日	《关于社会力量办学的若干暂行规定》	国家教委
1988年10月17日	《关于社会力量办学几个问题的通知》	国家教委
1987年12月28日	《社会力量办学财务管理暂行规定》	国家教委、财政部
1988年10月24日	《社会力量办学教学管理暂行规定》	国家教委
1988年10月17日	《关于社会力量办学几个问题的通知》	国家教委
1990年7月26日	《关于跨省、自治区、直辖市办学招生广告审批权限的通知》	国家教委
1991年8月21日	《关于社会力量办学印章管理暂行规定》	国家教委、公安部
1993年2月13日	《中国教育改革和发展纲要》	中共中央、国务院
1993年6月30日	《关于境外机构和个人来华合作办学问题的通知》	国家教委
1993年8月17日	《民办高等学校设置暂行规定》	国家教委
1994年11月01日	《关于民办学校向社会筹集资金问题的通知》	国家教委办公厅
1995年12月6日	《中外合作办学暂行规定》	国家教委
1995年3月18日	《中华人民共和国教育法》	全国人大
1996年3月27日	《关于加强社会力量办学管理工作的通知》	国家教委
1996年4月10日	《全国教育事业"九五"计划和2010年发展规划》	国家教委
1996年4月22日	《国家教委关于社会力量办学管理经费问题的意见》	国家教委
1997年7月31日	《中华人民共和国社会力量办学条例》	国务院
1997年12月04日	《关于实行社会力量办学许可证制度有关问题的通知》	国家教委办公厅、劳动部办公厅
1997年10月14日	《关于印发国家教育委员会关于实施〈社会力量办学条例〉若干问题的意见的通知》	国家教委

续表

时间	政策法规名称	发文机关
1998年8月29日	《中华人民共和国高等教育法》	全国人大
1998年10月25日	《民办非企业单位登记管理暂行条例》	国务院
1998年12月24日	《面向二十一世纪教育振兴行动计划》	教育部
1999年5月14日	《关于严格控制社会力量办学评比活动的通知》	教育部
2000年6月6日	《关于加强社会力量举办的高等学校党的建设工作的意见》	中共中央组织部、教育部
2000年11月28日	《教育部、共青团中央关于加强社会力量举办的高等学校团的建设工作的意见》	共青团中央、教育部
2001年9月8日	《国家税务总局关于社会力量办学契税政策问题的通知》	财政部、国家税务总局
2001年10月19日	《教育类民办非企业单位登记办法（试行）》	民政部
2002年5月13日	《教育部关于进一步做好民办高等教育机构招生工作的意见》	教育部

资料来源：笔者自制。

分析表 2-2 31 项政策法规，从非营利性与营利性的视角将这一阶段民办教育政策的内容归纳为以下几个方面。

明确了民办高等教育的合法地位和办学方针。1982 年颁布的《宪法》规定：国家鼓励集体经济组织、企业事业和其他社会力量依据相关法律规定，举办各类教育事业。[①] 这是新中国成立后首次在根本大法上明确国家对民办教育的鼓励态度，这一规定赋予了社会力量举办高等教育的合法性。此后，党中央在 1985 年 5 月发布了《中共中央关于教育体制改革的决定》，决定指出要调整中等教育结构，大力发展职业技能教育，并进一步强调，大力发展职业技能教育，需要充分调动企事业单位和业务部门的工作积极性，鼓励集体、个人和其他社会力量兴办教育，提倡各部门和各单位自办、联办以及与教育部门合作举办各种职业技能学校。[②] 要动员和教育全党、全国、全社会关心和支持国家教育体制改革，大力发展教育各类事业。[③] 可见，《中共中央关于教育体制改革的决定》鼓励社会力量兴办的是"职业技能学校"，而非《宪法》所规定的社会力量可以举办的"各种教育事业"，但该决定仍有力地促进了民办高等教育事业的发展。《中共中央关于教育体制改革的决定》也对地方政府

---

① 参见《中华人民共和国宪法》第十九条，1982 年。
② 参见《中共中央关于教育体制改革的决定》第 3 部分，1985 年。
③ 参见《中共中央关于教育体制改革的决定》第 5 部分，1985 年。

做出了要求，指出要指导和鼓励国营企业、社会团体以及个人兴办教育，鼓励人民团体、知识分子、民主党派、离退休干部、集体经济组织和个人，遵照党和国家的教育方针政策，通过各种形式和办法为发展教育事业贡献力量。① 国家在政策上给予社会力量办学合法性的同时，也提出了兴办民办高等教育的政策。1993年制定的《中国教育改革和发展纲要》首次提出了对于社会力量举办的学校要积极鼓励、大力支持、正确引导、加强管理。② 国务院1997年制定的《社会力量办学条例》重申了积极鼓励、大力支持、正确引导、加强管理的政策方针，并明确指出社会力量办学是社会主义教育事业的组成部分，地方政府要把发展民办教育纳入国民经济与社会发展总体规划。③ 1998年8月颁布的《高等教育法》提出，国家要鼓励社会团体、企事业单位和其他社会组织、公民个人等举办高等教育，参与和支持高等教育事业改革与发展，鼓励社会团体、企业事业组织和其他社会组织、公民个人等投入高等教育事业。④

对民办高等教育做出了"不得以营利为目的"的规定。虽然很多学者认为民办高等教育自发展之初便带有明显的逐利动机，但是关于是否允许民办高等教育营利的问题在早期并没有明确规定，直到教育部（原国家教委）1987年7月制定的《关于社会力量办学的若干暂行规定》才对这一问题进行了间接规定。之所以说是间接规定，是因为《关于社会力量办学的若干暂行规定》没有直接规定民办学校的举办者是否可以营利，只是《关于社会力量办学的若干暂行规定》第16条指出"社会力量举办学校的固定资产和全部收入，归学校所有"。⑤ 这一规定相当于间接要求民办高等教育举办者不能营利，社会力量不能举办营利性高等教育。同年12月，教育部（原国家教委）联合财政部制定了《社会力量办学财务管理暂行规定》，该规定指出社会力量办学应遵循勤俭节约的原则，严格执行国家的财经政策。办学经费应取之于学员，用之于学员，妥善安排和使用经费。民办学校的各项管理费用的支出，可参照国家行政事业单位的标准执行。禁止巧立名目挪用、侵占、私分学杂费。⑥ 该规定对社会力量办学停办后的资产去向做了详细规定：学校停办后，

---

① 参见《中共中央关于教育体制改革的决定》第4部分，1985年。
② 参见《中国教育改革和发展纲要》第16条，1993年。
③ 参见《社会力量办学条例》第3、第4条，1997年。
④ 参见《中华人民共和国高等教育法》第6、第60条，1998年。
⑤ 参见《关于社会力量办学的若干暂行规定》第16条，1987年。
⑥ 参见《社会力量办学财务管理暂行规定》第5条，1987年。

除将办学单位、个人投入的财产返还原单位、个人之外，办学结余的资金、物资以及办学场地等要移交批准该学校办学的教育行政部门，继续用于支持鼓励社会力量办学。办学结余不得挪作他用。① 民办高等学校"不得以营利为目的"的规定最早出现在教育部（原国家教委）1993年发布的《民办高等学校设置暂行规定》中，该规定明确指出：民办高等学校不得以营利为办学宗旨。② 1995年9月颁布的《教育法》规定：任何组织和个人不得以营利为目的举办学校。③ 1997年7月，国务院制定的《社会力量办学条例》也明确规定"社会力量举办教育机构，不得以营利为目的"。④ 同年8月颁布的《高等教育法》明确指出：举办高等学校，应符合国家高等教育发展战略、符合国家利益与社会利益，不得以营利为目的。⑤ 1998年9月，国务院发布的《民办非企业单位登记管理暂行条例》将民办高等教育纳入民办非企业单位的范畴，规定："民办非企业单位开展章程规定的活动，按照国家相关规定取得合法收入，必须用于章程规定的活动范围。"⑥ 这里所指的适用于民办高等教育的"相关规定"应是《教育法》《高等教育法》以及《社会力量办学条例》等规定，要求民办高等教育办学者"不得以营利为目的"。2001年民政部和教育部联合发布了《教育类民办非企业单位登记办法》，规定：教育类民办非企业单位主要是由企事业单位、社会团体以及其他社会组织和公民个人，使用非国家财政经费，面向全社会举办的学校和其他教育类型的机构。⑦ 这一规定进一步明确了将民办高等教育纳入不得从事营利性活动的民办非企业单位范畴进行登记管理。总之，民办高等教育不准营利是这一时期政策法规的主旋律，国家通过多项政策法规对此做出了明确规定。

初步形成了民办高等教育的非营利性产权制度。民办高等教育非营利性产权制度是依据非营利组织的产权制度延伸而来，有研究者将非营利民办高等教育的产权归纳如下：产权的社会公共性；产权拥有主体的不完整性；产权经营的代理性；剩余索取权和剩余控制权分离；使用权和处分权的受限性；受益主体的虚拟性；财产转让的受限性等。⑧ 从这一阶段的政策法规看，民办

---

① 参见《社会力量办学财务管理暂行规定》第7条，1987年。
② 参见《民办高等学校设置暂行规定》第7条，1993年。
③ 参见《中华人民共和国教育法》第25条，1995年。
④ 参见《社会力量办学条例》第6条，1997年。
⑤ 参见《中华人民共和国高等教育法》第24条，1998年。
⑥ 参见《民办非企业单位登记管理暂行条例》第2、第21条，1998年。
⑦ 参见《教育类民办非企业单位登记办法》第2条，2001年。
⑧ 曹淑江. 解读民办学校所有权 [J]. 教育发展研究，2002（3）.

学校的产权具有非营利组织的特征。1987年国务院制定的《关于社会力量办学的若干暂行规定》规定社会力量举办的学校的固定资产和全部收入，归学校所有①，这一规定符合非营利性组织产权制度的特征，间接规定了民办高等教育不能够营利。该暂行规定规定民办学校停止办学时，除依法办理注销手续外，应通过办学单位和相关负责人及时进行财产清算，在地方政府及教育行政部门的领导下，处理相关善后工作。② 可见，在处理民办教育停止办学剩余财产时，地方政府和地方教育行政部门拥有一定的自由裁量权。1993年制定的《民办高等教育学校设置暂行规定》规定：民办高校的财产归学校所有，任何组织和个人不得非法侵占，民办高校的办学收入应用于改善办学条件和促进民办学校发展。③ 这一规定明确了民办高校不能以营利为目的，具有非营利性民办高等教育的产权制度特征。该暂行规定规定：民办高等学校清算后的剩余资产（包括场地和校舍等），除依法返还举办者的部分外，其余均归教育行政部门处理，继续用于发展民办教育。④ 这里强调民办高等教育办学剩余继续用于民办教育事业，同时强调了保护举办者的合法权益，反映了立法者既想保持民办高等教育的非营利性产权特征，又想突破这一制度的矛盾心态。1995年颁布的《教育法》对民办教育产权仅做了一点规定，即"任何组织和个人不得以营利为目的举办学校"，这一规定使得民办高等教育的产权制度完全具备了非营利组织制度特征。1997年国务院制定的《社会力量办学条例》对民办教育的产权做了更为明确的规定，除了规定不得以营利为目的外，还进一步规定民办学校在存续期间，依法使用管理其办学资产，不得用于担保或者转让，任何组织和个人不得侵占民办学校的财产。⑤ 这一规定使得民办高等教育明显具有非营利性产权的特征，但是同时规定了举办者享有剩余财产分配权。1998年出台的《高等教育法》延续了《教育法》的规定，规定民办教育"不得以营利为目的"，但是没有对产权做出规定。

此外，民办高等教育的法人治理制度以及退出制度等与非营利性、营利性密切相关，但是由于这一时期民办高等教育处于萌芽起步阶段，有关法人治理结构制度的相关规定较少，这里不再做专门分析。萌芽起步阶段的民办高等教育，生存和发展是其主要目的，基于生存和发展的逻辑，出现了大量

---

① 参见《关于社会力量办学的若干暂行规定》第16条，1987年。
② 参见《关于社会力量办学的若干暂行规定》第18条，1987年。
③ 参见《民办高等教育学校设置暂行规定》第18条，1993年。
④ 参见《民办高等教育学校设置暂行规定》第32条，1993年。
⑤ 参见《社会力量办学条例》第36条，1997年。

的"违规"事件。针对这些"违规"事件，教育行政部门制定了大量的政策文件，比如《关于不得乱登办学招生广告的通知》《社会力量办学财务管理暂行规定》《关于社会力量办学几个问题的通知》《关于跨省、自治区、直辖市办学招生广告审批权限的通知》《关于社会力量办学印章管理暂行规定》等。

（二）民办高等教育"合理回报"语境下允许适当营利的政策阶段

中国民办高等教育伴随着私营经济的发展而发展，带有显著的投资办学色彩。全国人大教科文卫委员会曾对民办教育的运行状况做了专门的调研，确认了中国民办教育投资办学为主的事实。[①] 中国民办高等教育具有投资办学的性质，大部分民办高等教育举办者的办学目的是获得办学回报。但是如上文所述，前一阶段的民办高等教育政策法规，一个显著的特点是民办高等教育"不得以营利为目的"。"不得以营利为目的"的规定明显与中国民办高等教育投资办学的性质不符，这使得中国民办高等教育的政策法规与投资办学的性质之间存在着明显的张力，这一张力在《民办教育促进法》制定过程中表现得尤为明显。在《民办教育促进法》制定过程中，各方对于是否允许民办高等教育"营利"展开了激烈争论。为了使《民办教育促进法》不与现行的《教育法》《高等教育法》等产生冲突，也为了鼓励社会力量投资民办高等教育事业，最终形成了一个折中性的"合理回报"规定。这一规定使"不得以营利为目的"的禁止民办高等教育营利的政策局面逐步被打破，由此进入了允许民办学校适当营利的政策阶段。这一阶段起始于 2002 年 12 月《民办教育促进法》的出台，止于 2010 年国家制定了《国家中长期教育改革和发展规划纲要（2010—2020 年）》。在这一阶段，相关政策有 10 项（见2-3），其中法律 1 项、条例 2 项、办法 2 项、通知 3 项、规定 1 项、意见 1 项。

表 2-3　2002—2010 年民办教育政策法规以及发文机关统计

时间	政策法规名称	发文机关
2002 年 12 月 28 日	《中华人民共和国民办教育促进法》	全国人大常委会
2003 年 2 月 19 日	《中外合作办学条例》	国务院
2004 年 3 月 05 日	《中华人民共和国民办教育促进法实施条例》	国务院
2005 年 3 月 12 日	《民办教育收费管理暂行办法》	教育部

[①] 全国人大教科文卫委员会等. 民办教育研究与立法探索 [M]. 广州：广东高等级教育出版社，2001：10-15.

续表

时间	政策法规名称	发文机关
2006年12月21日	《关于加强民办高校规范管理引导民办高等教育健康发展的通知》	国务院办公厅
2007年2月10日	《民办高等学校办学管理若干规定》	教育部
2008年3月7日	《独立学院设置与管理办法》	教育部
2008年5月4日	《关于修订和换发民办学校办学许可证的通知》	教育部
2010年4月1日	《关于转发〈重庆市人民政府关于促进民办教育发展的意见〉的通知》	教育部
2010年5月1日	《关于鼓励和引导民间投资健康发展的若干意见》	国务院

资料来源：根据国家发布的政策文本，笔者自制。

在这一阶段，《民办教育促进法》以及《民办教育促进法实施条例》对民办学校的设立、民办学校的组织活动、民办学校的教师与受教育者、民办学校的资产与财务、民办学校的扶持与奖励、民办学校的管理与监督、民办学校的变更与终止等都做了比较详细和具体的规定，在一定时间内达到了规范民办教育活动的目的，这一阶段颁布的政策法规相对较少。从非营利性与营利性视角，可以将这一阶段民办高等教育政策的内容归纳为以下几个方面。

允许民办高等教育"适当营利"。允许民办高等教育可以取得"合理回报"的政策规定源于《民办教育促进法》，该法规定民办教育学校在扣除办学成本、预留发展基金以及其他费用后，出资人可以从办学结余中获取合理回报。这一规定从法律层面改变了禁止中国民办高等教育营利的局面，进而将民办高校分为"不取得合理回报的民办高校"和"取得合理回报的民办高校"。按照相关学者的分析，取得"合理回报"是国家对办学优异的民办高等教育举办者的奖励和扶持。国家允许民办高等教育举办者取得"合理的"回报，而不允许民办高等教育举办者通过办学获取"暴利"。从这一点来看，允许取得"合理回报"即是允许民办高等教育适当"营利"。为了保证"合理回报"的合理性与规范性，《民办教育促进法实施条例》对此做出了更为具体的规定。该实施条例规定：要求取得合理回报的民办学校应从当年净收益中把不低于净资产增加额或净收益的25%作为民办学校发展基金，用于教学设备的更新添置和学校的维护建设等。[①] 民办高等教育举办者提取合理回报时应

---

① 参见《中华人民共和国民办教育促进法实施条例》第37条，2004年。

考虑的因素包括学校收费的项目和标准、学校用于教育教学活动和改善办学条件的支出比例、学校的办学水平和教育质量等。① 捐资举办与出资举办但不要求合理回报的民办学校，依法享有与公办学校同等的税收优惠政策；举办者要求取得合理回报的民办学校的税收优惠政策，由国务院财政部门和税务部门以及其他有关部门制定。② 因此，这一时期国家允许民办高等教育可以适当"营利"。

进一步完善了非营利性民办高等教育的产权制度。《民办教育促进法》对民办高校财产的归属、来源、监管等都做了规定：民办教育举办者对学校投入的资产、国有资产、受赠资产以及办学积累等，享有法人财产权；民办学校存续期内，所有资产由民办学校统一使用和管理，任何个人和单位不得侵占；民办学校在扣除办学成本、预留发展基金以及其他费用后，办学者可以从办学结余中获取合理回报。③《民办教育促进法实施条例》对《民办教育促进法》中有关产权的内容做了更为具体的规定。比如，对民办教育机构有关受赠资产和国有资产的监督管理、不同类型的出资人的合理回报等相关问题做了具体规定。国务院办公厅2007年发布的《关于加强民办高校规范管理引导民办高等教育健康发展的通知》对民办高校的产权做了具体规定：民办高校应落实法人财产权，举办者按时足额履行出资人义务，投入学校的资产经会计师验资后转入学校名下，任何个人和组织不得截留、挪用和侵占。④《民办高等学校办学管理若干规定》也对民办高校的产权做了具体规定：民办高等教育举办者应按照相关规定，按时足额履行出资人义务；民办高校收取的学费、接受捐赠的财产、借款以及国家的资助等，不属于举办者的出资；举办者投入学校的资产、办学积累、受赠的资产、国有资产等享有法人财产权，任何个人和组织不得挪用、截留与侵占民办学校的资产。⑤ 这一时期的《独立院校设置与管理办法》也做出了类似规定：独立院校举办者应依法按时足额履行出资义务，办学者不得挪用办学费用和抽逃办学资金。⑥ 上述相关政策法规进一步完善了民办高等教育法人财产权制度。但是，对于办学者的诸如利润分配请求权、利益索取权等权益采取了回避的态度；同时，办学者投入部

---

① 参见《中华人民共和国民办教育促进法实施条例》第45条，2004年。
② 参见《中华人民共和国民办教育促进法实施条例》第38条，2004年。
③ 参见《中华人民共和国民办教育促进法》第35、第36、第51条，2002年。
④ 参见《关于加强民办高校规范管理引导民办高等教育健康发展的通知》第2部分，2006年。
⑤ 参见《民办高等学校办学管理若干规定》第6条，2007年。
⑥ 参见《独立院校设置与管理办法》第14条，2008年。

分的产权、办学积累增加额以及办学终止偿债后的剩余资产分配的分配权等问题仍悬而未决。

逐步建构了非营利性民办高等教育法人治理结构。法人治理制度是保障民办高校健康发展的重要制度设计。民办高等教育的法人治理制度，经历了一个从简单到复杂、从不完善到逐步完善的过程。2002年12月颁布的《民办教育促进法》建构了一套相对完整的民办教育法人治理制度，规定民办教育机构应设立董事会、理事会或其他类型的决策机构；① 民办教育治理机构的董事会或理事会组成人员包括民办学校举办者、校长、教工代表，其中1/3以上的董事（理事）应具有五年以上从事教育工作的经历。董事会（理事会）由五个以上人员组成，应设董事长（理事长）一名，董事长（理事长）及其组成人员名单应报送审批机关备案。② 董事会（理事会）的权力包括：制定和修改学校相关规章制度、解聘任校长、筹集办学经费、制定学校发展规划、批准年度工作计划、决定学校分立合并以及终止等。③ 此外，还规定了校长的任职资格和校长的权力：聘任民办学校校长的条件参照同类公办学校，年龄条件可适当放宽，报送审批机关审批。④ 2004年3月国务院制定的《民办教育促进法实施条例》对民办学校的法人治理结构做了具体的规定，包括对民办高等教育议事的程序、对民办学校校长的职责权限和权力行使程序等做出了具体规定。⑤《民办教育促进法》及其实施条例的相关规定，逐步确立和完善了中国民办学校的法人治理结构制度。但是这种制度有别于西方国家营利性私立高校的"股东会—董事会—行政管理机构"法人治理结构模式，而类似于西方非营利私立高等教育机构的"董事会—校长—评议会"法人治理结构。因此，中国所建构的是一种非营利性民办高等教育法人治理结构制度。非营利性法人治理制度建构与投资办学的民办高校的现实情况之间存在张力。

逐步形成了一元化的非营利性退出机制。民办高等教育的退出制度，事关民办学校剩余财产权的分配，事关师生、举办者以及国家的切身利益，既是实现民办高等教育健康有序发展的重要保障，也是民办高等教育非营利性与营利性政策的重要内容。在民办教育法律体系中，1997年制定的《社会力量办学条例》比较全面地规定了民办教育机构退出的内容，包括民办高等教

---

① 参见《中华人民共和国民办教育促进法》第19条，2002年。
② 参见《中华人民共和国民办教育促进法》第20条，2002年。
③ 参见《中华人民共和国民办教育促进法》第21条，2002年。
④ 参见《中华人民共和国民办教育促进法》第23、第24条，2002年。
⑤ 参见《中华人民共和国民办教育促进法实施条例》第20、第21条，2004年。

育退出的情形、类型、学生安置、财产清算等。在财产清算方面规定清算后的民办学校剩余资产，返还或折价返还举办者的资金投入，其他剩余部分由审批机关统一安排，继续用于发展民办教育事业。① 这里只规定了返还办学者的初始投入，而对办学增值部分未做出规定。2002年12月颁布的《民办教育促进法》对民办高等教育的退出与变更做了规定，与《社会力量办学条例》相比，《民办教育促进法》规定更加具体，对民办学校的合并与分立，举办者的变更，民办高校的名称、办学层次以及办学类别的变更，民办高校退出时财产清算顺序，退出后的相关事宜等都做出了比较全面的规定。② 在清偿顺序部分规定了返还受教育者的学杂费、发放教工工资和缴纳社会保险、偿还其他债务的清偿顺序。与此同时，《民办教育促进法》还规定了"合理回报"制度，且依据是否选择取得"合理回报"的标准，将民办高校分为"取得合理回报的民办高校"和"不取得合理回报的民办高校"。从理论上讲，民办高等教育退出后的剩余资产的处理，应该依据是否取得"合理回报"的标准区别对待，但是《民办教育促进法》并未对这一问题做出规定。

（三）民办高等教育非营利性与营利性分类管理的政策阶段

在美国的私立高等教育体系中，依据私立高校办学收入是否可以分配，将私立高校分为非营利性私立高校和营利性私立高校，并针对两类不同性质的私立高等教育，在注册、产权、税收、资助等方面采取不同的管理方式。两类私立高校并存且共同发展是美国私立高等教育体系的一大特点。2002年在《民办教育促进法》制定过程中，就有人主张将民办高等教育分为非营利性和营利性两类，进行分类管理。但受《教育法》《高等教育法》等上位法"不得以营利为目的"的制约，而无法赋予"分类管理"以合法性。与此同时，立法者又想通过给予办学者适当回报，鼓励社会力量投资民办高等教育事业。基于这样一种现实，最终在《民办教育促进法》政策文本中形成了"合理回报"折中性的规定。但"合理回报"与民办高等教育的产权制度、法人治理制度和退出制度等都存在矛盾与冲突，导致办学者在实践中很难获得"合理回报"。政策变迁理论认为政策的非均衡引发政策的变迁。2010年7月，国家制定了《国家中长期教育改革和发展规划纲要（2010—2020年）》，该规划纲要明确提出了对非营利性民办学校和营利性民办学校进行分类管理

---

① 参见《社会力量办学条例》第39-44条，1997年。
② 参见《中华人民共和国民办教育促进法》第53-60条，2002年。

试点。① 这一规定在国家层面提出了民办高等教育分类管理改革，具有重要意义。以此节点为初始点，民办高等教育进入非营利性与营利性分类管理的政策阶段。2010—2021年，国家出台了10项关于非营利性与营利性分类管理的政策法规（见表2-4），其中法律3项、意见2项、规划纲要1项、通知1项、规划1项、实施细则2项。

表2-4　2010—2021年民办教育政策法规以及发文机关统计

时间	政策法规名称	发文机关
2010年7月29日	《国家中长期教育改革和发展规划纲要（2010—2020年）》	国务院
2010年12月05日	《关于开展国家教育体制改革试点的通知》	国务院办公厅
2012年7月22日	《国家教育事业发展第十二个五年规划》	教育部
2015年12月27日	《中华人民共和国教育法》	全国人大常委会
2015年12月27日	《中华人民共和国高等教育法》	全国人大常委会
2016年12月29日	《国务院关于鼓励社会力量兴办教育促进民办教育健康发展的若干意见》	国务院
2016年11月07日	《中华人民共和国民办教育促进法》	全国人大常委会
2016年12月30日	《民办学校分类登记实施细则》	中央深改组
2016年12月30日	《营利性民办学校监督管理实施细则》	中央深改组
2017年5月19日	《关于加强民办学校党的建设工作的意见（试行）》	中央深改组
2021年5月14日	《中华人民共和国民办教育促进法实施条例》	国务院

资料来源：根据国家发布的政策文本，笔者自制。

这一时期是民办高等教育非营利性与营利性分类管理的探索与实施阶段，民办高等教育相关政策法规的立、改、废，主要围绕分类管理的试点与实施进行，如《高等教育法》《教育法》《民办教育促进法》等法律修订，《营利性民办学校监督管理实施细则》《民办学校分类登记实施细则》的制定等。总体上看，可以将这一阶段民办高等教育的政策内容归纳为以下几个方面。

确立了民办高等教育的非营利性与营利性分类管理制度。2010年7月制定的《国家中长期教育改革和发展规划纲要（2010—2020年）》是分类管理改革的起点，该规划纲要提出了开展对非营利性和营利性民办学校分类管理试点工作。2010年12月，发布的《国务院办公厅关于开展国家教育体制改革试点的通知》指出，积极探索民办教育非营利性与营利性分类管理，并确定

---

① 参见《国家中长期教育改革和发展规划纲要（2010—2020年）》第44条，2010年。

浙江省、上海市、广东省深圳市以及吉林华桥外国语学院为试点单位。① 这一规定确定了民办学校分类管理改革的具体试点单位，明确了国家对非营利性与营利性民办高校分类管理政策，民办高等教育分类管理改革又向前推进了一步。国务院在 2012 年 7 月制定的《国家教育事业发展第十二个五年规划》中指出，依据政府分类管理、民办学校自愿选择的原则，开展对非营利性与营利性民办学校分类管理改革试点，逐步建立民办教育分类管理制度。② 2015 年 12 月修订的《教育法》和《高等教育法》，删除了教育"不得以营利为目的"的条款，这一修订扫除了上位法对分类管理改革的障碍。2016 年 11 月，全国人大常委会通过了新修订的《民办教育促进法》，明确规定，民办学校的举办者可以自主选择设立非营利性民办学校和营利性民办学校。③ 这一规定从法律层面确立了民办高等教育的分类管理制度。2016 年 12 月发布的《国务院关于鼓励社会力量兴办教育促进民办教育健康发展的若干意见》要求，实施非营利性和营利性民办学校分类管理。非营利性民办教育办学者不得取得办学收益，办学结余全部用于办学；营利性民办教育办学者可以获取办学收益，办学结余依照《公司法》等相关规定进行分配。④ 2016 年 12 月，教育部联合相关部委制定和实施了《营利性民办学校监督管理实施细则》《民办学校分类登记实施细则》，进一步将分类管理制度政策细化。至此，中国民办高等教育分类管理政策基本确立。

逐步形成了与分类管理相配套的法人财产权制度。这一阶段新修订的《民办教育促进法》及其配套政策文本，对民办高等教育的产权做出了新的规定，逐渐形成了与分类管理相匹配的产权制度，逐步与国际通行的私立高校产权制度接轨。2016 年 12 月发布的《国务院关于鼓励社会力量兴办教育促进民办教育健康发展的若干意见》规定民办学校依法享有法人财产权。⑤《民办教育促进法》规定民办学校对办学者投入学校的资产、国有资产、受赠资产以及办学积累等，依法享有法人财产权。学校存续期间，所有资产由民办学校依法管理和使用，任何个人和组织不得侵占。⑤《营利性民办学校监督管理实施细则》对营利性民办高等教育的产权做了更明晰的规定：营利性民办学

---

① 参见《国务院办公厅关于开展国家教育体制改革试点的通知》第 8 条，2010 年。
② 参见《国家教育事业发展第十二个五年规划》第 4 部分，2012 年。
③ 参见《中华人民共和国民办教育促进法》第 19 条，2016 年。
④⑤ 参见《国务院关于鼓励社会力量兴办教育促进民办教育健康发展的若干意见》第 5 条，2016 年。
⑤ 参见《中华人民共和国民办教育促进法》第 35、第 36 条，2016 年。

校依法享有法人财产权,在学校存续期间,所有资产由民办学校依法使用和管理,任何单位和个人不得抽逃、侵占和挪用。营利性民办教育办学者不得抽逃资金,不得使用学校资产进行担保和抵押贷款,办学结余在年度财务结算后依法进行分配。①《民办教育促进法》规定了两类不同性质的民办教育的财产收益权。对营利性民办教育机构来说:举办者可以获取办学收益,办学结余依据《公司法》等相关法律法规进行分配;对非营利性民办教育而言:举办者不得取得办学收益,办学结余全部用于学校办学。②《国务院关于鼓励社会力量兴办教育促进民办教育健康发展的若干意见》也在相关条款中做出了类似规定。上述政策法规规定了民办高等教育的法人财产权,两类不同性质的民办高等教育的财产占有使用权以及财产收益权。这些规定有利于保障两类不同性质的民办高等教育的合法权益,促进分类管理政策的顺利实施。

逐步推进与分类管理相匹配的法人治理结构。民办高校的法人治理结构与分类管理政策变革密切相关。2016年12月修订的《民办教育促进法》与2002年颁布的《民办教育促进法》相比,在法人治理制度上进行了修改,规定民办教育机构应设立董事会、理事会或其他决策机构并设置建立相应的监督机构,办学者依据学校章程规定的程序与权限参与民办学校管理。③这一规定一方面要求民办学校应建立相应的内部监督机制,由于民办高校的办学情况的差异性,该法没做统一要求,营利性民办高校依据《公司法》的要求设立监事或者监事会,非营利性民办高校可以设立监事或监事会,也可以设立其他类型的监督机构;另一方面规定了民办学校举办者的办学管理权。营利性民办学校依据《公司法》的相关规定拥有学校管理权,非营利性民办学校属于捐资办学,对投入学校的资产不再拥有法人权利,赋予了非营利性民办高等教育办学者管理权,有利于保护办学者的权利,引导社会资本举办非营利性民办高等教育。《国务院关于鼓励社会力量兴办教育促进民办教育健康发展的若干意见》对完善监督机制作了相应规定:健全民办学校董事会、监事(会)制度,学校董事会和监事(会)成员依据学校章程规定的程序和权限共同参与学校的管理。④这一规定强调了监事(会)对民办高等教育的监督。《营利性民办学校监督管理实施细则》为了监管营利性民办高校的办学行为,

---

① 参见《营利性民办学校监督管理实施细则》第30条,2016年。
② 参见《中华人民共和国民办教育促进法》第19条,2016年。
③ 参见《中华人民共和国民办教育促进法》第20条,2016年。
④ 参见《国务院关于鼓励社会力量兴办教育促进民办教育健康发展的若干意见》第19条,2016年。

规定营利性民办学校"应设立董事会、监事（会），同时建立党组织、教职工大会和工会"。① 这一阶段，在法人治理结构方面，无论是加强民办高等教育的内部监管，还是赋予举办者相应的管理权，都是基于非营利性与营利性分类管理改革的需要，旨在引导两类不同性质的民办高校规范和健康发展。

建构了非营利性与营利性两类不同性质民办高校的退出制度。新修订的《民办教育促进法》有关民办教育"变更与终止"的内容，大部分延续了2002年颁布的《民办教育促进法》的规定，只对相关内容进行了修改，对营利性与非营利性民办教育的剩余财产权的处理分别进行规定。《民办教育促进法》规定了民办学校退出时的财产清偿顺序，依次是：受教育者的学杂费以及其他费用、学校教职工工资和社会保险；偿还学校债务。营利性民办学校清偿上述债务后如有剩余，依照《公司法》的相关规定进行处理。非营利性民办学校清偿上述债务后如有剩余，继续用于非营利性办学。② 此规定明晰了两类不同性质民办高等教育的剩余财产处理方式，对分类管理改革的实施具有重要意义。《国务院关于鼓励社会力量兴办教育促进民办教育健康发展的若干意见》亦对此做了相应规定：选择营利性办学的民办学校在办学终止时，应首先进行财务清算，依法清偿后仍有剩余的，依据《公司法》等相关法律法规进行处理；选择非营利办学的民办学校办学终止时，学校资产清偿之后仍有剩余的，依据国家相关规定给予举办者相应的补偿和奖励后，剩余财产继续用于非营利办学。③《营利性民办学校监督管理实施细则》对营利性民办高校的退出亦做了相应规定：营利性民办学校办学终止时，应进行财产清算，依据《民办教育促进法》《公司法》等相关法律法规和学校章程进行处理，依法保障师生及其相关方的合法权益。④ 确立两类不同性质民办高校的退出制度，有利于不同办学者的利益诉求，减少分类管理变革的阻力。

三、民办高等教育政策变迁的阶段性特征

上一节基于非营利性与营利性政策变迁的视角，分析了民办高等教育政策变迁的历程。按照制度变迁的关键节点理论，将民办高等教育政策变迁历程分为三个阶段："不得以营利为目的"的禁止营利的政策阶段（1982—2002

---

① 参见《营利性民办学校监督管理实施细则》第16条，2016年。
② 参见《中华人民共和国民办教育促进法》第59条，2016年。
③ 参见《国务院关于鼓励社会力量兴办教育促进民办教育健康发展的若干意见》第10条，2016年。
④ 参见《营利性民办学校监督管理实施细则》第39条，2016年。

年)、"合理回报"语境下允许适当营利的政策阶段(2002—2010年)以及非营利性与营利性分类管理的政策阶段(2010—2021年),并分别讨论了每个阶段的政策内容。不同的政策内容体现了决策者不同阶段的政策取向,进而表现出不同阶段的政策特征。本节主要依据三个不同阶段的政策内容,研究归纳出三个不同阶段的政策特征,以求更清晰地展现非营利性与营利性政策变迁的阶段性特征和决策者的政策取向。

(一)禁止营利阶段以"限制与管控"为导向的政策特征

1978年,随着国家经济制度的变迁,中国民办高等教育开始萌芽并曲折发展,在这一过程中民办高等教育政策得以不断调整、完善与发展。在民办高等教育复苏与起步阶段,国家一方面希望通过社会力量举办高等教育弥补政府对高等教育投入的不足,满足公众高涨的高等教育需求;另一方面担心民办高校以营利为目的办学,破坏高等教育公益性。国家对民办高等教育态度的矛盾性,表现为民办高等教育政策在不同阶段的特征。在民办高等教育发展的起步期,民办高校办学"不得以营利为目的",这一阶段的民办高等教育政策具有明显的"限制和管控"特征。

1982年颁布的《宪法》虽然明确了社会力量办学合法地位,但是此阶段的民办高等教育政策往往表现为"宏观肯定但微观否定"的政策特征。[①] 在《宪法》颁布后的几年时间里,国家出台了相关政策法规,这些政策法规与其说是对民办高等教育的规范管理,不如说是对民办高等教育的"限制与管控",如1986年制定的《关于不得乱登办学招生广告的通知》、1987年制定的《社会力量办学财务管理暂行规定》、1988年发布的《关于社会力量办学几个问题的通知》、1990年发布的《关于跨省、自治区、直辖市办学招生广告审批权限的通知》、1991年制定的《关于社会力量办学印章管理暂行规定》以及1993年制定的《民办高等学校设置暂行规定》等。这些政策法规从招生广告的监管到财务的管理、从印章的管理到学历文凭的管理等对民办高等教育的办学活动设置了具体的标准,对民办高等教育的办学行为进行种种限制。拿1993年教育部发布的《民办高等学校设置暂行规定》来说,其第二章规定了民办高等学校的设置标准,对民办高等学校师资配备、专业设置、校舍、图书馆、经费来源等都设置了限定性条件,并进一步规定"国家鼓励设置专科层次的民办高等教育","设置本科层次的民办高校参照《普通高等学校设

---

① 罗腊梅. 我国民办高等教育政策的演变逻辑与未来走向 [J]. 现代教育管理,2016 (3): 77.

置暂行条例》的规定执行"。① 《普通高等学校设置暂行条例》中规定的普通本科学校设置标准包括：办学规模、学科与专业、师资队伍、教学与科研、基础设施、办学经费等方面，这些方面的规定标准相对较高，对于依靠办学经费滚动发展的民办学校来说，很难达到。可以说，这一规定将社会力量办学限制在了专科及以下层次。《教育法》（1995）、《社会力量办学条例》（1997）和《高等教育法》（1998）等法律规定了教育"不得以营利为目的"，从法律上禁止了民办高等教育的营利行为，降低了社会力量举办高等教育的热情。1997年国务院制定的《社会力量办学条例》，做了"国家严格控制社会力量举办高等教育机构"的限制性规定。② 此外，1998年国务院制定的《民办非企业单位登记管理暂行条例》、2001年发布的《教育类民办非企业单位登记办法（试行）》将民办高等教育机构定位于"民办非企业单位"，使其很难享受到非营利组织的相关优惠政策。总之，这一阶段的民办高等教育政策带有"限制与管控"特征。

（二）允许适当营利阶段以"鼓励与扶持"为导向的政策特征

西方政策变迁理论认为，公共政策是政策主体连续动态地主动选择的一种活动。当民办高等教育发展的环境发生变化，相关政策必须随之进行调整，否则很难对民办高等教育的发展起到鼓励和促进作用。"不得以营利为目的"时期的以"限制与管控"为导向的民办高等教育政策，在当时的政策环境下起到了规范民办高等教育事业发展的作用，并在一定程度上促进了民办高等教育事业的发展。但是投资办学的现实，需要国家的民办教育政策给予民办高等教育举办者相应的投资回报，否则难以激发社会力量投资高等教育的办学积极性。因此，为了激发社会资本举办高等教育的热情，2002年颁布实施的《民办教育促进法》允许民办高校办学者获取"合理回报"，并围绕"合理回报"制定了相应的鼓励政策。

这一阶段的政策内容带有明显的"鼓励与扶持"特征。基于民办高等教育在扩大教育资源、满足公众不同层次的教育需求、扩展高等教育办学经费来源以及人才培养等方面的功能，民办高等教育政策逐步由"限制与管控"转向"鼓励与扶持"。2002年颁布的《民办教育促进法》，为了使办学者获取办学收益，同时又不与《高等教育法》《教育法》等上位法所规定的"教育不得以营利为目的"相抵触，允许民办高等教育举办者获取"合理回报"，并

---

① 参见《民办高等学校设置暂行规定》第13条，1993年。
② 参见《社会力量办学条例》第5条，1997年。

将"合理回报"这一规定从"学校资产与财务管理"移至"扶持与奖励"中,将"财产收益"变成了一种"奖励"。2010年制定的《国务院关于鼓励和引导民间投资健康发展的若干意见》指出,国家支持民间资本兴办高等学校……修改和完善《民办教育促进法实施条例》,实施对民办学校的财政扶持和人才鼓励政策,制定和完善促进民办教育发展的产权、社保和金融政策。① 教育部2010年发布了《教育部关于转发〈重庆市人民政府关于促进民办教育发展的意见〉的通知》。从《重庆市人民政府关于促进民办教育发展的意见》中的主要措施来看,包括了"落实民办教育发展的建设、土地、财税优惠政策""创建民办教育资本运作和投融资体制""合理制定民办学校收费标准""建立社会资本投入和取得合理回报机制""建立政府财政性经费扶持民办教育的制度""形成有利于完善民办教育师资队伍的保障机制""保障民办学校学生与公办学校学生享有同等权利""支持民办高校扩大招生规模""鼓励民办高校提升办学层次""营造有利于民办教育发展的社会氛围"等。这一时期,国务院将《重庆市人民政府关于促进民办教育发展的意见》转发至全国,目的非常明确:对民办教育"积极鼓励、正确引导、大力支持、依法管理"。② 这一时期,针对连续出现的民办高校群体性事件,中共十六届六中全会提出了引导民办学校健康发展的问题。此后,国务院发布了《关于加强民办高校规范管理引导民办高等教育健康发展的通知》,要求通过建立健全党团组织、健全内部管理体制、建立政府对民办高校的督导制度、落实法人财产权等引导和规范民办高等教育健康发展。总之,随着民办高等教育机构的发展壮大,加之转型期的特殊政策环境,这一时期民办高等教育政策表现出"鼓励和扶持"的特征。

(三) 分类管理阶段以"规范与引导"为导向的政策特征

程化琴对《民办教育促进法》的制定过程进行了研究,发现《民办教育促进法》的制定过程是一种有限理性的过程,其政策结果是决策主体对政策方案的折中。③ 由于"合理回报"问题是该法制定过程中争论的焦点,因此在某种程度上可以说"合理回报"是一种有限理性的政策,是各方决策主体博弈折中的结果。《民办教育促进法》仅在相关条款中规定民办学校在预留发

---

① 参见《国务院关于鼓励和引导民间投资健康发展的若干意见》第15条,2010年。
② 参见《教育部关于转发〈重庆市人民政府关于促进民办教育发展的意见〉的通知》第1—10条,2010年。
③ 程化琴.《民办教育促进法》制定过程研究[M].北京:北京大学出版社,2012:169-171.

展基金、扣除办学成本和提取其他必需费用后，举办者可以从办学盈余中获取合理回报，而对合理回报的内涵、相关要素、计算标准以及取得方式等问题，并没有做出明确的和具有可操作性的规定。同时，合理回报与民办教育的产权制度、税收制度、退出制度、法人治理制度等无法衔接，使得办学者对合理回报难以抉择、无所适从，在选择是否取得合理回报的过程中，最终选择"不取得合理回报"。然而，中国的民办高等教育是以投资办学为主，大多数民办高等教育办学者具有营利的诉求，他们不会因为选择了"不取得合理回报"而放弃追求办学收益。基于此，大量民办高校打着"非营利"的幌子，享受着国家对非营利组织的优惠政策，却从事着营利性办学活动。为了应对这种乱象，这一时期的政策法规带有明显的"规范"色彩。这种"规范"民办高等教育的目的，就是划清营利性民办高校与非营利性民办高校的边界，让民办高校举办者在营利性与非营利性民办高校之间进行选择。要么选择非营利，要么选择营利，不允许披着非营利性民办高校的"外衣"，私底下进行营利活动。对于选择营利性的民办高校，要求举办者按照市场法则进行经营管理，赋予举办者更多的办学自主权，但是减少相应的优惠政策；对于选择非营利性的民办高校，国家给予相应的土地、税收等优惠政策，赋予类似公办高校的法律地位。基于鼓励捐资办学的目的，这一阶段的相关政策引导民办高等教育向非营利性办学转移。因此这一阶段的民办高等教育政策带有明显的"规范与引导"特征。

民办高等教育"规范与引导"政策的选择，表现为这一阶段相关政策的制定。首先，新修订的《民办教育促进法》提出的非营利性与营利性民办教育分类管理，既表现为对民办高校的规范，又表现为引导民办高校举办者举办非营利性民办高校。从规范层面看，2002年颁布的《民办教育促进法》提出的"合理回报"政策设计没有限制办学者的利益诉求，将民办高等教育定位于非营利性高等教育，登记为民办非企业单位。这一政策设计模糊了非营利性民办高校与营利性民办高校的界限，致使所有的民办高校都能获取办学收益，在某种程度上鼓励了民办高校的营利行为。2016年修订的《民办教育促进法》，将民办高等教育分为营利性民办高等教育和非营利性民办高等教育，允许营利性民办高校对办学结余进行分配，相关分配办法依据《公司法》等有关法律法规；不允许非营利性民办高等教育对办学结余进行分配，学校结余必须全部用于学校。这一规定便是对民办高等教育举办者办学行为的"规范"，通过对非营利性与营利性分类管理，让营利性民办高校按照市场法则获取办学收益，让非营利性民办高校遵循教育逻辑更好地从事公益。分类管理之后，国家通过给予非营利民办高等教育更多优惠措施，引导民办高等教育向非营利转变。非营利性民办高等教育除了可以获取政府购买、奖助学金、助学贷款、出租与转让闲置的国有资产外，还可以获取政府补贴、捐资激励、基金奖励等。在税收政策上，非营利性民办高校享受与公办高等教育同等的税收优惠待遇。在土地使用政策上，非营利性民办高校的新建、扩建，享受公办高校待遇，以划拨方式给予相应优惠。同时，国家鼓励金融机构运用金融信贷等手段，支持民办高等教育事业发展。

同时，《国家中长期教育改革和发展规划纲要（2010—2020 年）》明确指出，要"大力支持民办教育发展""依法保障和落实民办学校的办学自主权""落实民办学校师生与公办学校师生同等的法律地位""完善公共财政对民办教育的扶持政策"等。① 2011 年发布的《国务院办公厅关于开展国家教育体制改革试点的通知》指出，要制定和完善支持民办教育发展的各类政策，探索公共财政资助民办教育具体政策。② 2012 年制定的《国家教育事业发展第十二个五年规划》针对民办教育与公办教育发展的不平等问题，提出"要依法落实民办学校与公办学校师生平等的法律地位""制定和完善支持民办教育发展的财政、金融、税收、收费、土地等政策""对具备学士、硕士和博士学位授予条件的民办高校，按规定给予审批"以及"推动县级以上人民政府设立专项资金，用于资助民办学校"。③ 这些规定分别从师生权益、财政支持、学位审批以及专项资金设置等方面给予民办高等教育相应的激励，规范民办高等教育健康可持续发展。2016 年，国务院制定了《国务院关于鼓励社会力量兴办教育促进民办教育健康发展的若干意见》，体现了国家对民办高等教育"规范与引导"的态度。该意见提出要加强民办学校党的建设、完善学校法人治理结构、健全资产管理和财务会计制度以及规范学校办学行为等。④ 此外，《营利性民办学校监督管理实施细则》对营利性民办高校的办学行为进行了"规范与引导"，《民办学校分类登记实施细则》对非营利性和营利性两类不同性质民办高校的等级做了相应的"规范引导"，《关于加强民办学校党的建设工作的意见》亦是为了贯彻党的教育方针、坚持社会主义办学方向、落实立德树人的目的，从党建的角度规范民办高等教育的办学行为。总之，这一阶段的民办高等教育政策表现为"规范与引导"特征。

---

① 参见《国家中长期教育改革和发展规划纲要（2010—2020 年）》第 43 条，2010 年。
② 参见《国务院办公厅关于开展国家教育体制改革试点的通知》第 40 条，2010 年。
③ 参见《国家教育事业发展第十二个五年规划》第 4 部分第 4 条，2012 年。
④ 参见《国务院关于鼓励社会力量兴办教育促进民办教育健康发展的若干意见》第 3、第 19、第 20、第 21 条，2016 年。

第三章
理念与民办高等教育政策变迁

历史制度主义在解释制度对政治生活的影响时,虽然强调了制度在政治生活中的重大作用,但是并不认为制度是引发某一政策结果的唯一因素,而是将制度与其他因素一起置于某一因果链条之中,如经济的发展程度与理念的分布状况也是其考虑的因素。公共政策是对全社会价值所做的权威性分配,本质上是一种政治性分配,自然也受到理念的影响。历史制度主义认为理念在特定制度环境下,通过一定的渠道对政治人物的理念产生影响,进而推进某一新的公共政策实施。[①] 本章首先对影响民办高等教育非营利性与营利性政策变迁的主要理念进行描述。指出高等教育国家所有制理念、产业化理念、非营利组织理念以及准公共物品理念等是民办高等教育非营利性与营利性政策变迁的理念来源,不同的理念在民办高等教育是否可以营利问题上存在认知上的差异,这种差异影响着决策者对民办高等教育的判断,进而影响政策的前进方向。其次,论述了理念影响政策的机理。认为理念影响政策变迁的机理是理念学习促进理念合法化,理念竞争促进政策主导化,理念嵌入制度促进理念制度化。最后,论述了理念变迁与政策创新,指出在不同的政策理念下形成不同的政策范式,不同的政策范式则对应着不同的政策目标和政策工具。从民办高等教育的发展历程看,政策目标为从弥补不足到快速发展,再到内涵式发展;政策工具则为从管控与限制到鼓励与扶持,再到规范与引导。

一、民办高等教育政策理念的来源与变迁

社会学家较早关注了社会活动中的理念因素,并围绕理念与行为之间的关系进行了大量有益的研究。马克斯·韦伯在《新教伦理与资本主义精神》一书中指出,加尔文教运动中教徒所持有的宗教理念决定了他们在世俗社会

[①] 刘圣忠. 理念与制度变迁:历史制度主义的理念研究 [J]. 复旦公共行政评论, 2010 (1): 75.

中的行动。① 受社会学对理念研究的影响和启发，公共政策学借助于理念研究政策变迁问题。社会学对理念的研究侧重于理念对个体行为的影响，而公共政策学对理念的研究关注理念对决策者和政府行为的影响。改革开放40余年来，各种教育理念纷纷涌现，在冲击传统教育理念的同时，也影响着民办高等教育政策的变迁。

（一）民办高等教育政策场域中的理念

理念是个人或者组织关于如何行动的认知与信念，这决定了理念具有多样性特征。在政策场域中存在着各种有关民办高等教育的理念，这些理念在冲击社会行为体传统民办高等教育理念的同时，也试图引导民办高等教育变革的方向，但并非所有的理念都具有引领政策变革的力量。王有升认为具有引领政策变革力量的理念具有三个基本特征：一是新理念应立足时代精神，反映时代对教育变革的需求；二是新理念应立足于国家教育实际，直面现实教育问题，并深刻认知与把握现实教育问题；三是新理念应具有明确的实践取向和价值取向，能够为实践指引方向，带动实践变革。② 民办高等教育发展40多年来，政策场域中存在着高等教育国家所有制理念、产业化理念、非营利组织理念以及准公共物品理念。这些理念成为民办高等教育非营利性与营利性政策变迁的认知来源，它们之间相互竞争，以期成为引领民办高等教育政策变革的力量。

1. 高等教育国家所有制理念

马克思、恩格斯认为科学社会主义之所以是科学，是因为它不同于以往的空想社会主义。科学社会主义所要消灭的不是一般的私有制，而是资本主义私有制；科学社会主义要建立的不是一般的公有制，而是生产资料的社会主义公有制。③ 马克思、恩格斯认为社会主义公有制有两个显著特征：从公有制的实现形式看，公有制是一种国家所有制，正如马克思在《共产党宣言》所说的那样，"把一切生产工具集中到国家，即组织成为统治阶级的无产阶级手中"；马克思、恩格斯同样指出"把生产资料变为国家财产"。④ 可以看出，马克思和恩格斯通过无产阶级的国家所有制来代替资本主义私有制。从公有

---

① [德] 马克斯·韦伯. 新教伦理与资本主义精神 [M]. 简惠美, 译. 南宁：广西师范大学出版社, 2010.
② 王有升. 理念的力量：基于教育社会学的思考 [M]. 北京：教育科学出版社, 2007：49.
③ 马克思. 马克思恩格斯全集 [M]. 北京：人民出版社, 1965：143.
④ 王进. 马克思主义的公有制理论与我国社会主义公有制的改革 [J]. 兰州学刊, 1996 (1)：12.

制的实现内容看，马克思、恩格斯所主张的公有制是一种生产资料的国家所有制。他们认为通过剥夺剥夺者，使全体劳动人民成为工厂、住宅和劳动工具的所有者。高等教育国家所有制理念认为，只能由国家来供给高等教育产品，负担高等教育的财政支持，确定高等教育的招生计划，负责大学毕业生就业安置等。由于国家是公共利益的"天然"代表者，为社会公众提供服务是国家的职能，所以高等教育必然是不允许营利的。

高等教育国家所有制理念为新生的社会主义国家所接受，苏联在十月革命后立即将所有的私立高校收归国有。① 1952年，新中国在学习苏联教育建设的先进理念时，对全国高校进行了大范围的院系调整。在这一过程中，私立高校或者并入其他高校，或者改变名称由国家接管成为公立高校，如燕京大学的工学院并入清华大学、文理学院并入北京大学，津沽大学的商学院并入南开大学、工学院并入天津大学等。经过院系调整，私立高校成为公立高校。随着1956年社会主义改造的完成，教育领域中的私立中小学和高等学校全部改造为公立学校。② 可以说，高等教育国家所有制理念契合了新中国成立初期的特殊国情和政治合法性的需要。这种理念为决策者所接受，并嵌入国家的制度之中，对高等教育产生了深远的影响。理念一旦嵌入制度，便会对政策产生长期稳定的影响，形成路径依赖。改革开放后，民办高等教育伴随着私营企业的发展而发展，且带有明显的营利动机，但是基于对高等教育国家所有制理念的认知，决策者仍规定社会力量举办的高等教育"不得以营利为目的"。在21世纪初，虽然国家在法律上允许民办高等教育获得"合理回报"，但是与之相对应的产权制度、法人治理制度、财政扶持制度等仍带有明显的非营利色彩。配套制度的不衔接，导致"合理回报"无法实施。可见，高等教育国家所有制理念影响之深远。

2. 高等教育产业化理念

1962年，美国经济学家马克卢普最早提出了知识产业概念，他认为知识产业是一种为自身或者他人用来生产知识、从事信息服务或者生产信息产品的厂商、机构、组织和部门。③ 在此基础上，相关研究者将教育的知识生产属性与市场经济理念相结合，逐步形成了教育产业化理念。教育产业化理念是

---

① 李立匣. 建国初期教育制度变迁与私立高等教育消亡过程 [J]. 清华大学教育研究, 2005 (11): 92.

② 周海涛. 中国教育改革40年: 民办教育 [M]. 北京: 科学出版社, 2018: 2.

③ 朱红, 朱敬, 王素荣. 教育产业化的经济学诠释 [J]. 经济问题, 2007 (8): 27.

将市场经济运行的规则和机制移植到教育领域，让市场在教育行业的资源配置中发挥基础性作用。与此相对应，持教育产业化理念的人认为高等教育可以企业化，即可以像举办企业那样举办高等教育，可以追求利润，自主经营、自负盈亏。高等教育之所以可以产业化，是因为高等教育具有知识生产性，可以给受教育者和社会带来正面影响，可以通过成本—收益核算方式提高资源使用效率，通过产业化行为解决公共财政经费短缺和高等教育供给不足等问题，使高等教育走上多元化供给的发展轨道。教育产业化理念的政策主张可以概括为：一是高等教育市场化。要求高等教育的投资经营者、受教育者遵循平等交换、等价交换以及成本收益核算等市场原则，受教育者缴纳学费，投资经营者获取办学收益。二是高等教育商品化。高等教育是一个投入产出的过程，其所生产的商品包括不同层次的人才和科研成果，培养的学生亦是一种商品，受教育者需要付费购买，高校需要按照市场需求培养人才，否则其所产出的"商品"不会有市场。三是高等教育大众化。高等教育的投资和产品的消费应是大众化的，是国家发展和社会进步所需要的，投资办教育如同办企业，花钱接受教育如同购买商品。

高等教育产业化理念契合了社会主义市场经济发展的时代背景，有利于解决高等教育政府投资不足和录取率低的问题，有利于培养满足社会需求的大学生和促进大学生就业。产业化理念得到了国家的认同，这一思想很快体现在了国家的政策文本中。1992年党中央和国务院联合发布了《关于加快发展第三产业的决定》，该决定指出要以产业为导向，建立充满活力的包括教育在内的第三产业自我发展机制，对第三产业坚持谁投资、谁受益、谁所有的原则，[①] 这一规定明确了教育作为第三产业的身份。1999年6月，党中央和国务院召开了第三次全国教育工作会议。在这次会议上，党和国家领导人把教育界定为"先导性、全局性、基础性的知识产业"，要求各级政府"改变教育是福利事业和教育投资是非生产性投资的落后观念"。[②] 认为中国是穷国办大教育，全靠政府投资肯定是行不通的，必须发展教育产业。[③] 此次大会后，国家制定了《中共中央、国务院关于深化教育改革全面推进素质教育的决定》，该决定将民办教育由过去的"补充"地位，变成了和公办教育"共同发展"的格局。教育产业化理念为决策者所认同，通过相应的政治渠道上

---

① 参见中共中央、国务院《关于加快发展第三产业的决定》第9、第11条，1992年。
② 罗燕. 教育产业化的制度分析：新制度主义社会学的视角 [J]. 教育与经济，2006 (1): 47.
③ 罗燕. 教育产业化的制度分析：新制度主义社会学的视角 [J]. 教育与经济，2006 (1): 48.

升为国家的政策法规，影响着中国高等教育的发展方向。在此之后，大量的民间资本纷纷进入教育领域，促进了民办高等教育的快速发展。教育产业化理念在促进中国高等教育发展的同时，也遭到了很多非议，比如教育产业化引发的教育不公平问题、教育营利性问题、教育的质量问题、政府投入减少的问题等。

3. 高等教育非营利组织理念

"非营利组织"是源自西方的一个词语，类似的概念还有非政府组织、志愿组织、公民社会组织、慈善组织等。20 世纪 80 年代以来非营利组织在全球范围内得到了广泛传播，但是作为一个学术概念的非营利组织并不完全确定。政府失败论、市场失败论与志愿失败论等理论都对其进行了界定。目前学术界比较认同的是萨拉蒙对非营利组织概念的界定。萨拉蒙在指导约翰—霍普金斯大学有关非营利组织的一个国际比较项目时，界定了非营利组织的五个特征：组织性、非营利性、非政府性、自治性以及志愿性。① 组织性是指非营利组织有正式的组织机构、有固定的工作人员和成文的制度章程；非营利性是指非营利组织不以营利为目的，不对组织盈余分红；非政府性是指非营利组织不是政府部门，也不是政府的附属机构，行为方式不受政府支配；自治性是指非营利组织具有独立的决策执行能力，实行自我管理；志愿性是指非营利组织所需的组织资源是志愿聚集的，而不是强制性的，其成员是志愿参与的。高等教育非营利组织理念认为高校是一种非营利组织，无论公办高等教育还是民办高等教育都具有非营利组织的特征。非营利组织理论对高等教育（尤其是民办高等教育）的政策建议：首先是禁止教育组织利润分配，作为非营利组织的高等教育在经营过程中可以有盈余，但是所有盈余须保留并被用于支持教育活动所提供的各项服务，而不允许将盈余分配给其他组织和个人，禁止利润分配旨在防止高校组织像企业那样追求利润最大化；其次是高等教育组织的产权为社会所有，这一要求与禁止利润分配直接相关，在实行禁止利润分配的高等教育组织中没有股权的概念和股东角色，也没有向高等教育组织要求分配利润的主体，即使高等教育组织倒闭，其剩余财产继续用于教育事业，仍为国家（社会）所有；最后是政府对高等教育进行税收减免与财政扶持，高校仅靠学费获取的收入非常有限，获得政府支持是顺理成章的。② 同时，由于高等教育组织没有股东，不能发行股票集资，这就限制了

---

① 贾西津. 对民办教育营利性与非营利性的思考 [J]. 教育研究, 2003 (3)：49-50.
② 魏建国. 教育公益性、非营利性教育与营利性教育 [J]. 教育经济评论, 2016 (2)：27-28.

其发展能力。为此，政府应该豁免高等教育组织缴纳所得税。

高等教育非营利组织理论契合了科教兴国、建立人力资源强国的时代要求，直面了民办高等教育的营利性问题，对民办高等教育的本质有了更深刻的认知，指出了民办高等教育在运行过程中应该怎么做，在民办高等教育发展问题上政府应该承担什么样的职责，为民办高等教育的改革设计了一种方案。这一理论被决策者所认同，此后开始体现于相关的法律法规中。2002年制定《民办教育促进法》中争论最为激烈的问题便是"合理回报"问题，相关部门坚持认为捐资办学和出资不要求合理回报的民办教育机构，依法享有同公办教育组织同等的税收和其他方面的优惠政策。[①] 2004年颁布的《民办教育促进法实施条例》第37条亦做出了"出资人不要求取得合理回报的民办学校和捐资举办的民办学校，依法享受与公办学校同样的税收及其他优惠政策"规定。可见，2002年颁布的《民办教育促进法》在允许民办学校取得合理回报的同时，亦鼓励举办非营利性民办教育。2016年新修订的《民办教育促进法》，更是体现了鼓励发展非营利民办高等教育的立法取向，规定教育事业是公益性事业，非营利民办高等教育享受和公办高等教育同等的税收优惠政策，享受国家的奖助学金、助学贷款、捐资鼓励、政府补贴、政府购买、基金奖励等扶持政策，在土地使用上以划拨方式给予用地优惠。同时，非营利性民办高等教育办学终止，清偿债务后的剩余资产继续用于非营利办学。总之，上述规定均体现了高等教育非营利组织的立法原则。

4. 高等教育准公共物品理念

产生于19世纪80年代末的公共物品理论认为，公共物品是可供整个社会共同消费的产品。西蒙斯认为公共物品有两个显著特征：一是公共物品不是专属物品，一旦被提供，无论付费与否，公众均能享受；二是一个人对公共物品的消费不会影响其他人对该物品的消费，即公共物品所提供的利益或者乐趣可以被接受公共物品的所有公众分享而不用付费，因为公共物品与公众共同分享的成本为零。[②] 西蒙斯所描述的公共物品具有消费的非竞争性和非排他性，是一种纯公共物品。但是，现实生活中纯公共物品很少。现实生活中一些物品虽然具有消费的非竞争性，但是通过一定的技术能够做到排他；另一些物品虽然不具有消费的非竞争性，但是因其排他成本很高很难做到技

[①] 孙霄兵. 民校不得瓜分学费 [DB/OL]. 新浪网, (2004-4-13) [2019-12-22]. http://news.sina.com.cn/o/2004-04-13/08412290681s.shtml.

[②] [美] 兰迪·T. 西蒙斯. 政府为什么会失败 [M]. 北京: 张媛, 译. 新华出版社, 2017: 21.

术上的排他。这些物品介于纯公共物品和私人物品之间，是一种混合产品，理论界称之为准公共物品。从高等教育的属性看，高等教育产品通过一定的技术途径能够实现排他，对受教育者的数量也具有一定的敏感性，受教育者达到一定数量就会出现"拥挤"现象。如果一个高校在没有满员的情况下，每增加一个学生并不影响其他学生接受教育，这时的边际成本为零。因此，高等教育产品是一种准公共产品。高等教育的这一特征决定了不仅政府可以供给，非营利组织和个人也能够供给。从高等教育的效应看，高等教育具有两类效应，对受教育者来说，通过接受高等教育可以获得知识和技能，进而有利于获得好的就业机会，增加收入；对政府来说，个人能力的提升带来社会整体人力资本增加，促进经济发展和社会进步。因此，高等教育的这两个效应决定了个人应为之负担成本，国家应给予适当财政支持。高等教育准公共物品理念的政策建议：首先，高等教育是一种准公共物品，供给主体可以是政府、市场或者非营利组织；其次，高等教育具有正的外部性，当受教育者供给能力不足时，政府应提供相应的财政扶持；最后，高等教育所具有的正的外部性决定了高等教育是一种公益事业，政府应保障高等教育的公益性，发展非营利性高等教育，营利性高等教育只能作为适当补充。

  从高等教育的实践看，20世纪末实施的教育产业化政策倡导高等教育的市场化、商品化和大众化，在扩大高等教育供给的同时，也带来了一些问题。比如在产业化理念的主导下，高等教育在市场化、扩大自主招生与办学自主权过程中，缺乏相应的规范和约束机制，导致高等教育组织的办学行为扭曲；盲目扩招带来了师资、教室、宿舍等硬件设施建设不足的问题；不顾自身偿债能力随意借贷带来负担过重的问题等；市场导向引发的高校不择手段追求经济利益的问题。上述问题必然会使高校丧失其追求真理的信仰，沦为社会的婢女、政治与金钱的俘虏。① 从中国民办高等教育发展的视角看，产业化导致了民办高校办学行为的异化，以至于中国民办高等教育在使命界定、专业设置、教育职能、教师特点、办学特色、发展模式等方面均与国外的营利性大学极为相似。② 在某种程度上可以说，产业化导致了中国民办高等教育的普遍营利化。高等教育准公共物品理念主张直面高等教育产业化带来的问题，并为之提出了相应的解决方案。这一理论为决策者所接纳，并在2016年

---

① 蔡明山，朱同琴. 理论谬误及其危害：以"高等教育产业化"论为例[J]. 现代大学教育，2016（6）：20.
② 鞠光宇，江虹. 分类管理制度下民办高等教育发展战略研究[M]. 北京：九州出版社，2017：69-71.

修订的《民办教育促进法》及其相关政策法规中均有所体现。2016年新修订的《民办教育促进法》第十九条规定：民办教育的办学者可自主选择设置非营利性民办学校或者营利性民办学校。对这一规定承认了两类不同性质的民办高校的存在，同时把两类民办高校都界定为社会主义教育事业的有机组成部分，营利性民办高校的合法性得以确认；《民办教育促进法》第46条规定了对民办高等教育的奖励和扶持政策，要求县级以上政府可采取奖助学金、购买服务、助学贷款和转让出租闲置国有资产等办法扶持民办教育事业发展，对非营利民办高校可以采取基金奖励、政府补贴以及捐资激励等扶持办法。《民办教育促进法》第四十七条规定，民办高等教育享受国家规定的税收优惠政策，非营利民办高等教育享受公办高校同等税收政策。《民办教育促进法》第五十一条规定，新建与扩建营利性民办高等教育，政府部门按照国家规定供给用地；新建、扩建非营利性民办高校，按照与公办高校同等原则，通过划拨方式给予用地优惠。可见，上述政策一方面承认了营利性民办高校的存在，另一方面给予了两类不同性质的民办高校相应的奖励与扶持措施，尤其给予了非营利民办高等教育更多的优惠政策，这些政策在不同层面反映了高等教育的准公共物品理论的政策理念。

（二）民办高等教育政策理念的变迁

1. 国家所有制理念与市场化理念的混合（1982—2002年）

20世纪80年代初，中国高等教育的供需矛盾尖锐，随着改革开放的推进，民办高等教育复苏。改革开放之初，邓小平同志为景山中学题词"面向现代化、面向世界、面向未来"，标志着中国教育发生重大转折。80年代中期，党中央先后做出经济体制改革、教育体制改革、科技体制改革的决定。高等教育领域的改革表现为高等教育办学体制的多元化。个人和企业办学促进了民办高等教育的发展。处于历史变迁节点的这一时期，民办高等教育政策场域中存在着公有制和市场化两种不同性质的政策理念。两种不同的政策理念混杂在政策文本中，造成民办高等教育政策的矛盾性，这种矛盾性体现在对民办高等教育宏观上的支持与微观上的否定。

这一时期的政策理念在宏观上支持民办高等教育发展。1982年《宪法》鼓励"社会力量依据法律规定举办各种教育事业"。在此基础上，各地先后出台了"社会力量办学暂行办法"、"社会力量办学试行办法"等。相关部门指出，中央政府和地方政府要逐年提高教育经费在国家财政经费中的比重，实行多种形式、多种渠道筹措资金，依靠全社会力量共同兴办教育。① 同年，党中央制定了《中共中央关于教育体制改革的决定》，该决定要求地方政府引导和鼓励国营经济组织、社会团体以及公民个人举办教育事业。1992 年邓小平南方谈话之后，民办高等教育"姓资""姓社"的问题得以解决，认为只要按照社会主义方针办学，就是社会主义的教育事业。② 教育部在 1992 年制定了《全国教育事业十年规划和"八五"计划要点》，该计划纲要在开篇指出，为了满足社会公众日益增长的教育需求，要逐步建立以各级政府为主体，引导社会力量积极参与的办学体制。1993 年制定的《中国教育改革和发展纲要》明确指出，改变政府包揽的办学体制，逐步形成以政府办学为主体，社会各界共同办学的办学体制。1998 年教育部制定的《面向 21 世纪教育振兴行动计划》同样指出，利用 3～5 年时间，基本建成以政府办学为主体、社会共同参与，公办学校与民办学校共同发展的办学体制。1999 年中央出台《关于深化教育改革全面推进素质教育的决定》，该决定要求逐步解放思想，转变观念，积极鼓励和引导社会力量举办各类教育事业，满足社会不断增长的教育需求，逐步形成以政府为主体，社会力量共同参与的，公办学校和民办学校共同发展的办学格局。只要符合国家法律法规的办学形式，都可以大胆尝试。从政策文本看，这一时期的政策理念是改变政府"统包统揽"的办学格局，鼓励社会力量参与办学，在政策上强调多形式、多渠道筹措教育资金，依靠社会力量共同办学。

这一时期的政策理念在微观上限制民办高等教育发展。微观上限制表现在对民办高等教育组织的运作设置障碍，限制了民办高等教育的发展。1987 年国家教委制定的《关于社会力量办学的若干暂行规定》指出：社会力量办学应结合本地社会和经济发展实际，主要开展各种基础教育、短期职业培训教育，中小学岗位培训、师资培训、继续教育进修、社会文化与生活培训以及自学考试辅导等。③ 从这一规定可以看出，并不倡导举办民办高等教育。1992 年国家教委制定的《全国教育事业十年规划和"八五"计划要点》所设计的办学体制是：学前教育以社会力量办学为主；中小学以地方政府办学为主；成人教育和职业教育应以地方政府领导下的行业、企业和事业单位等联合办学为主；高等教育以中央和省级政府为主。这一设计把社会力量的办学

---

① 胡大白. 中国民办教育通史（当代卷）[M]. 北京：社会科学文献出版社，2019：66.
② 柯卫，刘铁. 我国民办高等教育的规范化管理研究 [M]. 北京：法律出版社，2010：105.
③ 参见《关于社会力量办学的若干暂行规定》第 5 条，1987 年.

层级限定在学前教育。1993年《中国教育改革和发展纲要》也做了类似规定：基础教育以地方政府办学为主；成人教育和职业教育以行业、企业、事业单位以及社会各界联合办学为主；高等教育以中央政府和省级政府办学为主、社会各界共同参与。对社会力量办学应大力支持、积极鼓励、正确引导和加强管理。"加强管理"一词在一定程度上反映了国家对民办高等教育的态度。1997年颁布的《社会力量办学条例》规定，社会力量办学以成人教育、职业教育、高中教育以及学前教育为主。国家严格控制社会力量举办高等教育。[①] 可见，国家这一时期对民办高等教育的限制较明显。

2. 市场化理念：（2002—2010年）

经济结构的变革直接影响着教育体制变革。[②] 经济理念的变革亦对教育理念的变革产生巨大的影响。从中国经济结构的变革看，党的十二大提出了鼓励个体经济适当发展，个体经济是公有制经济必要的和有益的补充；党的十三大报告指出要大力发展有计划的商品经济，赋予了商品经济合法地位；党的十四大报告提出，在坚持公有制为主体、其他经济成分为补充的基础上，逐步建立和完善社会主义市场经济体制；党的十五大报告中将经济体制表述为公有制经济为主体，多种所有制共同发展，非公有制经济是社会主义市场经济必不可少的和不可替代的重要组成部分；党的十六届三中全会提出要大力发展国有资本和集体资本以及非公有制资本等参股的混合所有制经济，实现投资主体的多样化，让股份制成为社会主义经济的重要表现形式；《宪法》（2004年）明确规定国家保护私营经济和个体经济的合法权益，支持和鼓励非公经济发展，同时规定公民合法私有财产不受侵犯。改革开放以来，中国的经济体制从计划经济逐步走向多元主体共同参与的市场经济体制，商品的供给从政府一元化供给逐步走向多元主体共同供给。在这一过程中，高等教育的产业属性逐渐为决策者和社会公众所接受，认为高等教育亦能由政府、市场等多元主体共同供给，高等教育的市场化理念逐步形成。

这一时期民办高等教育开始被公众认可和接受，决策者在看到民办高等教育作为公立教育的补充、为学生提供更多的选择机会以及作为学校管理体制改革的突破口的积极作用后，[③] 对民办教育的态度更为积极。高等教育的市场化和产业化成为制定政策的一种理念。如在第三次全国教育工作会议上，

---

① 参见《社会力量办学条例》第5条，1997年。
② 王建功. 市场经济与教育体制改革[J]. 中国高教研究，2000（2）：2.
③ 陈桂生. 中国民办教育问题[M]. 北京：教育科学出版社，2000：38.

与会领导指出要切实把教育作为全局性、先导性和基础性的知识产业和关键基础设施摆在优先发展的战略地位。指出中国是穷国办大教育，全靠政府投资肯定是行不通的，必须发展教育产业。既然教育可以作为一种产业，那么教育的商品化、市场化必然是可行的。2002年颁布的《民办教育促进法》，将民办高等教育的市场化理念进一步向前推进。《民办教育促进法》第五十一条规定，民办学校在预留发展基金、扣除办学成本以及提取国家规定的其他费用后，举办者可以从结余中提取合理回报。其后，2004年发布的《民办教育促进法实施条例》将提取合理回报的办法进一步细化。允许民办高等教育的举办者获取"合理回报"，允许民办高等教育举办者获取办学收益，即是对投资办学获取利润的一种肯定。此时的民办高等教育政策理念带有明显的市场化特征。

3. 回归教育理念：(2010—2021年)

这一阶段适逢"十二五"规划期。"十二五"时期是中国全面深化改革开放和加快经济发展方式转变的关键期，也是中国全面建成小康社会的攻坚期。随着中国政治、经济、社会、文化和生态文明建设的全面推进，市场化、信息化、工业和城镇化、国际化深入发展，环境、资源、人口的压力日增，凸显培养人才和提高公众素质的重要性与紧迫性。为此，急需优先发展教育，助推我国从人力资源大国向人力资源强国、从教育大国向教育强国迈进。这一过程仅依靠国家的公共教育资源远远不能满足需求，还需要优质的民办高等教育资源支持。然而，2002年颁布的《民办教育促进法》设计的"合理回报"政策实施中遭遇以下"尴尬"：一方面允许民办高等教育举办者获取合理回报，鼓励社会资本投资教育行业，吸引了大量社会资本进入高等教育领域，民办高等教育带有明显的投资办学特征；投资办学的逐利性导致民办高校举办者以市场思维经营高等教育，这种行为背离了高等教育的公益性，偏离了高等教育的"教育逻辑"。另一方面民办高等教育举办者出于社会声誉、利润空间以及受管制风险等顾虑表面上不选择获取合理回报，[①] 私下却通过挪用办学资金和进行"关联交易"等方式获取丰厚的投资回报，同时享受非营利组织的各种优惠政策。民办高等教育的这些乱象背离了立法者的初衷，有悖于教育强国和人力资源强国的建设。这一时期立法者的政策理念倾向于规范民办高校的行为，引导民办高等教育回归公益性，促进民办高等教育内涵式发展。

2010年7月，《国家中长期教育改革和发展规划纲要（2010—2020年）》（以下简称《规划纲要》）出台，要求"发展民办教育要坚持公益性原则，

---

① 文东茅. 走向公共教育：教育民营化的超越 [M]. 北京：北京大学出版社，2008：61-63.

健全政府领导，社会参与，办学形式多样化、办学主体多元化，充满生机活力的办学体制……形成公办学校与民办学校共同发展的办学格局；调动社会参与的热情，激发民办教育活力，满足公众多元化和多层次的获取教育需求；深化教育体制改革，积极鼓励行业、企业等参与公办学校办学……增强教育活力，提高办学效益；支持民办教育创新体制和人才培养模式……提高民办教育水平；探索和制定促进民办教育健康发展的各类优惠政策……完善公共财政对民办教育的扶持制度等。"①《规划纲要》要求民办高等教育坚持公益性、公办高校与民办高校共同发展、满足社会公众多元化多层次的教育需求、提高办学效益、办好一批高水平民办学校等。《规划纲要》是 2010 年至 2020 年有关国家教育的纲领性文件，为民办高等教育改革和发展指明了方向。《规划纲要》中还有一点特别引人关注，那就是提出了"积极探索营利性和非营利性民办学校分类管理"的问题，在某种程度上可以说分类管理是解决上述问题的一个重要方案。党的十八大报告提出要"推动高等教育内涵式发展，积极发展继续教育，完善终身教育体系"。② 这对民办高等教育提出了新的要求，为民办高等教育的发展指明了方向。2013—2016 年，教育部每年制定的《工作要点》均鼓励民办教育发展，推进民办教育分类管理改革的工作安排。在 2015 年 1 月召开的全国教育工作会议上，教育部要求依法建立和完善围绕民办教育分类管理改革的土地、财政、人事、金融等方面的差异化扶持制度，健全政府补贴、政府购买服务、捐资鼓励、基金奖励、助学贷款等相关制度，解决民办教育面临的实际问题，保障民办学校师生的合法权益。③ 2016 年 4 月 18 日，习近平总书记主持召开了中央深改组第 23 次会议，审议并通过了《民办学校分类管理登记实施细则》《关于加强民办学校党的建设工作的意见》以及《营利性民办学校监督管理实施细则》三个文件。至此，基于规范和引导民办高等教育内涵式发展的分类管理理念政策设计基本形成。

二、理念影响民办高等教育政策的途径

本书已在分析框架建构部分论述了理念对政策变迁的影响，理念只有被决策者所认同，并将公共问题纳入政策议程，理念才能对政策产生影响。但是，这一过程是如何发生的？是通过哪些途径实现的？这里将对这些问题进

---

① 参见《国家中长期教育改革和发展规划纲要（2010—2020 年）》第 42-44 条，2010 年。
② 参见《胡锦涛在中国共产党第十八次全国代表大会上的报告》第 7 条，2012 年。
③ 袁贵仁. 全面深化综合改革 全面加强依法治教加快推进教育现代化［EB/OL］. 教育部，（2015-2-12）［2017-12-26］. http：//www.moe.gov.cn/jyb_ xwfb/moe_ 176/201502/t20150212_ 185813.html.

行解释与论证。理念影响民办高等教育非营利性与营利性政策变迁,是通过对相关理念的学习与理念的合法化、理念的竞争与理念的主导化、理念嵌入制度与理念的制度化这一途径来实现。

(一) 民办高等教育理念的学习与合法化

理念是个人或者组织关于如何行动的认知与信念,可以帮助决策者定义和解释外部环境变化的本质。公共政策的选择过程不是一个简单应对环境变化的过程,而是一个积极的政策学习过程。① 萨巴蒂尔认为以信念为导向的政策学习包含了由经验引发的与思想行为取向相关的相对持久的变化,这些变化与信念体系的形成与演变有关,信念学习能够提高个人对目标与信念体系中其他重要变量的认知,能够提高个人对信念体系内部因果关系和逻辑关系的认知,也能够确认和回应对个人信念体系的挑战。② 它在政策变迁过程中具有非常重要的作用,作为新理念来源的"学习资料"是多方面的,既有一国的历史经验,及国外先进的经验,也有相似行业的经验。通过相应的学习,这些理念为政策相关者所接受,新理念逐渐具有合法性。

1. 历史经验的学习与理念合法化

以铜为镜,可以正衣冠;以史为镜,可以知兴替。历史经验的学习是重要的,它是决策者制定政策的重要依据,历史经验是决策者政策理念的一个重要来源。过往为决策者提供一系列可以想象的情景,帮助其发现事物的规律和因果关系,以此认知现实世界。③ 决策者所认知的那些历史事件,不管是积极的经验,还是消极的教训,在塑造其基本理念方面均发挥了重要的作用。

决策者对古代私立教育的调研及学习。中国古代的私学起源于春秋战国时期,这一时期,经济社会变动剧烈,教育制度上官学崩溃,"天子失官"、"礼崩乐坏",儒家、法家、墨家、纵横家为满足贵族和庶民子弟的求学愿望,开办私学。他们在理论上自成体系,聚徒讲学,形成不同学派,出现"百家争鸣"的局面。两汉时期,中国封建官学逐步完善,中央出现了太学、四姓小侯学以及鸿都门学等,地方出现了校、学、庠序等。但是官学规模有限、入学手续烦琐,不能满足社会的教育需求,私学成为官学的重要补充。南北

---

① 柳彦. 观念、利益和制度:国内政治与中国对外经济政策 [M]. 北京:中央编译出版社,2017:63.
② [美] 保罗·A. 萨巴蒂尔,汉克·C. 詹金斯-史密斯. 政策变迁与学习:一种倡议联盟途径 [M]. 邓征,译. 北京:北京大学出版社,2011:41-42.
③ Anna Schreuer, Harald Rohracher, Philipp Spath. Transforming the energy system: The role of institutions, interests and ideas [J]. Twin Research, 2010, 2 (1): 49-52.

朝时期，政权更迭频繁，官学颓废，但是私学依旧发达，他们以讲授儒学为主，黄、老、庄、玄、释、史、文等兼而有之。唐宋时期，私学发达，私学中的老师多是社会上德高望重之人，他们亦官亦学，或隐居山林不求仕途，或官场失意寄情学问。这些人热心教育，在教学中宣扬思想主张，教与学之间互动形成了良好的师生关系，学术思想得以继承与发扬。这一时期，书院成为私学的重要形式，应天书院、岳麓书院、白鹿洞书院等名噪一时，对后世私学影响深远。在元、明、清时期，国家提倡私人办私塾或小学，但是基于政治统治的考虑，加强了对书院的管控，私学受到了一定制约。1999年国家成立民办教育立法起草小组，牵头部门为全国人大教科文卫委员会。在法律起草过程中，起草小组进行了广泛的调查研究，其调查研究对象与范围不仅包括相关行政部门、办学者、管理者、教师以及专家学者，而且包括对历史经验的研究学习。由全国人大教科文卫委员会编写的《民办教育研究与立法探索》一书是《民办教育促进法》制定过程中起草小组对历史经验的调研成果。这本书包括四个部分，第一部分"研究报告"用了很大篇幅来研究中国私立教育的历史。[①] 通过对中国古代私学的研究可以发现，私立教育有利于打破贵族垄断的官学教育，促进文化教育事业的发展；私立教育在整个教育发展史上普遍存在，弥补了公立教育的不足；私立教育的发展有利于文化和学术的传承；政府在一定程度上对私立教育扶持监管，有利于私立教育的规范发展。这些调研结论为国家政策上支持民办高等教育提供了合法依据，也是国家允许民办高等教育获取"合理回报"的前提。同时，坚持民办教育的公益性原则，立法过程中为了彰显教育的公益性，把给予民办高等教育举办者的投资收益描述为"合理回报"。

  决策者对近现代私立教育的调研及学习。清末，随着西方列强的入侵，中国旧有的社会经济秩序被打破，教育制度也发生了深刻变革。一方面，在维新变法思想的冲击下，出现了新式学堂。这些学堂既有国家创办，也有私人创办。这一时期，杨斯盛捐资兴建的浦东中学、张伯苓主持的南开中学等，都是典型的私立学堂。另一方面，西方教会在此阶段创办了一批教会学校，这些学校采用西方教育模式，带来了新的高等教育理念，如之江大学、徐汇公学、燕京大学等，这些学校在教会的支持下得以快速发展。辛亥革命后，各政党竞办大学。但是，由于此时的基础教育不够发达，高等教育缺乏相应

[①] 全国人大教科文卫委员会教育室，等. 民办教育研究与立法探索[M]. 广州：广东高等教育出版社，2001：3-36.

的基础,很难保证教育质量。1925年至1929年,当局先后颁布了《私立专科以上学校认可条例》《私立大学及其专门学校立案条例》以及《私立学校章程》等,随着相关制度的出台,私立高等教育在教学、行政管理等方面不断完善。1937年,私立大学的数量与公立大学的数量几近相当。抗战爆发后,中国的高等教育事业遭到重大打击,大量高校内迁,私立高校经费紧张,部分私立高校与公立高校合并,如厦门大学、复旦大学、南开大学等改为公立。从经费来源看,这一时期的私立学校经费以自筹为主。教会学校在早期从教会获得的津贴较多,后来逐渐减少,据1933—1934年对133所教会中学的统计,教会津贴占教会学校总收入的14.5%,学生学费则多达68.3%。① 中国人自办的私立学校经费主要来源是学费和捐款,此外还有租息、杂项收入、少量国库补助费和省库补助费。此外,对于办学质量好、经费困难的私立学校,政府也会给予一定补助。全国人大教科文卫委员会通过调研认为,私立教育首开新教育先河,推动了教育改革;弥补了公立学校不足,培养了社会所需的人才;有利于营造竞争环境;一定程度上缓解了政府办学经费不足的问题。② 这些观点有利于纠正社会上流行的"民办教育企业论"及"民办教育无用论"的观点,为政府支持民办高等教育发展提供了历史依据,赋予民办高等教育以合法性。

2. 国外经验的学习与理念合法化

新中国成立初期,我国确立了高等教育的社会主义国家所有制。1949年新中国成立之初,当时全国共有高等学校205所,在校生11.72万人,私立高校84所,占当时高校总数的41%,其中有教会大学21所,占私立高校总数的25%。③ 1952年,全国范围内进行了院系调整,所有私立大学与公立大学进行了合并,形成新的公立大学,私立大学退出历史舞台。这一改革与苏联不无关系。作为社会主义国家的苏联,高等教育全部是公立性质的,由国家承担所有经费开支。新中国成立初期,中国向苏联学习,毛泽东1945年就提出,苏联所创造的新文化,应该成为中国建设人民新文化的范例。④ 1948年9月,《东北时报》发文《学习苏联,改造我们的教育》。1949年10月5

---

① [美]杰西·格·卢茨. 中国教会大学史 [M]. 曾钜生,译. 杭州:浙江教育出版社,1988:47.
② 全国人大教科文卫委员会教育室,等. 民办教育研究与立法探索 [M]. 广东高等教育出版社,2001:18-19.
③ 刘英杰. 中国教育大事典(1940—1990)[M]. 杭州:浙江教育出版社,1993:1115-1118.
④ 毛泽东. 毛泽东文选(第3卷)[M]. 北京:人民出版社,1953:1084.

日,刘少奇在中苏友好协会成立大会上指出,"中国要以俄为师,学习苏联的建国经验","苏联有许多世界上所没有的新的科学知识,中国只有从苏联才能学到这些科学知识,比如经济学、财政学、银行学、商业学、教育学等"。① 1949年12月,全国第一次教育工作会议在北京召开,会议指出"建设新教育要以老解放区的新教育经验为基础,要吸收旧教育体系中的有用经验,尤其要借助苏联教育建设的先进经验"。② 从中国高等教育的实践看,苏联高等教育的公有制理念为中国的决策者所认同,并通过相应的制度渠道获得了合法性,影响着我国民办高等教育的政策变迁。这种公有制理念具有很强的路径依赖,以至于很长一段时间民办高等教育"不得以营利为目的"。

改革开放后,民办高等教育政策逐渐从获取"合理回报"到实施非营利性与营利性分类管理变迁。学习历史经验的一个重要形式就是进行调查研究,通过调查研究有助于决策者获取新的政策理念,进而使政策科学化、合理化。从1996年八届全国人大常委会决定将民办教育立法列入立法规划开始,就启动立法调研了。九届全国人大常委会为顺利实施立法工作,再次将民办教育立法列入立法规划,相关调查研究继续进行。调查研究采取了多种形式,比如研讨会、座谈会、现场考察等,参与的人员包括教育行政部门领导、民办教育办学者、校长、学生以及专家学者等。在立法调研过程中,《民办教育促进法》起草小组对中国内地14个省(市、自治区)和美国、日本、澳大利亚等国家,以及中国的香港、澳门等地区开展了相关调研。正如程化琴所描述,为了借鉴其他国家和地区的民办教育立法经验,起草小组组织考察了美国、英国、澳大利亚、新加坡、马来西亚等国家的私立教育。③ 全国人大教科文卫委员会撰写了相应的国外考察报告,包括澳大利亚、英国以及美国的私立教育情况(见表3-1)。④ 这些国家大都允许举办营利性私立高校,但是在政策上倾向于鼓励非营利性私立学校。全国人大教科文卫委员会所起草的《民办教育法》草案亦基于这种立法倾向,但是由于上位法的限制,实施非营利性与营利性民办高校分类管理条件尚不成熟,只能以允许民办教育获取"合理回报"的方式承认民办教育营利行为。

---

① 中央教育科学研究所. 中华人民共和国教育大事记(1949—1982)[M]. 北京:教育科学出版社,1984:4.
② 中央教育科学研究所. 中华人民共和国教育大事记(1949—1982)[M]. 北京:教育科学出版社,1984:7.
③ 程化琴.《民办教育促进法》制定过程研究[M]. 北京:北京大学出版社,2012:14-15.
④ 全国人大教科文卫委员会教育室,等. 民办教育研究与立法探索[M]. 广州:广东高等教育出版社,2001:379-444.

表 3-1　全国人大教科文卫委员会国外考察报告内容

国家	考察报告内容
澳大利亚	1. 私立学校的类型。澳大利亚存在政府学校、天主教学校、独立私立学校三类学校，私立学校又可以分为两类，一类是由非营利机构设立的非营利性私立学校，由非营利机构自行管理；另一类是由个人或者营利机构设立的营利性私立学校，这类学校由办学者自我管理，一般被视为企业，数量较少。 2. 私立学校的设立登记。政府对私立学校的管理主要限于合法性审查，即由学习委员会对学校的设立进行登记注册，核发资格证书以及制定课程表。 3. 私立学校的组织结构。学校设有董事会，其成员主要来自私立学校举办者的委派，一部分来自学生家长或社会名流，校董事会主席由董事会成员选举产生。 4. 私立学校的经费来源与产权。经费来源有三个途径：一是政府资助，包括经常性资助、固定资产投资资助、特殊项目资助；二是教会投资或集体捐资；三是向学生收取的学费。教会学校产权归教会所有，非营利组织举办的学校产权归非营利组织所有，营利性学校产权归营利性组织或个人所有，教会学校和非营利学校是慈善机构，其办学终止时，剩余财产不能进行分配
英国	1. 学校的类型。第一类是政府举办的学校；第二类是民间办学（接受政府资助）；第三类是独立学校（不接受政府资助）。其中，第二类又可分为两类：一类是自愿受控学校，这类学校政府资助较多，控制严格；另一类是受助学校，这类学校政府资助少，控制较少。两种类型的民间学校的经常性费用由政府负责，政府维持学校运转，是政府教育的组成部分。 2. 独立学校的经费来源。独立学校的经费来自学校，自主权较大。 3. 独立学校议会。一种中介组织，代表学校利益向政府提出建议，对独立学校进行民间评估。 4. 独立学校的注册。首先，证明学校是独立的，不接受政府补贴；其次，向教育部门注册；再次，接受皇家督学和地方消防部门的首次评估；最后，如果校名中含有女王、国王以及王子等名字，需要得到皇家办公室批准
美国	1. 私立高校的类型。天主教举办的学校；其他宗教举办的学校；非宗教派别举办的私立学校。 2. 非宗教派别举办的私立学校类别：非营利性私立学校和营利性私立学校。营利性学校的特征：允许营利性教育存在，但是所占比例很小；营利性教育机构中除了学校以外，还有教育服务公司；营利性学校拥有合法地位，不受歧视；营利性私立学校的投资形式有个人投资、合伙投资、企业投资、大众投资。 3. 营利性和非营利性私立学校分类管理。非营利性私立学校不交营业税、所得税、物业税等，享受与公办学校同等待遇，可以获得政府拨款和社会捐赠，个人或社会对非营利性学校的捐助可获得免除个人所得税和营业税的待遇；营利性私立学校按照企业对待，不享受公立学校的各类优惠扶持政策，并须缴纳相关税收，不允许申请政府的拨款和捐赠等，对营利性私立学校的社会捐助不免除营业税和个人所得税。 4. 私立学校的产权。营利性私立学校的产权归投资者所有，投资者持有股权，盈余可分配；在学校存续期间，非营利性私立学校的产权归学校所有，学校停止办学后的剩余资产归全社会所有，可继续用于其他学校办学；非营利私立学校属捐资办学，出资者不享有股权，不能进行分红。 5. 私立学校管理体制。营利性私立学校设董事会、股东、校长；非营利性私立学校不存在股东，只有董事会和校长

资料来源：根据全国人大教科文卫委员会教育室等编著的《民办教育研究与立法探索》相关内容，笔者自制。

3. 相似行业的学习与理念合法化

相似行业的政策变革会产生一种示范效应，给本行业的主管部门造成一种压力，促使本行业的主管部门进行政策学习，进而转变观念，促进政策变迁。周黎安教授在解释中国经济发展的逻辑时，建构了压力型政体和政治锦标赛理论。① 他认为地方政府为了实现经济赶超目标，往往采取任务量化分解和高强度奖惩相结合的方法。下级政府为了完成上级政府的任务和指标，会将任务和指标进行层层分解，落实到下级政府的每个组织和个人，令其按时完成，根据任务完成情况给予政治和物质奖励。下级政府官员为了规避惩罚、获取提拔机会和物质奖励，促进经济发展的动力很强劲。从理论上看，医疗卫生行业与高等教育行业有着很强的相似性，产业属性上都有着不完整的非竞争性和非排他性，同时产品都具有很强的正的外部性，都属于准公共物品。作为提供准公共物品的城镇医疗机构已在2000年实施了分类管理改革试点，2012年，分类管理政策在整个医疗卫生行业实施。因此，国家的教育行政部门面临着改革的压力和动力，这一切促使其主动或者被动地去学习，转变政策理念，实施民办高等教育的分类管理政策。

案例：中国卫生领域的分类管理改革。②

对社会组织实施非营利性与营利性分类管理改革是西方国家的成功经验，2000年，卫生部、财政部、国家中医药管理局以及国家计委联合发布了《关于城镇医疗机构分类管理的实施意见》，该意见明确提出，"城镇个体医疗诊所股份制、股份合作制以及中外合作医疗机构一般界定为营利性医疗机构"，营利性医疗机构所获得的收益可用于分配。营利性医疗机构根据市场需求确定医疗服务项目，同时需报医疗卫生行政部门批准，参照企业财务会计制度管理。营利性医疗机构医疗服务价格开放，自主经营，根据市场需求，自主定价。非营利性医疗机构是为社会公益服务而设立的医疗机构，非营利性医疗机构不以营利为根本目的。非营利性医疗机构经营收入用于补偿其运营成本，所获得的盈余只能用于改善医疗条件、提高医疗技术、开展新的医疗服务、采购新的设备等。

---

① 周黎安. 晋升博弈中政府官员的激励与合作——兼论我国地方保护主义和重复建设问题长期存在的原因 [J]. 经济研究, 2004 (6): 33.
② 周良荣. 医疗机构分类管理的几个问题探讨 [J]. 中华医院管理杂志, 2000 (12): 19-20; 杨团. 关于医疗机构分类管理政策的探讨 [J]. 中国卫生资源, 2001 (3): 722-724; 毛群安, 杨绍文. 医疗机构分类管理问题的政策分析 [J]. 中国行政管理, 2005 (4): 34-38; 吴奇飞, 马丽平. 对医疗机构分类管理政策的回顾与反思 [J]. 中国医院管理, 2006 (2): 16-18.

2000年，财政部和国家税务总局联合发布了《关于医疗、卫生机构有关税收政策的通知》，该通知规定：营利性医疗机构应按照国家的税法规定缴纳各种税收，为了鼓励营利性医疗机构的健康发展，国家在其执业登记三年内免征营利性医疗机构营业税，对其使用的房产、土地、车船免征相关税收。对于非营利性卫生医疗机构，该通知要求：依据税法等法律法规的相关规定获取的医疗服务经营收入免征各种税收；非医疗服务取得的收入应按照国家规定缴纳各类税收；非营利性医疗卫生机构的医疗服务收入，用于改善医疗条件、提高医疗技术、开展新的医疗服务的部分，在税务机关同意的情况下可免除相关税收，剩余部分需征收企业所得税；非营利医疗机构自用的房产、车船、土地等，免征房地产税、车船使用税以及土地使用税等。

2012年，卫生部发布了《关于社会资本举办医疗机构经营性质的通知》，该通知明确指出社会资本可以按照经营目的，自主决定举办非营利性医疗机构或者营利性医疗机构。这一规定突破了2000年卫生部、财政部、国家中医药管理局以及国家计委联合发布的《关于城镇医疗机构分类管理的实施意见》所作的"城镇个体医疗诊所股份制、股份合作制以及中外合作医疗机构一般界定为营利性医疗机构"的规定，使医疗卫生行业的分类管理政策更具可行性。

值得注意的是，决策者对理念的学习不是随意的、漫无目的的，而是一种主观性与目的性很强的学习。这种学习是为了获取外部的某些政策理念，并将此理念内化为行动方案，解决某一方面的公共问题。决策者之所以会接受某些外部理念，是因为这些理念具有相应的政治、经济及行政的可行性。

（二）民办高等教育理念之争及其理念的主导化

理念只有符合政治的可行性、经济的可行性以及行政的可行性，才可能获得某种影响政策抉择的合法性地位。在同一政策场域中往往存在多种政策理念，这些理念之间存在着竞争，胜出者上升为主导理念，进而对政策变迁产生影响。

1. 教育产业化理念之争及其主导化

教育产业化是20世纪90年代初期提出的一种教育改革方案，其理念是把教育视为一种产品，利用教育市场化扩大教育资源，利用市场机制经营教育，实现教育产品的商品化，使教育产品成为一种可以被购买的商品。教育产业化一经提出便引发激烈的争论。支持者认为：教育产业化有利于解决中国教育经费短缺的问题。中国是"穷国办大教育"，教育经费、科研经费在财政支出中的比重还比较低，与世界上其他国家的差距还比较大，经费短缺制约着中国教育的发展。经济领域改革的经验为解决教育经费不足提供了参考，即教育不能仅靠国家财政和社会捐赠，还要靠社会投入，国家、集体和个人一起办教育，甚至可以吸引外资投资教育。经济学家认为高等教育的"买方市场"是计划经济体制下商品供给短缺的延续，只要开放市场、放松管制、实行产业化经营，高等教育就会成为投资热门领域，可解决教育产品供给短缺的问题。教育产业化有利于引导教育消费、扩大有效需求、促进经济发展。教育产业化可以实现高等教育由传统的国家一元化投资转向国家、社会和个人共同投资，引导公众将储蓄转化为教育投资，从而有利于扩大内需。教育产业化有利于缓解就业压力。教育产业化一方面扩大了教育规模，为社会提供了更多进入教育领域的就业机会；另一方面教育产业化使更多的青少年获得了读书机会，使原本进入就业市场的劳动力因接受更高层次的教育而推迟进入就业市场，缓解了就业压力。教育产业化理论得到了汤敏、厉以宁等大批学者的支持。北京大学厉以宁教授1998年撰文《澄清民办学校管理上的两个概念》指出，"民办学校可以被看成一种特殊的产业，如果经营得当，教育单位不是不可以带来利润的"，"一个教育单位的投资者，可以是企业，也可能是公共团体，甚至是个人投资者"。[1] 厉以宁教授在《关于教育产业化的几个问题》中指出，让借资集资办学的人得到办学回报，不但具有经济合理性，而且会产生良好的示范效应，会鼓励更多的人借钱出来办学或集资办教育。[2] 汤敏被认为是"教育产业化之父"，他认为可以通过扩大招生、提高学费、计划外招生和计划内招生并轨等措施，让老百姓把钱从银行里取出来用于教育消费。[3]

针对教育产业化理念，也有不少学者提出反对意见。北京师范大学的王善迈教授表示对教育产业化"不敢苟同""提出质疑"，他的主要观点是：教育属于非生产、非经济、非营利部门，不完全具备市场化的基本条件，不能将应用于经济领域市场配置资源的方式简单地移植到教育行业中。[4] 教育产业

---

[1] 邵金荣. 公益组织认定与社会公平正义 [M]. 北京: 中国社会出版社, 2010: 87-88.
[2] 厉以宁. 关于教育产业化的几个问题 [J]. 北京成人教育, 1999 (7): 26.
[3] 昊天. 汤敏: 我不是教育产业化之父 [J]. 教育与职业, 2007 (7): 79.
[4] 王善迈. 教育产业化市场化质疑 [J]. 上海高教研究, 1994 (4): 33-35.

化将会导致片面追求教育的经济功能，忽视教育的政治文化功能和教育功能；由于缺乏相应的规范和约束，教育产业化容易出现扭曲教育主题的行为；教育产业化所带来的规模化，极易引起教育质量低下和就业困难等问题。

2. 民办高等教育营利与非营利理念之争及其主导化

20世纪90年代末，高等教育产业化的理念激发了社会资本投资高等教育的热情，大量社会资本涌入高等教育行业，民办高等教育在较短的时间内得以快速发展壮大，投资办学的特征决定了民办高等教育具有明显的逐利性。但是长期以来在人们的观念中有这样的认识：高等教育是培养人才与追求公共利益的社会公益性事业，必须符合社会公共利益和国家利益。社会主义国家的高等教育就是要为社会为国家培养德智体美劳全面发展的满足社会主义建设需求的高层次人才。许多人的思想观念中还存在高等教育是公益性行业，只有禁止高等学校营利，才能保证其公益属性。民办高等教育作为我国高等教育事业的有机组成部分，必须坚持公益性，不得以营利为办学目的。投资办学的特征和"不得以营利为目的"的政策安排，成为民办高等教育发展的一个矛盾体，围绕民办高等教育是否允许营利在政策场域中引发了激烈的争论。正如丹尼尔所言，"理念的竞争常常在公共政策中表现尤为明显"。民办高等教育营利与非营利的理念竞争在2002年《民办教育促进法》制定过程中表现得尤为明显，竞争焦点表现在是否允许民办高等教育获取"合理回报"上。

从《民办教育促进法》的起草过程来看，"不得以营利为目的"与"合理回报"是争论的焦点。为了建构《民办教育促进法》草案的框架，从2000年8月底开始，全国人大教科文卫委员会民办教育法起草领导小组多次召开座谈会与研讨会，征求社会各界的建议。起草领导小组先后征求了全国政协委员、教育专家、法律专家、教育行政部门、劳动和社会保障部门、民办学校举办者等各方意见。2001年底法律草案出台，几乎每半月都要召开一次大型座谈会或研讨会，集中探讨立法框架与立法问题，有文字记录的就有10次。① 通过梳理这些文件，我们能够发现《民办教育促进法》立法过程关注与争论的主要问题（见表3-2）。

---

① 全国人大教科文卫委员会. 民办教育促进法（草案）立法起草小组简报（1-10）[Z].

表 3-2 《民办教育促进法》的起草过程与争论焦点

时间	会议内容
2000年8月29—31日	法律起草领导小组和工作小组召开了立法专题研讨会,提出了立法的"倾向性意见":民办教育必须符合《高等教育法》和《教育法》任何个人和组织"不得以营利为目的举办学校"的规定,坚持教育的公益性。有同志认为"不得以营利为目的"与"合理回报"不矛盾;有同志认为在立法中可以不写入"不得以营利为目的";还有同志提出对民办教育采取"分类管理"的办法
2000年9月15日	全国人大教科文卫委员会召开座谈会,就"倾向性意见"征询政协委员与教育、法律专家的意见。与会者比较统一的意见是坚持民办教育"不得以营利为目的",对民办教育取得"合理回报"问题,有的同志赞成,有的同志反对,赞成的同志在给予民办教育举办者回报率的问题上存在分歧
2000年9月28日	全国人大教科文卫委员会召开了教育小组会议,就"倾向性意见"向参会人员作了通报,委员们就"倾向性意见"发表了看法、提出了建议。他们认为:"不得以营利为目的"的表述不应该出现在立法草案中,如果必须要提,也要对其有所淡化;《民办教育促进法》不能回避"营利"的事实,重点要放在办学收入如何分配以及如何使用上,应确保办学收入能够有效地扩大办学规模和提高教育质量,营利的目的是发展民办教育;有人认为"不得以营利为目的"不符合市场经济法则,带有计划色彩,办学者投资就是为了营利,不营利民办教育无法发展壮大,无法参与竞争;有人建议立法中不要提"不得以营利为目的",但要提一下营利用于民办教育事业;有人认为不能丢掉"不得以营利为目的"的提法,因为教育是公益性事业,其宗旨是培养人才
2000年10月10日	全国人大教科文卫委员会召开立法座谈会。参会人员有北京教育行政部门领导、民办教育学者、民办教育举办者等。有的同志认为应该从教育的本质与教育的公益性出发,立法中应该继续存在"不得以营利为目的"的表述;有的同志认为为了鼓励民办教育的发展,促进民办教育组织不断积累,增强投资办学者的信心和保护办学者的利益,不要写"不得以营利为目的";还有不少同志从"大教育"出发,建议将民办教育组织分为非营利性和营利性两类,分别由不同的法律进行规范
2000年10月19日	全国人大教科文卫委员会召开教育立法问题研讨会,参会人员有教育行政管理人员、专家、民办教育举办者等,会议讨论了立法起草小组对民办教育重点问题的"倾向性意见"。对于在法律中要不要规定"不得以营利为目的"的原则,一种观点认为"不得以营利为目的"的原则必须写入法律,否则容易引起误导;一种观点认为《教育法》已经做出了这一规定,《民办教育促进法》可以不再对这一原则进行规定,如果重申这一原则会影响办学者的积极性,立法应以促进教育发展为目的,如能调动民间资本办教育,必将有利于整个教育事业的发展。关于是否给予民办教育举办者"合理回报",一种观点认为教育不应考虑回报问题,非营利性是中外民办教育的共同准则;有的同志建议立法中区分非营利性与营利性两类学校,非营利性学校的盈余只能继续办学,营利性学校则可以获得盈余,但不能享受政府给予教育的各类优惠政策。一种观点认为投资办学与投资办企业相似,资本进入市场都要存在营利的空间,取得"合理回报"是合理和合法的

续表

时间	会议内容
2000年11月30日	全国人大教科文卫委员会召开会议，专题讨论了《民办教育促进法》的立法框架。大部分人认为"不得以营利为目的"的规定不宜在立法中提到，在法条的表述上可以做出相应的技术性处理；有同志建议，可以参照医疗机构的改革经验，将民办教育分为非营利性与营利性两类，分别进行规范和管理
2000年12月12日	全国人大教科文卫委员会立法起草小组召开会议，讨论立法框架的问题。认为教育必须坚持"不得以营利为目的"的原则，但这一原则不在《民办教育促进法》中重复表述，同时允许民办教育获取"合理回报"，不同意民办教育非营利性与营利性分类管理
2001年1月18日	《民办教育促进法》草案出台，该草案没有出现"不得以营利为目的"的规定，出现了民办教育是中国特色社会主义教育事业的组成部分，是公益性事业，应该贯彻国家的教育方针的规定。同时规定了民办学校在每个会计年度结束后，如有结余，办学者可以获取"合理回报"；民办学校在扣除"合理回报"后的结余，应继续用于办学改善办学条件
2001年6—7月	全国人大教科文卫委员会连续在北京、广州、杭州等召开座谈会，征求《民办教育促进法》草案的意见，参会人员包括教育行政部门、劳动和社会保障部门、教育专家、法学专家、民办教育校长、董事长、投资者等，"合理回报"获得好评，但是也有人提出营利性与非营利性分类管理的问题
2001年9—10月	全国人大教科文卫委员会分四组赴新疆、陕西、辽宁、黑龙江、云南、重庆、四川等地，就《民办教育促进法》草案征询意见召开座谈会。有人建议加一条"任何组织和个人不得以营利为目的举办教育机构"；有人认为"合理回报"与《教育法》有冲突；大多数人同意"合理回报"，但对如何计算和操作有不同意见

资料来源：根据全国人大教科文卫委员会所发的《民办教育促进法（草案）立法起草小组简报》相关内容，笔者自制。

从《民办教育促进法》的起草过程来看，民办教育的非营利性与营利性问题（在立法过程中表现为是否允许获取"合理回报"问题，允许获取"合理回报"即为允许营利；否则，则为非营利）是争论的焦点，贯穿《民办教育促进法》的整个起草过程。即便是到《民办教育促进法》草案出台之后，关于民办教育是否能够获取"合理回报"仍存有分歧，这种分歧延续到《民办教育促进法》的整个审议过程。《民办教育促进法》在审议过程中四易其稿，争论最激烈、分歧最大的问题仍然是合理回报的问题。由于《民办教育促进法》审议的漫长性、复杂性及受篇幅所限，这里不再就整个审议过程关于"合理回报"理念分歧进行描述。结合上述《民办教育促进法》的起草过程，我们能够发现赞成与反对"合理回报"的理由所在。赞成"合理回报"理由主要包括：现实的国情需要鼓励民间资本投资兴办教育，通过允许民办学校取得"合理回报",可以鼓励和调动民间资本投资办学的积极性;中国加入世界贸易组织(WTO)后将允许国外营利性教育机构的存在,如果允许国外教育机构在中国营利,那么就应该允许中国民办教育组织获取"合理回报";国内市场经济体制的建立为民办教育组织的市场化运作提供了平台,为民办教育获取"合理回报"提供了宏观的制度环境;现实中许多民办教育组织已经存在营利的事实,作为政府机关应予以确认;卫生领域的分类管理为民办教育营利性提供了相关经验;职业教育、技能培训以及继续教育与市场结合紧密,适合举办营利性教育。反对"合理回报"的理由包括:国外存在营利性与非营利性两类民办学校,只允许营利性民办学校获取利润,而不允许非营利性民办学校获取利润,中国应该实行分类管理,而不是允许所有的民办学校都能获取利润;中国是社会主义国家,教育是公益性事业,是培养人才的场所,所以不允许营利;允许民办学校获取办学收益与《教育法》和《高等教育法》"任何组织和个人不得以营利为目的举办学校"相冲突,因此民办教育不能营利。

在《民办教育促进法》的审议过程中,赞成"合理回报"的一方与反对"合理回报"的一方利用各自的理念优势和掌握的资源展开了激烈的论争,双方势均力敌、僵持不下,使《民办教育促进法》的立法工作陷入僵局。2002年12月1日,李鹏同志到天津市、河北省就《民办教育促进法》草案进行立法调研,并同两地的相关行政负责人、民办学校师生进行交谈,了解人们对民办教育立法问题的看法。公众普遍认为民办教育已经取得了非凡的成绩,但是也存在一些急需解决的问题,需要用法律来规范和维护民办学校的相关权益。天津市的同志认为"民办教育投资应该有合理的回报,不然民办教育事业就没有了生命力",河北省的同志认为"投资者可以获取合理回报,以调动他们办学的积极性"。[①] 李鹏同志最后明确表示:民办教育是社会主义教育体系的一个组成部分,同样是国家培养人才的社会公益性事业,是利国利民的高尚事业。促进民办教育的健康发展,不但有利于满足社会公众的实际需求,而且有利于促进整个教育事业的快速发展。同时也应该看到,我国民办教育的发展有其特殊性,应允许民办教育的出资人取得一定的经济回报,但同时应当明确,不能让单纯追求利润成为民办教育的办学目标。[②] 李鹏同志关

---

① 李鹏. 立法与监督:李鹏人大日记[M]. 北京:新华出版社,中国民主法治出版社,2006:777-778.

② 程化琴.《民办教育促进法》制定过程研究[M]. 北京:北京大学出版社,2012:45-46.

键时刻一锤定音，表明了国家对民办教育"合理回报"的态度，使陷入僵局的立法工作重新启动。在九届人大常委会第三十一次会议上，《民办教育促进法》草案在进行投票表决时，"几乎全票通过了法律"。[①] 可见，不同理念之间存在着竞争，一种理念如果能得到决策者的认同与支持，便容易成为主导理念，进而影响公共政策。

3. 民办高等教育分类管理理念之争及其主导化

非营利性与营利性分类管理的政策理念，就是将民办高等教育分为非营利性与营利性两类，非营利性民办高等教育不允许进行利润分配，营利性民办高等教育可以对利润进行分配。由于两类民办高校办学性质不同，在政策设计上采取为不同的管理方式，主要表现在注册登记、产权界定、税收管理、经费资助以及认证制度等方面。在西方，私立高校分类管理并不是一个新鲜事物，已被证明是一种行之有效的制度安排。分类管理是将民办高校分为营利和非营利两类，其前提是允许营利性民办高校的存在，这在当时是不允许的。所以在中国民办高校分类管理政策的进程是非常缓慢的，直到2016年国家发布了新的《民办教育促进法》《民办学校分类登记实施细则》以及《营利性民办学校监督管理实施细则》政策文本，才最终确立了民办高等教育的分类管理制度。民办高等教育分类管理政策的变革过程亦是充满了不同理念之间的博弈。

支持非营利性与营利性分类管理理念者认为：一是实施分类管理有利于规范民办高等教育的办学行为。从中国民办教育的发展历程来看，中国早期的民办高等教育发端于各类文化辅导班、补习班等，是在无师资、无校舍、无启动资金的"三无"基础上发展起来的，这些学校如果不营利就不会发展壮大。同时，随着教育产业化理念的发展，大量社会资本投资高等教育事业，这些办学者目的更是为了获取办学收益。从表面看，这些学校都没有公开要求获取合理回报，但是私下里却存在着利益输送行为。与其让这些学校偷偷摸摸地营利，还不如让其光明正大地营利，分类管理便是出于这种目的。二是实施分类管理有利于落实民办高等教育的扶持政策。当前民办高等教育组织登记为民办非企业单位，使得民办高校既不具有企业身份，也不具有事业单位身份，既难享受到企业的经营自主权，也难以享受到非营利组织在税收、财政、土地、教师待遇等方面的优惠政策。正如吉林华侨外国语学院的校长

---

① 程化琴.《民办教育促进法》制定过程研究［M］. 北京：北京大学出版社，2012：48.

秦和所言，分类管理有利于拓展民办教育发展的空间。① 三是实施分类管理是发展国外私立高等教育的成功经验。在许多欧美国家，在高等教育领域既积极鼓励非营利性私立高等教育的发展，又允许部分营利性私立高等教育存在，两类学校和谐共处、互补互生、共同发展。

质疑分类管理理念者认为：一是实施分类管理既面临法律障碍，又存在政策风险，会使部分民办高等教育举办者觉得选择营利或者非营利都不符合其期望，看不清未来的政策走向，于是选择终止办学。这一政策可能会引发大量民办高校非常规倒闭。二是认为实施分类管理存在很大的不确定性。从民办高等教育分类管理的政策设计方案来看，分类管理对举办者来说就是"活着不分钱""死了不分财"，这种方案极易引发"政策性恐慌"，在相关配套政策尚未完善的情况下，实施分类管理的时机还不成熟。② 如果实施分类管理，应在"已有的民办教育法律框架下渐进完善"。③

公共政策的理念冲突和话语分歧是不同利益、不同立场以及不同知识背景的人相互争论交叉迂回的产物。民办高等教育分类管理政策的支持者与质疑者基于不同的组织身份、学科立场以及知识背景展开了激烈争论。他们或者通过参加修法研讨会、向决策层递交建议的方式，或者通过参加学术会议、发表学术论文、出版学术专著等方式，表达观点，使其政策理念上升为主导理念，以求引起决策者的关注认同。早在2002年《民办教育促进法》的制定过程中，已有不少人提出民办教育实施非营利性与营利性分类管理的问题，但囿于《教育法》和《高等教育法》"教育不得以营利为目的"的规定，不允许营利性高等教育存在，使分类管理没有进入决策者的视野。分类管理真正进入政策议程是国家2010年制定的《国家中长期教育改革和发展规划纲要（2010—2020年）》，该规划纲要提出了对非营利性与营利性民办教育分类管理开展试点工作。从发文机构来看，《国家中长期教育改革和发展规划纲要（2010—2020年）》是由国家中长期教育改革和发展规划纲要工作小组办公室制定和发布。此时，民办教育分类管理已经引起了决策者的关注。在经过上海、浙江、深圳以及吉林华侨外国语学院等试点后，2015年1月7日召开的国务院常务会议提出了《高等教育法》《教育法》以及《民办教育促进法》

---

① 胡卫. 修法促进民办教育深层变革［J］. 民主，2016（5）：30.
② 吴华，章露红. 对民办学校分类管理"国家方案"的政策风险分析［J］. 中国高教研究，2015（11）：19.
③ 赵应生，钟秉林，洪煜. 积极稳妥地推进民办教育分类管理——我国民办高等教育改革与发展探析（三）［J］. 中国高等教育，2011（10）：22.

等三部法律一揽子修正案（草案）。三部法律一揽子修正，政策意图在于"允许兴办营利性民办学校"和"明确对民办教育实行分类管理"。① 2016年4月19日，中央全面深化改革领导小组召开了第二十三次会议。会议通过了《民办学校分类登记实施细则》《营利性民办学校监督管理实施细则》等政策文本，建立非营利性民办学校和营利性民办学校分类登记、分类管理制度。② 至此，民办高等教育分类管理制度得到了国家最高决策层的肯定，分类管理理念上升为规范民办高等教育发展的主导理念。

（三）民办高等教育理念嵌入制度及其理念的制度化

斯科特认为制度化既是一种属性或状态变量，又是一种过程。也就是说，制度化既可以理解为一种历史性过程，也可以理解为一种为达到某种确定的状态或属性的一整套社会安排。当制度逐渐实现社会再生产时，会把自身的存在归因于某种相对自我激励的社会过程。③ 如果说斯科特的制度化定义比较晦涩的话，杰普逊的界定则比较容易理解，他认为制度是一种社会规则和社会模式，制度化则是这些社会规则和社会模式形成的过程。④ 可见，制度化是制度的种种行为模式在历史过程中延续下来且逐步具体化，以此对社会行为体的行为产生持续的稳定的影响。理念的合法化和理念的主导化不是目的，其根本目的是嵌入制度，进而长久地稳定地影响公共政策。那么，理念是如何嵌入制度且持续稳定的影响公共政策的呢？

其一，理念通过社会行为体产生，经由社会行为体的行动引发制度渐进性演进。"物以类聚，人以群分。"类别相同的事物常常聚在一起，志同道合的人常常结成一个群体。萨巴蒂尔所讨论的倡议联盟亦认为具有同样政策理念的人易于结成政策共同体，不同的政策共同体相互之间通过理念博弈以使其理念成为主导理念，进而影响公共政策。从民办高等教育的发展历程来看，20世纪90年代初，邓小平南方谈话对解放思想、深化改革起到了关键的推动作用，破解了人们对民办高等教育的各种顾虑。国家对民办教育的支持越来越明朗，民办高等教育不断发展壮大（见表3-3）。民办高等教育的发展壮大

---

① 李克强. 李克强主持召开国务院常务会议（2015年1月7日）[EB/OL]. 中华人民共和国政府网，(2015-1-7)[2020-1-3]. http://www.gov.cn/guowuyuan/2015-01/07/content_2801882.htm.

② 杨丽娜，常雪梅. 习近平主持召开中央全面深化改革领导小组第二十三次会议[EB/OL]. 人民网，(2016-4-19)[2020-1-3]. http://cpc.people.com.cn/n1/2016/0419/c64094-28285555.html.

③ [美] W. 理查德·斯科特，等. 制度与组织：思想观念与物质利益[M]. 姚伟，王黎芳，译. 北京：中国人民大学出版社，2010：129-130.

④ 江必新，王红霞. 国家治理现代化与制度建构[M]. 北京：中国法制出版社，2016：130.

在三个方面产生影响：首先，从民办教育自身看，随着民办高等教育的发展壮大，基于营利性与非营利性理念的不同认知，有些民办高等教育的举办者会选择利益最大化，按照市场逻辑经营民办高校，注重办学收益；有些民办高等教育举办者基于社会公共利益的目的，把民办高校办成非营利组织，既不要求合理回报，也不要求产权，而注重办学质量和社会效益。办学理念的不同，导致两种不同的办学行为，不同的办学行为则需要不同的管理制度。其次，从行业组织看，民办高等教育的发展壮大促使民办教育行业协会的产生，行业协会有自身的目的和利益，其行为方式会对民办高等教育管理制度产生影响。最后，从社会公众看，社会公众是公共政策的服务对象，民办高等教育的发展壮大会对社会公众的认知产生影响。公众对民办高等教育的态度，决定了政府对民办高等教育的管理方式。

表 3-3 1993—2018 年全国民办教育发展状况　　　　　单位：所

年份	高校总数	民办普通高校
1993	813	13
1994	896	16
1995	1227	18
1996	1130	21
1997	1115	20
1998	1222	22
1999	1277	37
2000	1325	43
2001	1415	124
2002	1335	133
2003	1552	175
2004	1731	228
2005	1792	252
2006	1867	278
2007	1908	297
2008	2263	640
2009	2305	658
2010	2358	676
2011	2409	698
2012	2442	707

续表

年份	高校总数	民办普通高校
2013	2491	718
2014	2529	728
2015	2560	734
2016	2596	742
2017	2631	747
2018	2663	750

资料来源：根据历年《全国教育事业发展统计公报》和《中国教育年鉴》，笔者自制。

从民办教育的行业协会看。如1995年成立了中国成人教育协会民办高等教育委员会，其宗旨是"遵照国家有关政策、法律……为提高民办高等教育质量，促进民办高等教育事业的健康发展做贡献"。① 2008年5月中国民办教育协会成立，它是一个经政府批准依法成立的，由全国各级民办教育机构和教育工作者自愿结成的行业性、全国性的非营利性社会组织。② 在此基础上，各省也纷纷成立民办教育协会。从民办教育的行业协会看，它们通过自办或者与政府联办有关民办高等教育的交流会、研讨会，宣传其理念，以达到影响政策的目的。这些交流会、研讨会带有明显的时代印记，在《民办教育促进法》立法之前，如1995年10月召开的"亚太地区私立高等教育国际研讨会"，关注的是私立高等教育立法问题、财政问题等；1999年4月召开的"全国民办大学校长研讨会"，关注的是民办教育的双重属性问题（公益属性与产业属性）、营利性问题、产权问题、股份制办学问题等。③ 这次会议邀请了教育部教育发展中心、全国民办高等教育委员会等单位，相关理念通过教育部教育发展中心、全国民办高等教育委员会等，很容易进入决策者的视野。此外，这一阶段还在2001年5月召开了"民办高等教育学术研讨会"、2002年6月召开了"中国民办教育高层论坛"等。在《民办教育促进法》立法之后，2003年11月召开了"民办学校思想研讨会"，研讨会认为"发展民办教育要有独特的办学理念，要肯于投资，不断发展壮大"；2004年12月召开了"中国民办教育社会贡献与发展政策高级论坛"，其主题是中国民办教育的社会贡献与制度创新；2008年11月召开了"中国改革开放30周年与民办职业教育发展高峰论坛"，提出在新形势下要"加强民办职业教育的内涵建设，不

---

① 金忠明. 中国民办教育史 [M]. 北京：中国社会科学出版社，2003：252.
② 胡大白. 中国民办教育通史（当代卷）[M]. 北京：社会科学文献出版社，2019：480.
③ 柯佑祥. 全国民办大学校长研讨会综述 [J]. 湖北函授大学学报，1999（2）：22.

断提高质量";2008 年 11 月召开了"改革开放 30 年中国民办教育纪念论坛",与会专家讨论了中国的崛起与民办教育、公共财政视野下民办教育存在的客观必然性等问题;2009 年 2 月召开了"全国优质民办高校建设研讨会",会议讨论并通过了"强化社会责任,加强内涵建设"的倡议书,同年 5 月召开的"民办高校办学经验交流会",主题也是"民办高校管理与内涵式发展";2011 年 11 月在昆明召开了"中国民办教育发展大会",会议希望民办高等教育"转变办学理念,创新人才培养模式;转变发展方式,实现内涵式发展、特色发展";2013 年 12 月召开了"中国民办教育发展大会",会议主题是"深化改革,完善政策,狠抓质量";2014 年召开了"中国民办教育发展大会暨协会年会",主题是"与时俱进,改革创新,办高水平民办学校"。通过上述分析可以看出,《民办教育促进法》出台之前,相关会议关注的往往是立法问题、产权问题、营利性与非营利性问题;《民办教育促进法》出台之后,会议主题开始转向投资办学、制度创新以及民办高等教育的社会贡献等。2010 年左右,会议主题开始聚焦于民办高等教育内涵式发展。

其二,一旦某一种理念被决策者认同成为主导理念之后,决策者便会运用其拥有的资源将理念嵌入制度,实现理念的制度化。从教育的产业化理念看,1999 年召开的第三次全国教育工作会议是其上升为主导理念的关键节点。随后教育部下发通知,要求教育系统学习会议精神,国家统计局每年也把教育当作产业来统计。同时,教育产业化的潜在获益者亦通过相应渠道对产业化的功能进行"扩大化"宣传。一时间,教育产业被认为是一个可持续发展的"朝阳产业"。教育产业化理念很快嵌入了制度,实现了制度化。2002 年 12 月 28 日通过的《民办教育促进法》,第五十一条规定:民办学校预留发展基金、扣除办学成本和提取国家规定的其他费用后,可以从结余中获取办学的合理回报。"合理回报"即是一种允许举办者营利的理念,这种理念通过立法的形式予以认定,其后《民办教育促进法实施条例》对"合理回报"的规则进行了细化,"合理回报"很快实现了制度化。"分类管理"上升为主导理念亦是此种逻辑,首先是《国家中长期教育改革和发展规划纲要(2010—2020 年)》规定进行试点,2015 年 1 月国务院常务会议通过了《高等教育法》《教育法》以及《民办教育促进法》三部法律一揽子修正案(草案)决议,决定提请全国人大常委会审议,明确对民办高等教育实施分类管理改革;其后,2016 年 4 月 19 日召开的中央深改组第二十三次会议审议通过了《民办学校分类登记实施细则》与《营利性民办学校监督管理实施细则》等文件,确立了非营利性和营利性民办学校分类登记、分类管理制度。2016 年修订的

《民办教育促进法》第十九条规定"民办学校的举办者可以自主选择设立非营利性或者营利性民办学校"。为了督促民办教育分类管理改革实施，2018年教育部办公厅对分类管理改革地方政府配套文件制定工作进展情况进行了通报，不点名地批评了未制定配套文件的省份；同时，全国人大、全国政协亦有相应的立法、执法调研机制。通过这些活动，非营利性与营利性分类管理实现了制度化。

三、理念变迁与民办高等教育政策创新

前文分析了理念的来源以及理念影响政策的途径，为解释理念影响政策变迁提供了一个整体框架，但是并没有解释清楚理念所引致的"不得以营利为目的""合理回报"以及"非营利性与营利性分类管理"民办高等教育政策变迁的阶段性特征。这里还缺乏一个理念影响政策变迁的衡量标准——政策范式。正如柳彦博士所言，理念不一定总能体现在公共政策中，并不是每一项公共政策都能找到对应的理念，连接理念与政策变迁的是政策范式，① 衡量政策范式变化的两个核心变量是政策目标与政策工具。

（一）理念影响政策创新的衡量标准：政策范式

"范式"是哲学中的一个概念，是认识事物的例证、模型、模式、理论、假定等，其功能是从某个角度化繁为简，从现实世界到理论世界，进而建构一种新的理论体系。彼得·豪尔借鉴了这一概念，并于1993年将这一概念应用到公共政策研究领域。他分析了英国20世纪70年代宏观经济政策的变化，认为公共政策的制定者习惯于在一个由多种标准和观点构成的政策框架体系中思考公共政策问题，这个政策框架体系既包含了解决公共政策问题的政策目标以及达到政策目标的政策工具，也包含了被关注政策问题本身的特质与特征。② 这一政策框架被彼得·豪尔称为政策范式。坎贝尔对彼得·豪尔的政策范式思想进行了进一步解析，认为政策范式本身就是一套思想和标准体系，这套思想和标准体系规定了以下三个问题：一是公共政策制定者所认可的适当的政策实施操作手段，这些操作手段包括货币政策和财经政策等；二是操作手段的具体方式与精确度，也即政策工具水平，包括更低或者更高的利息

---

① 柳彦. 观念、利益和制度：国内政治与中国对外经济政策[M]. 北京：中央编译出版社，2017：72.

② Peter A Hall. Policy Paradigms, social learning, and the state: The case of economic policymaking in Britain[J]. Comparative Politics, 25(3)：283.

税等；三是政策目标本身，公共政策制定者认为政策目标而非其他是最重要的，比如对抗通货膨胀或者最小失业率等。[①] 可见，无论彼得·豪尔还是坎贝尔都强调了政策目标和政策工具，它们构成了政策范式。不同阶段的政策问题对应着不同的政策目标，而不同阶段的政策理念决定了政策目标以及政策工具的选择。

从"不得以营利为目的"，到"合理回报"，再到"非营利性与营利性分类管理"是民办高等教育政策变迁的三个阶段，三个阶段可视为是民办高等教育政策的三种范式。因为在这三个阶段表现出了三种不同的政策理念，不同的政策理念亦导致不同的政策目标与选择不同的政策工具（见表3-4）。这一分析有助于我们发现理念引领下的政策变迁以及理念与民办高等教育分类管理政策的关系。

表3-4 不同阶段的政策理念、政策目标与政策工具

时间	1982—2002年	2002—2010年	2010—2021年
政策理念	公有制、市场化理念并存	市场化的理念	回归教育的理念
政策目标	弥补不足	快速发展	内涵式发展
政策工具	限制与管控性工具	鼓励与扶持性工具	规范与引导性工具

资料来源：笔者自制。

（二）政策目标：弥补不足、快速发展抑或内涵式发展

政策目标是公共政策制定与执行所欲达到的目的与要求，体现的是决策主体行为的根本价值，决定着政策效果。政策目标的设定取决于决策者对公共问题的认知和公共价值的选择。从民办高等教育40年的发展历程来看，其政策目标先后定位于弥补公办高等教育的不足、通过市场化手段快速发展以及基于质量提升的内涵式发展。

1. 1982—2002年的政策目标：弥补不足

1977年秋，中国恢复高考制度，当年高考人数570万人，录取27.3万人，录取率4.74%；1978年参加高考人数610万人，录取40.2万人，录取率6.59%；1979年468.5万人参加高考，录取28.4万人，录取率6.06%。可见，这一时期的高考录取率很低，而大众接受高等教育的愿望异常强烈，供需之间产生了明显的矛盾。与此同时，大批上山下乡的回城青年迫切希望接

---

① [美]保约翰·L.坎贝尔. 制度变迁与全球化[M]. 姚伟征，译. 上海：上海人民出版社，2010：48.

受高等教育，获取工作机会。供需矛盾的加剧，迫使国家改变高等教育政府一元化办学的局面。1978年第五届全国人民代表大会第一次会议提出，需要建立适当的考核制度，业余学习的学生经过考核，能够证明达到高校毕业生水平的，就应该在用人上同等对待。① 1982年五届全国人大五次会议提出，国家一定要用足够的力量办教育，同时也要发动各种社会力量，依靠广大人民群众与采取多种形式举办教育事业。② 1982年《宪法》颁布之后，出现了大量的民办学校。文华调查了此时北京的民办学校情况，大致分为四类：一是文化补习类，包括高考补习、电大、自学高考辅导等；二是职业技术教育类，包括财会、缝纫、针灸、幼师、打字等；三是艺术类，包括书法、绘画、摄影、美工、京剧、声乐、朗诵等；四是大专类，当时仅有"燕京高等外语专科学校"一所。③ 这一时期的民办高等教育顺应市场需求而产生，其表现形式多为文化补习班、职业辅导班等，算不上传统意义上的高等教育，只能说是国家高等教育的一种补充。与此同时，这一时期为了满足公众多渠道获取高等教育的机会，国家逐步建立了自学考试制度。在国家允许自学考试"社会助学"的前提下，民办高等教育以社会助学机构的形式得以快速发展。但在发展的过程中频频出现"违规"事件，比如擅自颁发国家承认的学历文凭、乱登招生广告、违规招生、非法牟利等，国家不得不收紧相关政策，尤其是学历文凭政策。在民办高等教育无法授予国家承认的正规学历文凭的情况下，民办高等教育只能作为一种"补充"，弥补公办高等教育的不足。这一时期相关法律法规以及领导人讲话也体现出发展民办高等教育是为了弥补国家办学能力的不足。比如国家教委1987年制定的《关于社会力量办学的若干暂行规定》第三条规定社会力量办学是"国家办学的补充"。1988年国家教委印发的《关于社会力量办学几个问题的通知》，同样重申了"社会力量办学是国家办学的补充"。1999年6月召开了第三次全国教育工作会议，江泽民同志在这次会议上指出：可以动员社会的力量办一点民办高校，作为现有高校的补充。④ 诚如柯卫、刘铁所言，在国家意识中此时的民办高校要扬长避短，服务、服从于经济建设这个中心任务，办社会之所需之所急的民办高等教育，

---

① 张瑞. 中国民办高等教育政策的利益分析 [M]. 北京：法律出版社，2010：68.
② 张瑞. 中国民办高等教育政策的利益分析 [M]. 北京：法律出版社，2010：69.
③ 文华. 民办学校是智力开发的一种好形式——北京市民办学校情况调查 [J]. 前线，1983 (10)：33.
④ 胡大白. 中国民办教育通史（当代卷）[M]. 北京：法律出版社，2019：151.

以举办助学性质和职业技术类的高等教育为主。① 此时的民办高等教育在高等教育事业中发挥的是"弥补不足"的作用。

2. 2002—2010 年的政策目标：快速发展

1995 年 5 月，江泽民同志在全国科学技术大会上提出了实施科教兴国的战略，认为科学技术和教育是国家振兴的手段和基础。实施科教兴国，就需要大力发展教育，因为教育有利于社会进步与民族振兴，有利于提高公民素养和促进人的全面发展。同年 9 月召开的中共十四届五中全会在"九五"计划和 2010 年国家远景目标建议中，把实施科教兴国作为"今后十五年至 21 世纪加速社会主义现代化建设的重要方针之一"。八届人大四次会议更是将科教兴国作为中国发展的"基本国策"。实施科教兴国离不开教育，更离不开高等教育。从《中国教育统计年鉴》的统计数据看，1995 年高等教育的毛入学率为 6.86%，1996 年的毛入学率为 8.03%，1997 年的毛入学率为 8.84%，1998 年的毛入学率为 9.76%，与发达国家相比还存在很大差距。中国的现实情况是"穷国办大教育"，国家的高等教育投入远远满足不了公众接受高等教育的需求，这就需要通过发展民办高等教育来缓解高等教育的供需矛盾问题。此时（1995—1998 年）的高等教育投入占 GDP 的比重分别为 2.41%、2.46%、2.49%、2.59%，国家投入的不足使得公办学校很难有能力接纳更多的大学生。这样一来，一部分扩招的学生就需要进入民办大学就读，国家在政策上必然鼓励民办高等教育快速发展。2002 年 11 月召开党的十六大，提出了要"鼓励社会力量办学"。2002 年颁布的《民办教育促进法》第一条就指出了该法的立法目的："实施科教兴国战略，促进民办教育事业的健康发展"。2007 年 10 月召开的党的十七大指出要"优先发展教育、建设人力资源强国"以及"鼓励和规范社会力量兴办教育"等。2010 年 4 月教育部发布的《教育部关于转发〈重庆市人民政府关于促进民办教育发展的意见〉的通知》指出，国家对民办教育实行积极鼓励、大力支持、正确引导和依法管理的方针。可以看出，这一阶段的政策目标是鼓励民办高等教育快速发展。

3. 2010—2021 年的政策目标：内涵式发展

2002 年颁布的《民办教育促进法》允许民办高等教育举办者获取"合理回报"，在一定程度上鼓励了社会资本投资办学，民办高等教育得到了快速发展。据《全国教育事业发展统计公报》，2003 年全国有民办高校 175 所，民

---

① 柯卫，刘铁．我国民办高等教育的规范化管理研究［M］．北京：法律出版社，2010：126．

办高校占全国高校总数的8.29%，2007年全国有民办高校297所，民办高校占全国高校总数的12.8%，2010年全国有民办高校676所，民办高校占全国高校总数的24.83%。① 可见，民办高等学校的数目逐年增加，占全国高校总数的比例也逐年上升。民办高等教育的快速发展，一方面扩大了我国高等教育服务的供给量，增加了社会公众接受高等教育的机会；另一方面投资办学引发民办高等教育偏离高等教育逻辑，外延式发展明显，内涵发展不足。外延式发展表现为：一是发展战略的扩张化。短期内办成"万人大学"，有的民办高校多达三四万人，学生规模的急速扩张必然会稀释人均教育资源，从而对民办高等教育质量产生了很大的冲击。民办高校为了招收更多的学生，进行虚假宣传、乱发通知书②，这些行为扰乱了正常的招生秩序，导致"劣币驱逐良币"。二是发展目标趋同化。主要是办学层次定位、办学规模定位、服务面向定位、学科专业定位、人才培养目标定位以及人才培养模式定位趋同，造成民办高校缺乏个性与特殊性，进而致使民办高等教育缺乏竞争力。为了解决这些问题，决策者的理念开始向教育理念回归，此时民办高等教育的政策导向从速度与规模转向质量与内涵。内涵式发展成为这一时期民办高等教育的政策目标。《国家中长期教育改革和发展规划纲要（2010—2020年）》在其"指导思想"中就提到了"优化结构，调整布局，提升内涵，促进教育全面协调可持续发展"的要求；在其"工作方针"中指出，教育要"优先发展，育人为本……提高质量"；在其第十八条、第十九条、第四十三条中多次提出要"全面提高高等教育质量""提高人才培养质量""支持民办教育创新体制和人才培养模式，提高办学质量，创办一批高水平民办学校"等。《教育部关于鼓励和引导民间资金进入教育领域促进民办教育健康发展的实施意见》也对学校的发展质量提出了要求，指出要"积极支持有特色、高水平、高质量民办高校发展"。2012年教育部印发的《国家教育事业发展第十二个五年规划》指出"推进高等教育有特色、高水平发展……走以质量提升为核心的内涵式发展之路"。国务院在2016年制定的《国务院关于鼓励社会力量兴办教育促进民办教育健康发展的若干意见》同样指出：要"以实行分类管理为突破口，创新体制机制，完善扶持政策，加强规范管理，提高办学质量……促进民办教育持续健康发展"。2012年召开的党的十八大要求"推动高等教育内涵式发展……建设学习型社会"。2017年新的《民办教育促进法》及其

---

① 数据来自教育部2004年、2008年、2011年《全国教育事业发展统计公报》。
② 柯佑祥. 民办高校定位、特色与发展研究 [M]. 北京：法律出版社，2013：169-170.

配套法规正式实施，民办教育进入分类管理新阶段。① 分类管理政策将给予非营利民办高等教育财政补贴、捐资奖励、基金奖励等更多优惠，政府引导民办高等教育办学者选择非营利办学，政策目标亦是实现民办高等教育的"内涵式发展"。

（三）政策工具：限制与管控、鼓励与扶持抑或规范与引导

豪利特和拉米什将政策工具界定为"政府赖以执行政策的手段，是政府在贯彻部署公共政策时使用的方法和手段"。② 他们根据政策的强制性程度，将政策工具划分为强制性工具、混合性工具以及自愿性工具。政策工具的选择受多种因素影响，比如政策目标、外部因素、意识形态等。基于这些影响，在民办高等教育非营利性与营利性政策演进的不同阶段，政策工具的选择亦有很大的差别，政府先后使用了限制与管控、鼓励与扶持抑或规范与引导等不同的政策工具。这里需要说明一点，政府在某一时期为了实现某一政策目标往往是多种政策工具混合使用，只不过是某一种政策工具处于主导地位而已。

1. 限制与管控性政策工具：1982—2002 年

20 世纪 80 年代初，中国民办高等教育开始得以恢复和发展。这一时期国家将民办高等教育定位于"弥补国家办学的不足"，这一定位决定了民办高等教育不能与公办高等教育并驾齐驱，平等发展。在政策工具的选择上以限制与管控工具为主。首先，对民办高等教育办学层次与类型的限制与管控，以岗位培训与职业培训为主、以非学历教育为主、以专科层次为主以及以职业教育为主等。比如在此阶段发布的《关于社会力量办学的若干暂行规定》规定，社会力量办学"应主要开展各类岗位培训、短期职业技术教育……自学考试辅导班、继续教育进修班"，"社会力量办学未取得颁发国家承认学历资格的学校，不得颁发毕业证书。学生学业结束，可由学校发给结业证书"等。其次，对民办高等教育办学行为的限制与管控。强调国家教育行政部门在宏观管理、统筹规划与综合协调等方面的职能，强调教育行政部门运用行政手段对民办高等教育实际运行过程的管理与控制，民办高校的招生计划、课程设置、收费标准等都要经过教育行政部门的审批才能执行。最后，对民办高等教育办学目的的限制与管控。这一时期国家强调民办高等教育沿着社会主

---

① 阙明坤. 民办学校发展步入新时代 [J]. 教育，2018（1）：1.
② ［美］豪利特·M.，拉米什·M. 公共政策研究：政策循环与政策子系统 [M]. 庞诗，等，译. 北京：生活·读书·新知三联书店，2006：141.

义方向发展,引导民办高校按照社会主义办学方针办学,要求民办高等教育机构"不得以营利为目的",强调民办高等教育的公益性与公共性。这一时期国家颁布的《教育法》《社会力量办学条例》以及《高等教育法》等法律法规都有"不得以营利为目的"的规定。政府在这一时期之所以选择"限制与管控"的政策工具,要求民办高等教育"不得以营利为目的"的一个合理的解释,就是理念所引致的强制性同形。诺斯在研究制度演化模型时引入了人的精神需求的变量因素,认为制度变迁的一个重要原因是人的偏好的变化。格雷斯认为特殊的文化信念对制度框架的形成与演进具有决定性作用。① 新中国成立后,1952 年进行了院系调整。在这一过程中,私立高校全部转变为公立高校,直至改革开放时期,中国不存在民办高等教育。在公立高等教育一统天下的局面下,形成了高等教育国家所有制理念,高等教育是不允许营利的,国家举办的高校才是"善的""好的",营利的高校则是"恶的""坏的",这种教育观深入人心。为了获取公共政策的合法性,必然有一套"不得以营利为目的的"制度设计;民办高等教育为了获取合法性,必然要遵从公众非营利性理念的期待,民办高校与公办高校的"趋同化",② 是对这一问题的合理解释,即民办院校为了获取合法性,在办学理念、学生管理与培养方式、组织结构与组织行为方式等方面日益与公办院校趋同,公办高等教育的非营利性也必然要求民办高等教育"不得以营利为目的"。

2. 鼓励与扶持性政策工具:2002—2010 年

从民办教育政策的变迁历程来看,经济所有制形式影响着高等教育所有制形式,经济体制的变革影响着高等教育体制的变革。③ 计划经济体制向市场经济体制的转轨极大地促进了社会经济的发展,也引发了决策者对高等教育的再认识。既然市场经济的结构可以多元化,那么高等教育的所有制结构也应该顺应市场经济结构的变化,实行多元化,这种理念推动着民办高等教育政策理念的变革。市场化理念、产业化理念是这一时期的主导理念。在 20 世纪 90 年代末期,中国面临的是高等教育供给不足和国内经济需求不足的问题,而发展民办高等教育不但有利于缓解国家高等教育经费负担和供给不足的问题,而且可以扩大内需和促进经济发展。因此,这一阶段的政策工具以

---

① 曹正汉. 观念如何塑造制度 [M]. 上海:上海人民出版社,2005:9.
② 孙霄兵. 中国民办教育组织与制度研究 [M]. 北京:中国青年出版社,2003:112.
③ 孙泂睿. 民办高等教育的国家政策姿态:计划、市场与分化 [J]. 浙江树人大学学报,2012(4):628.

鼓励和扶持性政策工具为主。党的十六大报告对民办高等教育的态度是"鼓励社会力量办学",给这一时期民办教育政策定了基调。《民办教育促进法》的立法目的,亦是为了促进民办教育事业健康发展和维护民办学校和受教育者的合法权益。《民办教育促进法》辟专章规定了对民办高等教育的"扶持与奖励"政策,比如"县级以上人民政府可设立专项资金……奖励与表彰有突出贡献的集体和个人""县级以上人民政府可采取经费资助、转让出租国有资产等对民办教育予以扶持""民办教育按照国家有关法律规定……可接受公民法人或其他组织的捐赠""国家鼓励金融部门使用信贷手段支持民办教育事业""新建或扩建民办学校,人民政府应该依照公益性事业用地有关规定,给予优惠""民办教育享受国家规定的税收优惠"以及"民办学校在扣除办学成本、预留发展基金……出资人可以从办学结余中获取合理回报"。给予民办高等教育举办者"合理回报"是这一阶段政策工具的一个亮点,其本质是允许举办者获取"合理利润",而利润是投资学上的一个概念,即投资所获得的经济效益。允许获得"合理回报",就是在政策上鼓励投资办学。这一阶段大量社会资本涌入高等教育领域,民办高等教育快速发展,各地举办了大量民办高校,比如宁波大红鹰学院、北京吉利大学、湖南涉外经济学院、大连东软信息学院、安徽新华学院等。这类民办高等学校具有投资办学的特征,它们按照市场逻辑经营学校,导致价值取向的功利化、战略发展上的扩张化、发展目标的趋同化、学校管理的家族化以及学校文化的庸俗化等问题。[①] 这些问题反映了民办高等教育发展偏离了教育逻辑,决策者必然要对其进行规范与引导,使民办高等教育回归教育逻辑。

3. 规范与引导性政策工具:2010—2021年

20世纪末,民办高等教育政策在产业化理念和市场化理念主导下,为了达到民办高等教育快速发展的目的,决策者采用了市场化为导向的鼓励与扶持型的政策工具。这种政策工具主张运用市场手段促进民办高等教育发展,其具体做法是允许民办高等教育举办者获取"合理回报",即允许举办者获取办学收益。这一政策工具带来的效果是:一方面民办高等教育事业"取得了举世瞩目的成绩";另一方面民办高等教育按照市场逻辑经营,致使民办高等教育"教育公益价值观的消解""缺失诚信,虚假招生宣传普遍""资源投入

---

① 潘留仙,陈文联.我国民办高等教育发展过程中的非教育性倾向探析[J].中国高教研究,2017(5):88.

严重不足，教学质量名不副实"。① "合理回报"政策设计下的民办高等教育，其发展背离了大学的存在逻辑、偏离高等教育发展规律、弱化大学责任使命，制约了民办高等教育的持续健康发展。民办高等教育的这种"非教育性"行为，有悖于科教兴国和人力资源强国战略的实施。因此，这一时期决策者的政策理念由市场化理念逐渐向教育理念回归，由关注民办高等教育的发展速度转向关注民办高等教育的发展质量。十八大报告指出，要"坚持教育优先发展……着力提高教育质量……推动高等教育内涵式发展"。这就需要对民办高等教育举办者的办学行为进行规范和引导。这一时期的政策工具必然是一种规范和引导型的政策工具，民办高等教育的分类管理政策是其集中体现。分类管理是将民办高等教育分为非营利性和营利性两类，并分别采取不同的管理办法。分类管理实施后，选择非营利性的民办高校具有非营利组织的性质，享受类似于公办高校的待遇；选择营利性的民办高校类似于企业组织，依据市场法则进行经营管理。决策者为了引导民办高等教育举办者选择非营利性办学，给予非营利民办高等教育财政补贴、捐资奖励、基金奖励、土地使用、税收减免等方面更多优惠。同时，决策者为了规范民办高等教育的办学行为，在这一时期制定了《营利性民办学校监督管理实施细则》《民办学校分类登记实施细则》以及《关于加强民办学校党的建设工作的意见》等政策法规。

---

① 潘留仙，陈文联.论民办高校社会责任推进中的政府作为[J].中国高教研究，2015（5）：88-89.

第四章
利益与民办高等教育政策变迁

社会系统中存在各种行为体，这些社会行为体由于利益的差异，有着不同的政策偏好，不同的政策偏好又表现为不同的政策诉求。本章主要论述中国民办高等教育政策场域中社会行为体及其政策偏好。不同的社会行为体具有不同的利益诉求和政策偏好，具有相同利益诉求和政策偏好的社会行为体倾向于利用自身的要素禀赋优势，引起决策者的关注，进而获得决策者政策上的支持。社会联盟理论中的部门分化模式和要素禀赋模式，为我们分析民办高等教育政策场域中的社会行为体的分化和要素禀赋行为提供了一个很好的分析工具。本章借助社会联盟理论中的部门分化和要素禀赋理论为分析工具，从社会行为体的结构层面分析民办高等教育场域中不同社会行为体的分化和利益诉求，以此分析决策者为什么在某一时期支持某一部分社会行为体，而不支持另一部分社会行为体，其背后表现的便是民办高等教育非营利性与营利性政策变迁。在一个政策场域中，社会行为体并不是固定不变的。随着外部环境和社会行为体自身结构的变化，民办高等教育政策场域中的社会行为体围绕着自身利益进行不断的分化和重构。本章分为四部分，第一部分主要论述社会联盟理论的部门分化和要素禀赋模式，为分析社会行为体的分化和结构变化提供理论支撑；第二至第四部分从动态视角分析 20 世纪 80 年代初至 2021 年民办高等教育政策场域中社会行为体格局的变化情况，随着社会行为体格局变化，民办高等教育政策亦发生变迁。这里所指的社会行为体是一种松散的社会联合体，这些联合体有共同的利益诉求，在某种程度上具有结成联盟的可能性。

一、社会联盟理论：部门分化与要素禀赋

"社会联盟"作为一个学术概念，主要源自国际政治学和比较政治经济学对于国内社会力量在政府制定和选择对外经济政策过程中所扮演角色的研究。彼得·古勒维奇将社会联盟定义为：在政府制定对外经济政策过程中具有相

同和相似政策倾向和利益诉求并试图影响政策过程的社会行为体的结合。20世纪70年代末以来，随着国际政治学与比较政治经济学的不断融合，相关学者开始运用社会联盟理论解释一国对外经济政策制定过程中社会行为体的地位和作用，及对国内政治制度的重要影响，进而建构了国家对外经济政策的"政治—社会学"分析框架。对外经济政策的社会学分析框架，主要从社会层面解释一国的对外经济政策选择，所关注的是社会行为体在政策场域中的地位和社会行为体的政策偏好，以及这些社会行为体与其他社会行为体合作与冲突的潜在基础。① 这一分析框架与利益集团分析框架既有区别，又有相似之处，相似之处是二者都强调基于利益的社会压力与政策选择的关系；区别表现为利益集团强调诸如工人、资本家等社会集合体在政策过程中的作用，社会联盟理论则细化到政策场域中社会某一部门及部门的细分，且关注细分后的社会行为体的结构特征。

（一）行业分化模式

社会联盟理论的一个显著特征是对社会的分解。由于不同的研究者对对外经济政策采用不同的分析模型，使得社会联盟理论出现了内部分化。这种分化表现为两种倾向：以行业为中心的研究和以要素禀赋为中心的研究。以行业为中心的社会联盟研究的代表人物是彼得·古勒维奇和海伦·米尔纳。彼得·古勒维奇在其《艰难时世下的政治：五国应对世界经济危机的政策比较》一书中以部门为基础划分社会联盟。他在研究1879—1896年的经济危机时发现，每当经济危机来临时，国家会对经济政策进行一系列调整，不同的国家所采取的策略各不相同，可以简单解释为"新的经济环境对每一个国家的工业、农业以及劳工等联盟的影响方式不同"。② 从德国来看，工业集团中的钢铁制造业和农业集团中的容克地主组成了"钢—麦"联盟，主张提高关税，进行贸易保护，反对贸易自由化。这一联盟在最后的政治斗争中击败了主张贸易自由的社会联盟。同时期的英国由于国内的工业、商业、金融业等行业建立了自由贸易联盟，获得了政策制定的主导权，进而推行了自由贸易政策。按照行业划分的社会行为体之间的差异不仅表现在行业上，而且行业内部不同行为体亦表现出差异性。古勒维奇以农业为例，认为由于政治立场

---

① ［美］彼得·古勒维奇. 艰难时世下的政治：五国应对世界经济危机的政策比较［M］. 于扬杰，译. 长春：吉林出版集团有限公司，2009：54.
② ［美］彼得·古勒维奇. 艰难时世下的政治：五国应对世界经济危机的政策比较［M］. 于扬杰，译. 长春：吉林出版集团有限公司，2009：10.

的差异，农业行为体一分为二，一部分是地主集团，另一部分是农民集团。地主集团反对自由贸易，农民集团则支持自由贸易。在美国则刚好相反，前者支持自由贸易，后者反对自由贸易，甚至跨行业的政策联盟也是存在的。海伦·米尔纳对彼得·古勒维奇的这一观点给予了进一步完善。米尔纳通过分析跨国公司的贸易政策认为行业的政治诉求是政策研究的独立变量，由于同一行业内社会行为体的国际化程度不同，行业内部的行为体表现出不同的政策偏好。出口导向型企业要比国内导向的企业更加开放，导致出口导向型企业支持自由贸易，国内导向企业则寻求国内保护。这一研究发现行业内部存在利益分化和政策分化的现象。由于企业的开放程度比行业更强，米尔纳以企业为研究对象，其对政策偏好的解释更有说服力。

（二）要素禀赋模式

罗纳德·罗格夫斯基是以要素禀赋为中心的社会联盟研究的代表人物，他在《商业与联盟：贸易如何影响国内政治联盟》一书中分析一国国际贸易如何影响国内政治联盟运用了一个简单明了的分析框架。① 罗格夫斯基采用了传统贸易分析的三要素假设：土地、劳动力和资本，认为如果土地与劳动力的比率高，表示土地充足、劳动力稀缺；土地与劳动力的比率低，表示土地稀缺、劳动力充足。同时将先进国家界定为资本充足国家，将落后国家界定为资本稀缺国家。② 这样就可将国家分为四种情况：先进国家土地充裕但劳动力稀缺、先进国家劳动力充裕但土地稀缺、落后国家土地充裕但劳动力稀缺，以及落后国家土地稀缺但劳动力充裕。随着国际贸易的扩张或者收缩，导致政治的分化，表现为地主（土地要素所有者）、劳工（劳动力要素所有者）、资本（资本要素所有者与使用者）不同的政策立场及其政策诉求，不同的政策立场及其政策诉求进而对一国的国际贸易政策产生影响。罗格夫斯基的要素禀赋模式，为我们细分社会联盟提供了一种有别于行业中心主义的模式。

（三）社会行为体：行业分化和要素禀赋模式的整合

行业分化模式和要素禀赋模式是分析社会联盟的两种不同模式，古勒维奇和米尔纳将社会联盟分解为商业联盟和农业联盟等，并且将其进一步细分。罗格夫斯基则把社会联盟分解为资本要素所有者、土地要素所有者以及劳动

---

① 田野. 对外经济政策的政治学——社会联盟理论解析 [J]. 国际政治科学, 2008（2）: 55.
② [美] 罗纳德·罗格夫斯基. 商业与联盟：贸易如何影响国内政治联盟 [M]. 杨毅, 译. 上海：上海人民出版社, 2012: 45-64.

力要素所有者。公共政策是由具体的人（政治家）制定的，通过对社会联盟的进一步分解，有助于我们厘清不同社会行为体围绕某一政策所产生的利益分化与重组。社会联盟的行业分化模式和要素禀赋模式，为我们研究民办高等教育政策场域中的不同社会行为体提供了很好的分析视角。综观民办高等教育政策场域中的社会行为体，不但可以将其分为政府、民办高校和社会，而且可以将之进一步细分。比如，民办高校可以细分为非营利性民办高校、营利性民办高校、民办教育集团公司、国外投资办学的民办高校等，政策场域中的这些民办高等教育行为体具有不同的利益诉求。但是仅仅从利益诉求来讨论这些社会行为体对政策选择的影响，还不够深刻。这里还需要从要素禀赋的视角来分析这些行为体所具有的资源禀赋，比如全国人大具有最高立法权的要素禀赋，国务院具有最高行政权和行政立法权的要素禀赋，地方政府具有先行先试的要素禀赋，非营利性民办高校具有声誉等方面的要素禀赋，营利性民办高校具有资本和市场化等要素禀赋。要素禀赋在一定程度上代表了某一社会行为体的行动能力，具有不同要素禀赋的社会行为体对政策的影响力不同。将行业分化模式与要素禀赋模式相结合，不仅有助于厘清不同时期的社会行为体格局，而且能够在某种程度上呈现政策选择的逻辑。

　　社会联盟理论认为，社会联盟是政府在制定对外经济政策过程中具有相同或相似利益诉求的社会行动者所结成的联合体。田野指出，社会联盟理论与新古典政治经济学强调联盟的利益的相似性不同，它更关注利益集团的不同利益。[①] 相同或者相似的利益是形成联盟的基础，但是这种结盟的基础并不是稳定不变的，相同或者相似的利益会随着时间的推移而变化。利益相同（相似），联盟形成；利益不同，联盟瓦解。从民办高等教育的发展历程来看，自改革开放到20世纪末，这一阶段是民办高等教育的复苏起步期，获取发展的合法地位成为这一阶段利益争论的核心，围绕着这一核心问题，民办高等教育领域出现了发展社会行为体和管控社会行为体；20世纪初到2010年，这一阶段民办高等教育已获取相应的合法地位，是否可以获取办学收益成为利益争论的核心，围绕着这一核心问题，民办高等教育行为体分化为支持获取办学收益的市场化社会行为体和反对获取办学收益的公益性社会行为体；在"合理回报"政策导向下，民办高等教育普遍营利化，2010年以来，围绕着

---

① 田野. 对外经济政策的政治学——社会联盟理论解析［J］. 国际政治科学, 2008（2）: 55.

这一问题，民办高等教育行为体进一步分化，分化为支持分类管理的规范化发展行为体和对分类管理持消极态度的趋利性发展社会行为体。社会行为体的分化与重组，影响着决策者对民办高等教育政策的选择。

这里有一点需要说明：中国民办高等教育政策场域中的社会行动者，由于结盟的形式不明显且不存在相应的组织结构，用"联盟"一词来描述具有相同利益诉求的社会行动者并不恰当，但是具有相同利益诉求的社会行动者是客观存在的。出于对事实的尊重和研究的方便，这里统一使用"社会行为体"指代那些具有相同或者相似利益诉求的社会行动者。

二、社会行为体格局：1982—2002 年

20 世纪 80 年代初，中国的高等教育供需矛盾尖锐，在改革开放快速推进和市场经济快速发展的大背景下，民办教育复苏，并逐步发展壮大。那些从民办高等教育发展过程中获益的社会行为体，认为发展民办高等教育不仅有利于满足社会需求，还可以从办学过程中获取收益，成为民办高等教育发展的积极支持者，形成了民办高等教育的发展社会行为体；另一部分社会行为体则认为以"逐利"为目的的民办高等教育的发展，扰乱了正常的高等教育秩序，背离了高等教育的"教育属性"，主张对民办高等教育进行严格管控，这些社会行为体形成了民办高等教育的管控社会行为体。两类不同的社会行为体（见表4-1）基于"发展"与"管控"存在着不同的政策诉求。由于中央政府是管控社会行为体的重要支持者，主导了这一时期的民办高等教育政策的制定，民办高等教育政策总体上表现出明显的管控特征。在是否允许民办高等教育营利的问题上，这一时期的民办高等教育政策表现为"不得以营利为目的"。

表 4-1　1982—2002 年的社会行为体格局

社会行为体类型	社会行为体细分	政策主张
发展社会行为体	初创期的"民办高校"、私企办学、海外资本办学、民办教育培训机构、地方政府	减少管控 市场化经营 允许营利
管控社会行为体	社会公众、行业协会、中央政府	不得以营利为目的 坚持公益性 加强管控

资料来源：笔者自制。

（一）民办高等教育的发展社会行为体

民办高等教育的发展进程关系政策场域内社会行为体面临的境遇，进而影响社会行为体的利益与政策偏好。20世纪80年代初，民办高等教育开始复苏并发展，政策场域内的社会行为体随之出现分化。不同的社会行为体围绕着民办高等教育的办学行为、政府管控、营利与否等政策议题展开争论。"民办高校"、私企办学、海外资本办学、民办教育培训机构、地方政府等是民办高等教育发展的获益者，形成民办高等教育的发展行为体。他们主张减少管控、市场化经营、允许营利等，积极鼓励民办高等教育发展，进一步满足其利益需求。

1. 初创期的"民办高校"

1977年中国恢复高考，各类助学辅导班、单科进修班和文化补习班等大量涌现，1982年《宪法》允许社会力量办学，社会上涌现了大量民办高校。著名的有北京海淀走读大学、西安培华女子大学、浙江社会大学、黄河科技学院、福建华南女子职业学院、郑州医药进修学校、西安翻译培训学院、广东白云应用技术学校、杉达大学等。20世纪80年代中期，全国约有170多所民办高等教育机构。1992年邓小平南方谈话以及1993年党的十四届三中全会提出建立社会主义市场经济体制后，高等教育领域引入市场的力量，形塑着中国高等教育的发展历程，同时促进了民办高等教育的快速发展。截至2002年，全国共有普通民办高校133所，占全国普通高校总数的10%，在校生总数31.98万人；其他高等教育机构1202个，在校生140.35万人。这一时期全国高等教育的发展状况见表4-2。

表4-2 1993—2002年全国高等教育发展状况

年份	高校总数/所	普通民办高校/所	普通民办高校在校生总数/万人	其他高等教育机构/所	其他高等教育机构在校生总数/万人
1993	813	13	—	800	—
1994	896	16		880	
1995	1227	18		1209	
1996	1130	21	1.21	1109	108.4
1997	1115	20	1.61	1095	119
1998	1222	22	2.22	1200	—
1999	1277	37	4.02	1240	118.4

续表

年份	高校总数/所	普通民办高校/所	普通民办高校在校生总数/万人	其他高等教育机构/所	其他高等教育机构在校生总数/万人
2000	1325	43	6.83	1282	98.17
2001	1415	124	14.04	1291	128
2002	1335	133	31.98	1202	140.35

资料来源：根据《中国教育年鉴》《全国教育事业发展统计公报》资料，笔者自制。

这一时期的民办高等教育机构多由个人举办，举办者大多具有非常明显的"投资获利动机"和良好的"盈利能力"。[①] 这从中国成人教育协会民办高等教育委员会所做的调查统计报告可以得到印证。1998年4月10日和5月29日，中国成人教育协会民办高等教育委员会先后两次发放《百所民办高校综合调查表》，调查了中国103所民办高等学校的办学情况。调查发现，中国民办高等学校的经费来源主要有两个：一是收取的学费；二是自筹贷款。前者所占的比例为40.8%，后者所占的比例为43.7%，两者合计占比为84.5%。也就是说，中国民办高等教育绝大多数是从零开始，靠学费和自筹贷款一步一步发展起来的。[②] 这些学校经过几年或者十几年的发展，办学规模不断扩大，其中，办学规模超过万人的有3所，5000~10000人的有13所；办学资产积累也达到了相当水平，如西安翻译学院固定资产达到1.8亿元，西安外事培训学院达1.1亿元，广州白云职业培训学院达1.3亿元，湖北函授大学达1亿元，北京海淀走读大学和湖南湘南医学高等专科学院也分别达到9000万元和8000万元。[③] 如果没有很强的盈利能力和获利动机，民办高校很难在这么短的时间内实现资产的快速积累。文东茅认为这一时期民办高等教育的发展特点有两个：其一是通过学杂费营利，这是这一时期民办高校的一个重要经济动机；其二是民办高校的校长主要由举办者决定，并认为学校产权应归举办者私有，其投资与营利应属理所当然。[④] 总体上看，这一时期的民办高等教育大多是在无师资、无校舍、无资金"三无"基础上，通过自筹经费和收取学费滚动发展而来，有着很强的营利动机和盈利能力。快速发展和营利是这一时期大多数民办高校举办者的办学目的。

[①] 李枭鹰. 中国民办高等教育政策法规发展历程及意义 [J]. 教育发展研究, 2007 (12): 64.
[②] 刘培育. 中国民办高等教育的理论与实践 [M]. 北京：大众文艺出版社, 1999: 240-241.
[③] 刘培育. 中国民办高等教育的理论与实践 [M]. 北京：大众文艺出版社, 1999: 242-243.
[④] 文东茅. 论民办教育公益性与可营利性的非矛盾性 [J]. 北京大学教育评论, 2004 (1): 46-47.

2. 私企办学

中国私营企业涉足民办高等教育始于20世纪90年代。20世纪90年代，随着中国改革开放的持续快速发展，出现了大量私营企业以及私营企业集团。当这些私营企业在发展到一定程度、具备一定经济实力后，一些私营企业主看到高等教育行业"有利可图"，开始将视角投向民办高等教育。据中国成人教育协会民办高等教育委员会所做的"百所民办高校调查统计与初步分析"，资金来源为"董事会投资主办"的民办高校仅为5所，所占比率为4.9%。[①] 虽然所占比例很小，但对中国民办高等教育来讲，是一件"意义非常深远的事情"。由于这一时期私企办学比较少，没有相关的统计资料，但是通过私企办学案例可以大致发现私企办学的特征及其趋势。[②]

案例一：吉利集团

吉利集团坐落于浙江省台州市，集团负责人李书福1984年开始创业。从最初生产冰箱零部件的小工厂"北极花"开始，经过李氏三兄弟的不懈努力，发展为生产小轿车的吉利集团。随着集团的不断发展壮大，李书福开始着眼于教育，其初衷是"为本企业和台州地区的私营企业培养实用型技术人才"。1997年3月22日"吉利教育中心"奠基。紧接着"浙江吉利技工学校"以及"浙江吉利中等专业学校"获得浙江省相关部门的批准。同年5月，在吉利工业园建成了可容纳2000人同时上课、就餐，微机室、音乐厅、实验室、篮球场一应俱全的技工学校。这是中国第一所由私人企业建立的技工学校。1998年8月，吉利集团所创立的浙江经济管理专修学院获得浙江省教委批准，开始招收第一批学生。1999年吉利集团挥师北上，在北京昌平区筹办"北京吉利大学"，并很快获得北京市教育行政部门的批准。北京吉利大学投资8亿元，规划占地3000亩。到2000年秋季，建成完工了一期工程10万多平方米的吉利大学校园。2001年5月，吉利大学成为北京市政府首批"民办高等职业学校"之一，当年就可招收2000名国家计划内的高职大学生。

案例二：南洋发展投资集团

南洋发展投资集团始建于1993年，由最初的初等教育逐步扩展到高等教

---

① 刘培育. 中国民办高等教育的理论与实践 [M]. 北京：大众文艺出版社，1999：240.
② 张博树，王桂兰. 重建中国私立大学：理念、现实与前景 [M]. 北京：教育科学出版社，2003：128-133.

育。短短六年南洋集团先后创办了山西南洋学校、大同南洋学校、无锡南洋学校、洛阳南洋学校、青岛南洋学校、成都南洋学校、北京南洋大学、成都南洋学院等。至1999年9月，南洋集团教育资产逾6亿元，在校学生超过10000人，教职工1300余人，已形成涉足学前教育、基础教育和高等教育的教育产业集团。集团董事局主席任靖玺先生将南洋集团的发展模式界定为"企业兴教"模式，该模式的操作方式可以概括为：集团投资、滚动发展、连锁办学、专家治校以及适度产业化。南洋集团成功的经验是采取"规模化投资"的建校方式。为实现规模化投资，南洋集团采取了两大举措：其一是集团投资，强势进入。凭借自身产业群的丰厚收益和充裕的资金，南洋集团采取规模化投资、前瞻性设计、大体量超前性建设以及一次性投资到位的强势投资方式，以最短的工期、超快的速度、过硬的质量、最高的效率创办学校。其二是连锁办学，滚动发展。南洋集团在全国范围内精心挑选地址，并统一模式、统一校名、统一管理方式，以平均每年增加一所学校的速度，实现南洋学校的复制和扩张。经过几年的不懈努力，南洋学校作为一个连锁品牌，在办学所在地和周边辐射地区得到了社会公众的认同。

从以上两个案例可以看出，私企办学作为一种新的办学模式，以经营企业的方式"经营"学校，可以充分发挥企业的资金优势、规模优势和管理效率优势，实现民办高等教育的快速发展。由于采用的是市场化运作方式，这种办学行为必然具有逐利动机。

3. 海外资本办学

20世纪90年代开始，随着改革开放的深入推进，民办高等教育领域出现了一支新的生力军——海外资本。这里的海外资本有别于21世纪初期外国资本的投资办学，主要是华侨、港商、台商等带来的资金。为了支持中国的高等教育事业，这一时期有不少华侨、港商、台商等有志之士通过各种渠道筹资、捐资，甚至还有人作为办学主体，斥巨资直接兴办高等教育。与改革开放初期民办高等教育的创业者的办学模式不同，华侨及港、澳、台商等来大陆所办学校一般资金雄厚，在学校的硬件建设方面可以做到高起点、高规格。中国成人教育协会民办高等教育委员会的《百校调查报告》中的数据印证了这一观点，"经过十余年惨淡经营，自有校舍超过3万平方米的不过七八所学校"，"固定资产超过7000万元的民办高校屈指可数，而海外投资者新建的学校，一期工程的建筑面积就能达到10万平方米以上，投资额动辄亿元计算"。① 海外资金的注入使中国民办高等教育的发展获得了新的血液，焕发出新的生机。这一时期海外资本所办的学校比较有影响的有：缅甸华侨吴庆兴先生及其家族捐资举办的仰恩大学、台胞王广亚先生创办的升达大学以及美籍华裔梁顺才博士创办的硅湖大学等。举办大学需要经费的支撑，比如福建的仰恩大学举办者吴庆兴先生先后投资了 3 亿多元。但是为了培养适应时代要求和经济社会发展所需人才，还需要大量的资金，如果捐资者资金有限，很难维持学校后续发展的需要。吴庆兴先生所选择的是"以产养学"的道路，即在建校初期，举办者就买下了仰恩大学周边 3000 亩土地建造果园，以果园收益支持学校的长久发展，② 这体现了在经费短缺的情况下"经营"大学的重要性。相较仰恩大学，硅湖大学就没那么幸运，由于学校是"计划内招生"，学校必须按照省里的统一标准收取学费，这使得硅湖大学在运营第一年"连教学的成本都没有收回来"。③ 可见，海外资本办学同样需要"经营"，办学要有营利的动机，在办学过程中倾向于发展主义经营理念。

4. 民办培训教育机构

20 世纪 80 年代，在改革开放的大潮中，社会经济发展对教育的多样化需求为民办培训机构的发展提供了广阔空间。1988 年国家教委在工作要点中指出：要把社会力量办学积极性引导到举办以非学历教育为主的职业技术培训上，民办培训教育以短、平、快为特点，在弥补学历教育不足上发挥了重要作用。这一时期的民办培训教育基本上维持在 2 万~3 万所，统计资料显示，1993 年全国有民办培训教育机构 3 万多所。1997 年有 2 万多所，在校学生达到 649 万人。2001 年全国民办培训机构 3 万多所，培训学员达到 2000 多万人次。④ 从办学结构看，此时的培训机构以市场需求为导向，比如顾树屏创办的闵行区私立高华裁剪班，主要进行服装裁剪和制作培训；郝楚创办的私立通用英文打字班，以英文口语、打字培训为特色；由张德声等创办的北京市通县民办外语经贸学校，开设有国际贸易、英语、涉外会计等专业。从办学规模看，此时一批依法办学、注重质量、规范培训的民办培训机构已初具规模。比如 1984 年创办的山东济南蓝翔职业技能培训学校，占地 430 亩，教职工

---

① 刘培育. 中国民办高等教育的理论与实践 [M]. 北京：大众文艺出版社，1999：258-261.
② 邬大光，史秋衡，等. 改革有为　追求卓越：私立仰恩大学的办学思想与实践的调研报告 [J]. 有色金属高教研究，1999（6）：31-33.
③ 张博树，王桂兰. 重建中国私立大学：理念、现实与前景 [M]. 北京：教育科学出版社，2003：128.
④ 胡大白. 中国民办教育通史（当代卷）[M]. 北京：社会科学文献出版社，2018：192.

400 余人，总资产过亿；① 1993 年建立的北京新东方学校——北京新东方教育科技（集团）有限公司的前身，学校以"追求卓越，挑战极限"为口号，不断发展壮大，几年发展成为一家集教育培训、教育服务、教育产品研发等为一体的综合性教育集团公司，2001 年新东方教育科技集团挂牌成立。② 从创办人看，民办教育培训机构的创办人多为个人，比如新东方科技教育公司的创办人是俞敏洪，济南蓝翔职业技能培训学校的创始人是荣兰祥等。从上述特点可以看出，民办培训教育机构缘起市场的巨大需求、举办者以个人为主，所从事的教育培训内容也是以市场需求为导向。民办培训教育机构的这些特质，使其政策偏好倾向于发展社会行为体。

5. 地方政府

关于中国民办高等教育政策变迁的路径，有学者认为它是中央权威主导下的强制性变迁；有学者认为它是发端于地方的诱致性政策变迁。本书比较赞同北京大学林小英博士的观点，即中国民办高等教育政策的变迁是一种上下回应的政策变迁，③ 也即民办高等教育政策的变迁是中央政府与地方政府上下互动的结果。20 世纪 90 年代，中央将国家经济发展改革的控制权向地方转移，赋予了地方政府相应的财权和事权，这一改革调动了地方政府的积极性，也给地方政府谋取地方利益提供了合法路径。在民办高等教育领域，中央政府担心民办高等教育市场化运作，以利益为导向，可能会降低高等教育质量，破坏正常的高等教育秩序，因此在民办高校招生广告的发布、财务管理、印章管理、学校设置等方面进行了具体限制，甚至在 1997 年国务院制定的《社会力量办学条例》中出现了"国家严格控制社会力量举办高等教育机构"政策规定。地方政府则看到了民办高等教育在资金筹措、促进地方经济发展、人才培养以及办学机制等方面的优势，积极鼓励民办高等教育发展，以至于在民办高等教育领域出现了"陕西模式""江西模式""浙江模式""广东模式"等。从陕西的经验看，早在 1996 年 11 月 2 日陕西省八届人大常委会第 22 次会议通过了《陕西省社会力量办学条例》，先于国务院颁布的《社会力

---

① 李荣生. 民办职业培训事业迎来发展良机：贯彻《民办教育促进法》座谈会综述 [J]. 中国培训，2003（9）：10.

② 新东方发展历程 [EB/OL]. 新东方官网，(2015-3-17) [2020-5-31]. http://www.neworiental.org/profile/course.html.

③ 林小英. 中国教育政策过程中的策略空间：一个对政策变迁的解释框架 [J]. 北京大学教育评论，2006（4）：130.

量办学条例》（1997年7月31日发布）。陕西省在该办学条例中，除了强调"管理与监督"之外，更是辟专章对民办高等教育进行"保障与扶持"，在办学自主权、土地使用、教师待遇、学生权利保障等方面均享有与公办高校同等待遇。① 比1997年国务院颁布的《社会力量办学条例》的支持力度大很多。从广东来看，其早在1989年就推出了《广东省私立高等学校设置条例》（讨论稿），1995年出台了《广东省私立高等学校管理办法》，该管理办法明确承诺政府在财政上对私立高校给予资助。浙江省在1998年制定了《浙江省关于鼓励社会力量参与办学的若干规定》，该规定第一条明确指出：只要符合国家的法律法规，有利于增加教育投入、扩大教育规模、提高教育质量、满足社会教育需求，各种办学形式都可积极探索，大胆尝试。总的来看，地方政府在这一时期更倾向对民办高等教育进行"扶持"，积极支持民办高等教育发展。

（二）民办高等教育的管控社会行为体

20世纪80年代，随着民办高等教育的复苏，处于发展初期的民办高等教育问题频发，出现了诸如违规招生、违规登广告、携款出逃、非法集资、学校倒闭等一系列问题。中央政府、社会公众以及民办教育行业协会等政策场域内的社会行为体认为应该加强对民办高等教育的管控，成为民办高等教育的管控社会行为体。他们在政策上主张加强对民办高等教育的管控、坚持民办高等教育的公益性以及非营利性等。

1. 社会公众

满足社会公众的需求和获得社会公众的支持，是决策者制定公共政策的目的与归宿，也是决策者在决策过程中需要重点关注的问题。除了研究者和官员，普通社会大众很少关注民办高等教育的政策问题。这里仅分析受教育者和学生家长两类社会行为体。从受教育者看，受教育者有接受优质高等教育的需求，获取优质的高等教育机会是每个受教育者梦寐以求的事情。因为优质的高等教育需要通过上"重点大学"来实现，而"重点大学"意味着"户口的农转非""毕业分配个好工作""成为国家干部"等，以至于千军万马走高考这个"独木桥"。自1978年至21世纪初这段时间，从历年《全国教育事业发展统计公报》和《中国教育年鉴》相关统计数据看，高考录取率虽然在不断提升，但是由于我国人口基数庞大，每年的落榜考生还是非常多的。

---

① 参见《陕西省社会力量办学条例》第三十五至第四十条，1996年。

如1978年恢复高考,当年报考人数为610万,录取40万人,录取率仅为6.6%,高考落榜生达到570万人;1999年中国高校开始扩招,当年报考288万人,录取了160万人,录取率达到了55.6%,但是仍有128万人无法实现大学梦。从高等教育毛入学率看,中国的18~22岁青年上大学的比率也是比较低的,1978年中国的高等教育毛入学率仅为1.55%,即便1999年扩招后,高等教育毛入学率也才达到10.5%(见表4-3)。庞大的落榜生群体除了继续复读之外,还可以借助于读民办大学来实现自己的大学梦。但是此时的民办大学大多是在无师资、无校舍、无资金的"三无"基础上发展而来,从事的多是一些函授、自学考试方面的"边缘"高等教育,从事学历教育的很少。截至2000年,仅有黄河科技学院、海淀走读大学、仰恩大学等30余所民办高校具有独立颁发学历文凭的资格,①而此时的民办高校总数已达1325所。也就是说,此时的民办高校绝大多数是一些函授、自学考试类高等教育机构。这些助学机构为了争夺生源,采取了一系列的"违规"行为,导致考生对民办高等教育的认同度不高,许多高中毕业生不愿意去民办高校就读。因此,此时的受教育者倾向于选择规范且质量高的高等教育。这一时期受教育者群体对民办高等教育的态度是严格管控,减少各类违规行为,提高办学质量。

表4-3 1978—2001年中国高等教育录取率及毛入学率

年份	报考人数/万人	录取人数/万人	录取率/%	未录取人数/万人	毛入学率/%
1978	610	40	6.6	570	1.55
1979	468	28	6.0	440	2.07
1980	333	28	8.4	305	2.22
1981	259	28	10.8	231	2.16
1982	187	32	17.1	155	1.96
1983	167	39	23.4	128	2.09
1984	164	48	29.3	116	3.37
1985	176	62	35.2	114	2.91
1986	191	57	29.8	134	3.56
1987	228	62	27.2	166	3.6

---

① 张博树,王桂兰. 重建中国私立大学:理念、现实与前景[M]. 北京:教育科学出版社,2003:278-285.

续表

年份	报考人数/万人	录取人数/万人	录取率/%	未录取人数/万人	毛入学率/%
1988	272	67	24.6	205	3.7
1989	266	60	22.6	206	3.67
1990	283	61	21.6	222	3.45
1991	296	62	20.9	234	3.2
1992	303	75	24.8	228	3.47
1993	286	98	34.3	188	4.68
1994	251	90	35.9	161	5.7
1995	253	93	36.8	160	6.86
1996	241	97	40.2	144	8.03
1997	287	100	36.0	187	8.84
1998	320	108	33.8	212	9.76
1999	288	160	55.6	128	10.5
2000	375	221	58.9	154	11.2
2001	454	260	59.0	194	12.9

资料来源：根据《中国教育年鉴》《全国教育事业发展统计公报》资料，笔者自制。

从学生家长看，家长都希望孩子能上大学，中华民族是一个非常重视教育的民族。改革开放后，家长对子女的教育十分重视，很多家长把"大学梦"寄托在子女身上。有研究发现，这一阶段城市家庭支出中，教育处于与购房同等重要的地位，甚至比购房更加重要，投资子女教育成为一个家庭的重要支出方向。① 在北京、上海等大城市，很多富裕家庭把孩子送到美英等国接受高等教育。然而，这一时期的中国家庭能把子女送到国外接受高等教育的只是少数，中国还有很多"贫困地区"。从国务院扶贫开发领导小组办公室（国务院扶贫开发领导小组办公室成立于1986年5月16日，2021年2月成立国家乡村振兴局）和国家统计局联合发布的《国家重点扶贫县统计资料》可以看出，1995年全国共有贫困县568个，其中陕西（50个）、云南（73个）、贵州（47个）、甘肃（40个）、河北（39个）、四川（39个）、新疆（25个）、山西（35个）、河南（28个）、湖北（25个）、内蒙古（31个）、广西（28

---

① 沈百福，杜晓利. 城市家庭教育支出：一个案例分析［J］. 教育理论与实践，2009，29（4）：24-25.

个）等地比较集中。568个贫困县包含乡镇12865个，村庄172479个，家庭4677.3万个，总计1.9427亿人口。这些贫困人口年人均纯收入823.9元，人均粮食353.5公斤。其中，人均纯收入低于500元的人口达6882万，低于300元的人口数为2927.4万。[①] 这些家庭难以将其子女送到国外接受高等教育，甚至很难负担得起国内高等教育的费用。但是他们仍希望孩子通过上好大学、学到真本事，实现"农转非"、获取干部身份，愿意将家庭收入投到子女的教育上。此时的高等教育入学率还是处于较低水平，为了实现子女的大学梦，有些家长迫不得已将子女送入民办高校，以至于此时的民办高校常与"高考落榜生"联系在一起。可见，此时很多家长将子女送入民办高校多是迫于无奈，他们希望国家对民办高校的趋利性办学行为进行管控，希望民办高等教育能够健康高质量地发展。

2. 民办教育行业协会

行业组织一般指介于政府与行业经营者之间，为行业经营者提供咨询、沟通、监督、自律、协调等服务的社会中介机构。行业组织属于民间性组织，不是政府对行业的监督管理机构，而是连接政府与行业的纽带和桥梁。改革开放后，中国民办高等教育得以复苏。各人民团体、民主党派、知识分子、离退休干部以及私营企业等为国分忧，为民解难，以不同方式举办了大量不同类型、不同层次的民办高等教育机构，民办高等教育得以快速发展。针对国家教育部门管理力量不足、针对性强的政策法规缺失以及政府与民办高校沟通不畅等问题，一些离退休干部、民办教育创办人、社会有识之士等呼吁成立民办教育行业组织，以便能够及时向政府职能部门表达心声、反映问题，促进民办高等教育行业内的交流与学习。从国家层面看，这一时期成立了一些民办高等教育的行业组织，如1989年1月筹建的全国民办高等教育研究会（筹）；1995年5月成立的中国成人教育协会民办高等教育委员会；1996年3月成立的中国管理科学学会民办教育管理专业委员会；1996年10月成立的全国民办学校研究专业委员会；2002年6月成立的民办教育工作者联谊会等。在这些民办高等教育行业组织中，影响最大的当数中国成人教育协会民办高等教育委员会。这些民办高等教育行业组织表现出以下特征：从数量看，这一时期的民办高等教育行业组织比较少。民办高等教育的发展初期，其行业组织的职能多由国家教育行政部门代为履行，比如1988—1992年，民办教育

---

① 数据来源于国务院扶贫开发领导小组办公室与国家统计局联合发布的《国家重点扶贫县统计资料（1995）》。

行业连续召开了四次全国社会力量办学协作会议，四次会议的主办机关均是国家教委。这一时期全国性的民办高等教育行业组织比较少，而在这为数不多的几个行业组织中，1989年1月筹建的全国民办高等教育研究会没有被国家认可，因为其没有登记备案。依据《社会团体登记管理条例》的规定，该研究会不具有相应的合法性地位。① 从职能看，中国成人教育协会民办高等教育委员会章程规定，民办高等教育委员会第一项职能就是"积极贯彻党和国家的教育方针、政策""努力促进民办高等教育事业的健康发展"。② 从行业组织的领导者看，民办高等教育行业组织的领导者多是一些退休老干部、社会人士，比如中国成人教育协会民办高等教育委员会的名誉主任是耿飚、李德生等，主任是刘培植；民办教育工作者联谊会荣誉主席为许嘉璐，主席为陶西平和柳斌。民办高等教育的这些特征决定了它更多的是扮演国家教育行政部门的助手和执行者角色，中央政府对民办高等教育的态度与行为，决定了民办高等教育行业组织的态度与行为。

三、社会行为体格局：2002—2010年

20世纪末，随着中国市场化进程的进一步加快，市场化和产业化理念对高等教育产生了很大影响，大量的民间资本进入高等教育领域，民办高等教育事业得以快速发展。《全国教育事业发展统计公报》显示，截至2002年底，全国民办普通高校达到173所，在校生人数达到81万；其他民办高等教育机构1104所，注册学生人数100.4万。③ 资本具有天然的逐利性，投入高等教育领域的民间资本自然也有逐利的动机。2002年《民办教育促进法》颁布实施，在该法制定过程中讨论最激烈的问题就是是否允许民办高等教育营利的问题。围绕着营利性与公益性的政策议题，民办高等教育政策场域中的社会行为体出现了分化与重组（见表4-4）。由于掌握国家立法权力的全国人大是市场化联盟的重要支持者，其倾向于借助市场化手段发展民办高等教育，因而使得这一时期的民办高等教育政策总体上表现出市场化特征。在关于是否允许民办高等教育营利的问题上，相关政策表现为允许民办高等教育的举办者取得"合理回报"。

---

① 吴蔚. 民办教育：成立行业协会时机成熟［J］. 教育与职业，2006（10）：33.
② 中国成人教育协会民办高等教育委员会. 中国民办高等教育的理论与实践：第一辑［M］. 北京：专利文献出版社，1996：363.
③ 2003年全国教育事业发展统计公报［EB/OL］. 教育部，（2004-6-18）［2020-6-4］. http://www.moe.gov.cn/s78/A03/ghs_left/s182/moe_633/tnull_3570.html.

表4-4　2002—2010年的社会行为体格局

社会行为体类型	社会行为体细分	政策主张
市场化社会行为体	企办高校、独立学院、中外合作办学机构、民办培训教育机构、民办教育协会、全国人大	高等教育产业化；投资办学；要求产权和办学收益
公益性社会行为体	非营利性民办高校、社会公众、中央政府	不得以营利为目的；产权社会化；与公立大学身份等同

资料来源：笔者自制。

（一）民办高等教育的市场化社会行为体

20世纪末，中国高等教育的毛入学率在10%左右，如1999年的毛入学率为10.5%，2000年为11.2%，2001年为12.9%。在20世纪90年代中期，发达国家的高等教育毛入学率已达到50%以上，比如1995年为59.6%，[①] 可见，中国高等教育的毛入学率与西方发达国家相比还存在较大的差距。加之中国是"穷国办大教育"，政府对高等教育的投入不足。这一阶段中国高等教育的供需矛盾异常尖锐。决策者为了满足公众接受高等教育的迫切需求，将市场力量引入高等教育领域，高等教育产业化、市场化呼之欲出。高等教育市场化即通过借鉴市场理念、市场规则和市场途径提供高等教育服务。这一时期的市场化社会行为体主要包括企办高校、独立学院、中外合作办学机构、民办培训教育机构、民办教育行业协会等社会行为体。

1. 企办高校

在新中国民办教育发展史上，企业举办高等教育并非这一阶段所独有。新中国成立后，国有大中型企业基本上都承担了举办教育的任务。[②] 这时的国有企业不仅举办了义务教育阶段的中小学，还举办了大量技工大学、职工大学以及职业技术学校等。这里所讲的企办高校主要指私企或者企业集团所举办的高校。新中国成立后，私营企业举办高等教育起始于20世纪90年代末期。这一时期随着中国市场化进程的加快，一批对市场具有敏锐洞察力的民营企业家抓住了国家大力发展高等教育的政策机遇，通过注入巨大的资金进行规模化和产业化办学，比如南山集团创办的烟台南山学院、香港科技集团

[①] 张力. 2000年中国教育绿皮书 [M]. 北京：教育科学出版社，2000：111.

[②] 邬大光，付八军. 企业举办高等教育的必要性与可行性分析 [J]. 江西教育科学，2007（2）：68.

创办的重庆科创职业学院、万向集团创办的杭州万向职业技术学院、大红鹰集团创办的宁波大红鹰学院、天狮集团创办的天津天狮学院、吉利集团创办的北京吉利大学等。私营企业办高等教育，使得民办高等教育爆发式发展。截至2010年底，中国普通民办高校共有（不含独立学院）334所，其中企办高校106所，所占比例为31.7%；民办普通本科高校（不含独立学院）48所，企业举办的有15所，所占比例为31.2%。① 企办高校已成为中国民办高等教育的一个重要组成部分。企办高校依托企业集团，具有资金优势，能够在较短时间内快速投入大量资金，促进民办高校快速发展。比如新华集团投资创建的安徽新华学院投资2.2亿元，仅用了8个月时间就完成了占地300余亩，建筑面积120000平方米的一期工程，用了五年时间发展成为教育部批准的本科高校；吉利集团创办的北京吉利大学，一次性投入8亿元，占地3000亩，2000年投资办学，2001年被教育部批准为"国家承认学历的普通民办高校"。同时，企办高校拥有较强的市场竞争力，2011年中国民办高校100强排名中，有27所企办高校榜上有名；前10名中企办高校占了4所，占比40%。② 企办高校在短短几年中发展起来，实属不易。如果说前面所论及的"滚动发展"的民办高校具有营利倾向，那么，企业举办的民办高校既具有营利倾向，又具有营利能力。从理论上讲，企业办学是一种投资行为，既然是投资，其办学目的就是为了获取收益。在办学行为上表现为压缩成本实现利润最大化，抑或通过规模化办学获得规模化收益。总之，企办高校投资办学在政策偏好上不但追求获取办学收益，并且希望确认民办高校初始投资的产权及投资增值。作为民办高等教育政策场域中一个新兴且不断发展壮大的社会行为体，企办高校的总体性特征决定了其站在了市场化社会行为体一方。

2. 独立学院

独立学院是这一时期民办高等教育领域出现的一支新的生力军。1999年6月，随着第三次全国教育工作会议的召开，教育产业化理念在高等教育领域兴起。江苏、浙江等沿海省份依托其丰富的高等教育资源和雄厚的民间资本，以优质高等教育资源和民间资本结合的方式，率先开展了"依托公立高校，采用民营化机制，举办本科阶段的高等教育"。教育部曾对"独立学院"进行

---

① 相关数据来源于《2010年中国教育年鉴》以及《2010年全国教育事业发展统计公报》。
② 2011中国民办大学排行榜100强［EB/OL］.腾讯教育，（2012-3-20）［2020-6-5］.https：//edu.qq.com/a/20110117/000176.htm.

了比较清晰的界定，认为独立院校是公办高校利用其品牌号召力和人力资源优势，吸引民办资本与之进行合作，举办的独立于母体之外的新型民办本科高等教育机构。[1] 独立学院这种办学机制将公办"名校"的无形的品牌价值和有形的社会资本进行有机结合，快速实现了中国高等教育的有效供给和民办高等教育较短时间内的跨越式发展（见表4-5）。从表4-5可以看出，2003年我国独立学院达到360多所，占民办高校的比例为67.6%以上；2004年教育部对独立学院进行了重新审批，确认249所，占民办高校比例为52.4%；这一时期，随着独立学院的不断转设，总数虽有所下降，但是所占比例仍在50%左右。由于独立学院实施的是本科层次的高等教育，满足了更多人上大学的需求。2005年，全国独立学院招生人数已超百万，本科生招生人数所占的比例连续多年超过15%，曾一度达到20%。[2] 可见，独立学院是这一时期民办高等教育发展的一大特色。

表4-5　2003—2010年全国独立学院教育发展状况

年份	独立学院/所	普通民办高校/所	所占比例/%	独立学院在校生/人	普通民办高校在校生/人
2003	360+	533	67.6+	—	810000
2004	249	475	52.4	686659	709636
2005	295	545	54.1	1074618	1051663
2006	318	594	53.5	1467040	1337942
2007	318	615	51.7	1866243	1630661
2008	322	640	50.3	2184377	1828633
2009	322	658	48.9	2413707	2047688
2010	323	676	47.7	2603177	2163668

资料来源：根据历年《中国教育年鉴》《全国教育事业发展统计公报》资料，笔者自制。

独立学院通过全新的、市场化的资源配置机制，将公办高校的品牌等无形资产与社会资本进行有机结合，顺应了此时国家扩大高等教育规模和解决高等教育经费不足的时代要求。独立学院迅速扩大了高等教育的总量供给，在促进社会经济发展、高等教育供给总量以及满足社会公众接受本科层次教

---

[1] 参见《教育部关于规范并加强普通高校以新的机制和模式试办独立学院管理的若干意见》，2003年。

[2] 杨德广. 独立学院的发展模式及未来走向[J]. 教育发展研究，2010（15）：104.

育的需求等方面均发挥了"积极而重要的作用"。① 独立学院的办学主体一般包括公办高校和社会资本（投资者），这两方主体均有获取办学收益的动机。从公办高校看，随着1999年高校扩招，公办高校的发展潜力得到充分发挥，财政经费支持严重滞后于高校的发展，很多地方生均拨款少，办学经费紧张。公办高校为了破解发展困境，想方设法进行各类"创收"，以其"无形资产"与社会资本合作，举办独立学院便是其中的"创收"方式之一。此阶段独立学院的学费一般在15000元/年左右，而作为"母体"的公办高校，基本上以"收租"的方式抽取20%~50%。② 可见，公办高校不仅有获利的需求，而且存在获利的事实。从独立学院的投资者来看，个人是其重要的投资主体。2003年，教育部发布的《关于规范并加强普通高校以新的机制和模式试办独立学院管理的若干意见》对投资者进行了限定，个人除了"具有政治权利"和"完全民事行为能力"之外，还应满足"个人总资产不低于3亿元，其中货币资产不少于1.2亿元"的要求。投资者投入了大量资金，必然有获取利润的需求。可见，作为民办高等教育政策场域中的一个新兴且占据民办高等教育半壁江山的社会行为体，独立学院各方主体都有营利的需求和动机，从而成为市场化社会行为体一方。

3. 中外合作办学机构

在改革开放的大背景下，中国的教育机构开始与国外教育机构合作办学。20世纪80年代后期，复旦大学和中国人民大学与美国的教育机构合作，分别开设了法律和经济等相关专业的培训课程，开启了中外合作办学的先河。此后中外合作办学的项目不断增多。21世纪初，中国加入WTO，承诺除政治、军事、党校和警察等特殊领域的教育以及义务教育以外，在初等、中等以及高等教育领域允许国外教育机构进入，即允许中外合作办学。2002年底，国家批准的中外合作办学机构（项目）共712个，涉及全国28个省、自治区和直辖市。③ 此后，中外合作办学机构（项目）得以快速发展，截至2009年底，获得国务院教育行政部门及地方各级政府批准成立的中外合作办学机构（项目）达到1100多个。④ 中外合作办学既包括学前教育和中等教育，也包括高

---

① 张兴. 独立学院：高等教育发展模式的重大创新 [J]. 中国高教研究, 2009 (9): 71.
② 郑造桓, 顾建民. 发挥名校名城优势 探索创新办学体制——浙江大学创办独立学院的实践与思考 [J]. 民办教育研究, 2003 (6): 18.
③ 陶西平, 王佐书. 中国民办教育发展报告（2003—2009）[M]. 上海：上海人民出版社, 2010: 113.
④ 林金辉. 论中外合作办学的可持续发展 [J]. 教育研究, 2011 (6): 64.

等教育，从相关统计数据看，这一时期高等教育中外合作办学所占的比例达44%。① 从功能来看，这一时期的中外合作办学一方面增加了高等教育供给的多样性与选择性，满足公众多元化的教育需求；另一方面拓宽了融资渠道，改善了高等教育的办学条件；同时还引进了国外先进的教育理念、内容、方法以及人才培养模式等，促进了国内高等教育改革。中外合作办学的这些功能顺应了国家扩大高等教育的有效供给和弥补投入不足的需求，决策者在这一时期认可了中外合作办学的高等教育供给方式。从办学主体看，中外合作办学包括中国的高校和外方的高等教育机构，中国的高校具有获取经济利益的诉求；外方办学主体以提供课程、人员和知识为主，同样有获取利益的诉求。从收费来看，中外合作办学机构的收费一般高于国内普通高校。国内普通高校的学费大多在每年 1 万元以下，而中外合作办学机构收费要高出国内普通大学（民办大学除外）好几倍，比如宁波诺丁汉大学和北京师范大学—香港浸会大学联合国际学院的学费为 8 万元/年，西交利物浦大学为 7.7 万元/年。可见，这些学校不仅有获利的动机，而且有获利的能力和获利的事实。

4. 民办培训教育机构

这一时期，民办培训教育已经形成了完备而成熟的体系，包括各类职业培训和社会培训，尤其是各类社会培训发展迅速，涵盖了语言培训（PETS、CET、GRE、IELTS 等）、职业管理培训（企业团体培训、MBA 等）以及计算机培训（网络技术、计算机编程、计算机制图）等。从 2010 年的统计数据看，培训机构达到 18341 个，培训学生 9297762 人，教工 218352 人。② 此时的民办职业培训已成为民办教育的重要组成部分，在提高学生学习和工作能力、促进就业和再就业等方面做出了重要贡献。2002 年《民办教育促进法》出台之后，民办培训教育机构可以在市场监管部门提出注册申请，登记为"企业法人"；也可以向劳动部门或者教育行政部门申请登记注册，获得社会力量办学许可证，再到民政部门登记为民办非企业法人。无论登记为何种法人，民办教育培训机构在现实运行过程中都是企业化、市场化运作的营利性教育机构。③ 这一时期，终身学习理念逐渐为公众所接受，中国家庭将更多

---

① 陶西平，王佐书，等. 中国民办教育发展报告（2003—2009）[M]. 上海：上海人民出版社，2010：115.

② 数据来源于《中国教育年鉴》（2010）.

③ 翟磊，杨佳譞. 民办培训机构的依法监管体系构建探析 [J]. 辽宁行政学院学报，2016（1）：62.

的资金用于教育，教育培训市场空间很大。投资公司正是看到了这一市场潜力，开始投资于民办培训教育行业。短短几年，民办培训教育行业成为资本的涌入地，教育培训机构纷纷在国外上市（见表4-6）。坚持市场化运作的民办培训教育机构必然站在市场化社会行为体一方。

表4-6 民办培训教育公司上市情况

上市公司	地区	投资机构	上市地点	上市时间	筹资额
东方纪元	广东	深圳创新投、大华投资	新加坡凯利板	2006年6月1日	1165万新加坡元
新东方	北京	老虎基金	纽约证交所	2006年9月7日	3亿美元
弘成教育	北京	IDG资本、柏尚投资花旗创投、海纳亚洲、大华投资	纳斯达克证交所	2007年12月11日	6820万美元
ATA公司	纽约	赛富亚洲	纳斯达克证交所	2008年1月29日	6430万美元
正保远程教育	北京	兰馨亚洲、贝塔斯曼亚太投资、晨兴投资	纽约证交所	2008年7月30日	6125万美元
安博教育	北京	集富亚洲、艾威基金、思科香港、麦格里、华威科创、英联	纽约证交所	2010年8月5日	1.1亿美元
环球雅思	北京	赛富亚洲	纽约证交所	2010年10月8日	6694万美元
好未来教育	北京	老虎基金、KTB	纽约证交所	2010年10月20日	1.2亿美元
学大教育	北京	鼎晖创投	纽约证交所	2010年11月2日	1.3亿美元

资料来源：方芳，钟秉林. 我国民办教育培训行业发展现状与对策［J］. 中国教育学刊，2014（5）：28.

5. 民办教育行业协会

在民办高等教育的发展初期，比较有影响力的民办高等教育行业组织是中国成人教育协会民办高等教育委员会。该委员会成立初期，"积极宣传党和国家民办教育的政策方针，加强民办学校之间的联系和相互交流，开展专项调研，组织国内外学习考察等活动，推动了我国民办高等教育事业的健康发展"。但是由于组织内个别负责人的"个人主义、不良作风和不按制度办事，导致组织内纷争迭起，工作受到很大影响"，① 最终在2001年底，教育部和民

---

① 胡大白. 中国民办教育通史（当代卷）［M］. 北京：社会科学文献出版社，2018：478-479.

政部决定终止民办高等教育委员会的活动。此后，在陶西平、王佐书、胡大白等同志的积极倡议下，经教育部和民政部协商，于 2008 年 6 月成立中国民办教育协会。中国民办教育协会是从事"全国民办学校和民办教育工作者的行业服务和自律管理"①的组织，协会会长陶西平将协会的宗旨概括为：团结全国民办教育工作者，面向社会开展民办教育的理论与实践研究，开展行业服务、行业自律和行业维权活动。②协会会长陶西平是国家总督学顾问、著名教育家；常务副会长是民进中央副主席王佐书；监事会主席是黄河科技学院院长胡大白；副会长也多为民办高等教育的管理者或者创办者，比如于果是江西科技学院院长、张杰庭是北京市二十一世纪国际学校董事长、黄藤是西安外事学院院长和董事长、谢可滔是广东白云学院创始人和董事长、任芳是西京学院院长、朱玉是浙江树人大学校长、秦和是吉林华侨外国语学院院长等。民办教育协会的领导班子成员多是民办高等教育的一线管理者或者举办者，他们更懂民办高等教育，更容易站在民办高等教育管理者和举办者的角度思考问题。比如在撰写《中国民办教育发展状况与未来发展趋势》的综合报告时，他们就提出了民办教育法人性质的问题、产权的问题、扶持不足的问题、政府管理错位的问题等。③民办教育协会的这些特征，决定了其代表的是民办高等教育及其举办者的利益，决定了其倾向于市场化办学立场。

（二）民办高等教育的公益性社会行为体

这一时期，民办高等教育政策场域中与市场化社会行为体相对应的行为体是民办高等教育的公益性社会行为体。这一行为体认为民办高等教育应该坚持公益性，育人为本；反对将民办高等教育视作一种产业，反对民办高等教育的市场化运作，认为民办高等教育的市场化会破坏高等教育的公益性，背离高等教育的本质属性。这里需要说明一点，公益性社会行为体与市场化社会行为体并非完全对立，比如在营利问题上，两类社会行为体都存在营利行为，但是公益性社会行为体不允许在办学过程中谋取暴利，办学中的盈余应继续用于办学。这一时期公益性社会行为体主要包括非营利性民办高校、社会公众以及中央政府等。

---

① 袁贵仁. 在中国民办教育协会成立大会上的讲话 [A] //陶西平，王佐书，等. 中国民办教育发展报告（2003—2009）. 上海：上海人民出版社，2010：15.
② 陶西平. 在中国民办教育协会成立大会上的开幕词 [A] //载陶西平，王佐书，等. 中国民办教育发展报告（2003—2009）. 上海：上海人民出版社，2010：21.
③ 胡卫，唐晓杰. 中国民办教育发展状况与未来发展趋势 [A] //陶西平，王佐书，等. 中国民办教育发展报告（2003—2009）. 上海：上海人民出版社，2010：29-44.

1. 非营利性民办高校

2002 年，在制定《民办教育促进法》过程中，全国人大教科文卫委员会曾对民办教育机构及其举办者就是否要求营利回报进行过调查。调查结果显示，90%的民办教育机构或者举办者都要求营利回报，只有 10%是出于公益目的办学，不要求取得营利性回报。这 10%的民办学校，本书称之为非营利性民办高校。非营利性民办高校不以营利为目的，表现为以下特征：从办学主体看，非营利性民办高校的举办者多是一些离退休"老革命"、老同志、老教授、社会知名人士及民主党派、学术组织等，这些人或组织一般不具有经济实力，但是具有满腔的办学热情、办学理想和为国分忧的办学抱负。比如中华社会大学的创办者是时任中国人民大学党委副书记的"老革命"聂真、教育家范若愚以及时任解放军军事研究院副军职干部于陆琳；黄河科技学院的创办者是郑州大学中文系教师胡大白；九嶷山学院的创办者是原国家学部委员、著名农林学家、教育家、北京农业大学第一任校长乐天宇教授。拿于陆琳来说，她创办大学的初衷饱含着国家情怀："中国的大学应该几条腿一起走路"，"现在的孩子上大学太难了，这对百废待兴的国家四个现代化建设很不利，我们在办好公立大学的同时，也应该向西方学习，依靠社会力量办一些民办大学"。① 从办学模式来看，由于这些举办者多是一些"老革命"、老教授等，他们不可能拥有雄厚的办学资金，最初都是在无资金、无教师、无校舍的"三无"基础上，走低成本扩张的发展之路。比如胡大白创办黄河科技学院时的启动资金是"家中仅有的 30 元钱"②、中华社会大学 1000 元的启动资金，是"从人民大学借过来的"③。可见，非营利性民办高校在其发展过程中是存在盈利行为的，只是"盈余"用于学校发展壮大。从运转过程看，非营利性民办高校的营利性目的让位于公益性目的，这就要求非营利性民办高校以教学和学生为中心，办学过程中注重教学质量和学生发展，办学活动符合"教育逻辑"而非"市场逻辑"，这种发展模式导致非营利性民办高校"规模小、办学效益不高""学费积累缓慢""办学成本增加"。④ 非营利性民办高校的特征与非营利组织非常相似，但是非营利性民办高校在员工社保、税收、建设用地、信贷等方面很难享受到非营利组织所享受的优惠待遇。所

---

① 何建民. 民办大学的红与黑 [M]. 北京：海潮出版社，2000：302.
② 王刚. 丰碑——黄河科技学院二十年光辉历程 [M]. 北京：中央民族大学出版社，2004：328-329.
③ 何建民. 民办大学的红与黑 [M]. 北京：海潮出版社，2000：303.
④ 何伟国. 我国非营利性民办高校公共财政资助问题研究 [M]. 重庆：西南大学出版社，2016：36.

以，国家在民办高等教育政策的制定上，倾向于将其视为非营利性组织，享受非营利性组织的待遇。

2. 社会公众

这一时期民办高等教育所处的社会环境与改革开放初期相比，已经发生了很大变化，社会整体环境的变化也对民办高等教育的政策变迁产生重要影响。从社会对高等教育的整体需求看，这一时期需求仍持续增长。此间，延续了几千年的"唯有读书高"的传统观念正在向"知识改变命运"的观念转变。良好的教育、体面的生活和较高的寿命是国际社会公认的"三大人文指数"。接受高水平的高等教育对个人工作、收入和社会地位有重要影响，个人的收益随着受教育时间的增加而增加。北京大学教育经济研究所的研究发现，受教育程度对于农民、城市居民收入的影响均在不断提高，在求职过程中学历文凭和工作能力的影响亦非常明显。社会公众希望子女接受高等教育，七成以上的农村青年希望子女能够上大学，同样比例的城市青年则希望子女能够接受研究生教育。[①] 从供给上看，2002 年中国高等教育的毛入学率为 15%，2010 年，这一数据则达到了 25%。也就是说，在中国每四个适龄青年就有一个人能够接受高等教育，根据马丁·特罗的理论，中国的高等教育已经进入了大众化发展阶段。中国高等教育毛入学率的提高与民办高等教育的快速发展有着密不可分的关系。2010 年全国共有民办高校 676 所，招生 146.74 万人，在校生人数达到 476.68 万人，而同期全国普通高校研究生和本科生的在校总人数为 2386 万人，可以发现，这一阶段民办高校所占的比例达到了 20%左右。[②] 与此同时，肇始于 20 世纪 90 年代末期的高等教育产业化引发的问题开始显现，收费过高、教育质量差、就业难等问题引发了社会公众的不满。家庭条件较好的人将子女送到国外接受高等教育，经济状况一般的家庭子女只能选择在国内接受高等教育，且很大一部分要进入民办高校接受高等教育。家长与学生对民办高校的认知契合了王诺斯博士的研究结论，公众对民办高校的认知表现为：民办高校企业论、民办高校无用论。[③] 可见，这一时期虽然接受高等教育的机会增多了，但是社会公众想获得高质量高等教育的需求还难以得到满足；同时，高等教育产业化理念驱动下的民办高等教育的逐利行

---

① 教育部发展规划司，等.2002 年中国民办教育绿皮书［M］.上海：上海教育出版社，2003：3.
② 相关数据来源于教育部《2010 年全国教育事业发展统计公报》。
③ 王诺斯，张德祥.制度创新视域下民办高校分类管理的现实困境分析［J］.中国高教研究，2017（2）：117.

为引发了家长和学生的诸多不满。这一时期，社会公众站到了民办高等教育的公益性社会行为体一方。

四、社会行为体格局：2010—2021 年

2010 年以来，中国民办高等教育得到了长足发展。从教育部公布的《2010 年全国教育事业发展统计公报》看，全国共有普通高等学校 2358 所，其中普通民办高校 676 所（其中独立学院 323 所），普通民办高校所占比例为 28.7%；全国普通本专科学生在校生 2231.79 万人，其中民办普通高校（含独立学院）本专科在校生 440.73 万人，普通民办高校本专科在校生所占比例为 19.74%；另外，还有自考生、助考生、预科生、进修培训生 20.61 万人，非学历高等教育机构 836 所，注册人数 92.18 万。[①] 可见，无论是民办高校数量还是在校生人数都已达到一定规模。但是中国民办高等教育一直处于较低的发展水平，"大学排行榜"上看不到民办高校的影子，民办高校常与"高考落榜生"联系在一起，与西方私立高等教育的发展水平存在较大差距。学界普遍将这一问题归结为"公益性"掩盖下的逐利行为，也就是说民办高校在没有选择获取"合理回报"的情况下，既获得了"合理回报"，又享受着国家对"非营利组织"的各种政策扶持。民办高校为了获取更多利益，将民办高校办成"学店"，按照经营企业的"成本—收益"思维经营学校，使得民办高校的办学行为逐渐偏离"教育逻辑"。因此，有必要对民办高校的办学行为进行规范，使民办高等教育回归"教育"。在非营利性和营利性问题上，政策场域中的社会行为体出现了分化，形成了新的社会行为体（见表 4-7）。规范化发展社会行为体主张对民办高等教育进行非营利性与营利性分类管理，非营利性民办高等教育享受公办高校待遇，营利性民办高等教育享受企业待遇；趋利性发展社会行为体主张淡化民办高等教育的非营利性与营利性，不再反对分类管理，但是在产权、扶持政策、法人治理、内部治理、剩余索取等方面存在利益诉求。希望通过非营利性与营利性民办高等教育分类管理，让举办者自主选择设立非营利性民办高校或者营利性民办高校，以此规范民办高校的行为。这一阶段的政策特征，表现为非营利性与营利性分类管理。

---

① 2010 年全国教育事业发展统计公报 ［EB/OL］. 教育部，（2012-3-1）［2020-6-15］. http://www.moe.gov.cn/srcsite/A03/s180/moe_633/201203/t20120321_132634.html.

表 4-7　2010—2021 年的社会行为体格局

社会行为体类型	社会行为体细分	政策主张
规范化发展社会行为体	非营利性民办高校、民办教育协会社会公众、地方政府	分类管理；非营利性民办高校享受公办高校待遇；营利性民办高校享受企业待遇
趋利性发展社会行为体	要求"合理回报"的民办高校、独立学院、民办教育集团公司	不再反对分类管理，但在产权、扶持政策、法人治理、内部治理、剩余索取等方面存在利益诉求

资料来源：笔者自制。

（一）民办高等教育的规范化发展社会行为体

2003年，第二次修正的《民办教育促进法》正式实施，其第五十一条规定民办学校在扣除办学成本、预留发展基金后，可以从办学结余中获取"合理回报"，但举办者出于种种顾虑，普遍没有选择获取合理回报，而通过关联交易等方式获取丰厚的回报，"假公益，真营利"成为这一时期民办高等教育的真实写照。在利益的驱使下，民办高等教育乱象丛生。2008年以来，江西、河南等地民办高校连续发生群体性事件，一些社会行为体呼吁对民办高校实施规范化管理。这些社会行为体认为民办高等教育规范化管理的路径在于实施分类管理，将民办高等教育分为营利性和非营利性两类。针对两类不同的民办高校，采取不同的管理方式，让选择营利性办学的民办高校更好地营利，让选择公益性办学的民办高校更好地从事公益。

1. 非营利性民办高校

上文已经论述，非营利性民办高校大多是一些"老革命"、老干部和老老教授举办的高等学校，这些人对高等教育有着特殊的情怀，办学不以营利为目的，收取的学费取之于学生，用之于学生。但是这些学校除去日常开销，经费已所剩无几，学校很难有剩余资金发展壮大，发展遇到了很大的瓶颈。上文提到的中华社会大学，2002年时更名为北京经贸职业学院，仍是专科层次的民办高校；同样还有九嶷山学院，后更名为湖南九嶷职业技术学院，也是专科层次的民办高校；新中国成立后创办的第一所全日制、综合性民办大学的北京自修大学，由于"多年无实际办学行为、未正常参加民办高校办学状况年检"，被北京市教委要求停止办学。[①] 非营利性民办高校发展缓慢的一个

[①] 北京市教育委员会关于停止北京自修大学等5所学校办学许可的通告[EB/OL].北京市教委，(2020-1-6)[2020-6-16]. http://jw.beijing.gov.cn/xxgk/xkbayssjygk/202001/t20200108_1566009.html.

重要原因是缺乏办学资金,也可以说是国家财政支持不足。2010年全国民办教育总经费为570亿元,其中学费482亿元,所占比例为4.7%。当年教育财政经费接近1600亿元,民办教育经费仅占全部经费的1.7%,① 民办高等教育经费更是少得可怜。此外,这一时期一些坚持非营利性办学的民办高等教育举办者为了更好地坚持非营利性办学,由吉利华侨外国语大学等26所大学发起成立了"非营利性民办高等学校联盟",明确办学的社会化、公益性和非营利性目标与宗旨,向社会承诺:推进民办学校分类管理,引导民办高校坚持公益性办学方向,提高办学水平。② 截至2019年,该联盟已经发展到74家高校,并得到了教育部的指导和支持,有力地推动了民办高等教育的公益性办学和分类管理制度的实施。

2. 社会公众

习近平总书记指出,我们的人民热爱生活,期盼有更好的教育。③ 从公众所处的社会环境看,中国正由工业社会向后工业社会转型,知识经济成为时代主题,学习型社会的雏形已经呈现,公众只有通过不断学习,提高知识和技能水平,才能胜任时代要求。国家所办的公立大学有进入门槛、考核制度和年龄要求,公民一旦超过一定年龄,再接受公立高等教育困难重重。同时,公立高校所设置的课程往往滞后于市场需求,供需之间的结构性矛盾凸显,这为营利性高等教育提供了发展空间。从城乡居民一般收入水平看,这一时期社会公众越来越富裕,可支配收入不断增加(见表4-8),社会公众有能力接受更高层次、更高质量的高等教育,而不管这种教育是公立学校还是私立学校供给,近年来的"留学热"就是一个鲜活例证。从社会公众的能动性看,随着居民收入水平的逐步提高,其对高质量的高等教育需求增加,当国内高等教育不能满足社会公众的需求时,人们便把寻求优质高等教育的目光投向国外,自费留学人员逐年增多(见表4-9)。为此,必须改变中国民办高等教育发展中的乱象,实施分类管理,规范民办高校的办学行为,促进民办高等教育内涵式发展。

---

① 数据来自《国家教育经费统计年鉴》(2010)。
② 非营利性民办高等学校联盟章程[EB/OL].非营利性民办高校联盟,(2015-9-22)[2020-6-16]. http://www.nppua.com/nppua/zhangcheng.asp.
③ 习近平.人民对美好生活的向往就是我们的奋斗目标[EB/OL].人民网,(2016-10-21)[2020-6-16]. http://www.cpc.people.com.cn/18/n/2012/1115/c350821-19590488.html.

表 4-8　城乡居民人均可支配收入统计（新口径）

年份	2013	2014	2015	2016	2017	2018	2019
城镇居民人均可支配收入（元）	26467	28844	31195	33616	36396	39251	42359
农村居民人均可支配收入（元）	9430	10489	11422	12363	13432	14617	16021

资料来源：根据国家统计局（2013—2019 年）统计数据整理，笔者自制。

表 4-9　2011—2018 年自费留学统计　　　　　　　　　　单位：万人

年份	2011	2012	2013	2014	2015	2016	2017	2018
自费留学人次	16.92	25	38.43	33.61	37.38	39	—	46.76

资料来源：根据教育部 2011—2019 年出国留学人员情况统计数据整理，笔者自制。

3. 民办教育行业协会

行业协会具有独特的经济优势和组织优势，在政策变迁中具有一定的影响力。行业协会扮演着行业的利益代表者和政府的社会服务辅助者两种角色。2008 年经教育部同意和民政部批准而成立的中国民办教育协会，是民办教育行业中最具影响力的行业组织。围绕着《国家中长期教育改革和发展规划纲要（2010—2020 年）》（以下简称《规划纲要》）的制定，中国民办教育协会开展了一系列工作。在《规划纲要》制定前，中国民办教育协会向决策机关传达民办教育行业的态度和需求，为决策者制定《规划纲要》提供有关民办教育部分的内容，使决策者充分了解民办教育的具体情况，使《规划纲要》更具科学性、合理性。这期间民办教育协会组织开展了"《国家中长期教育改革和发展规划纲要》座谈会"，认为要促进民办教育发展就要把"真正属于民办教育的空间还给民办学校""政府应严格规范民办学校的设置准入门槛""对民办教育的产权认识应有所突破""改变对民办教育的管理方式"等，[①] 为描绘民办教育的美好蓝图献言献策。在《规划纲要》制定后，中国民办教育协会肩负着配合国家实施民办高等教育内涵式发展、推进分类管理顺利实施的重任，这可从《规划纲要》制定后的历次民办教育发展大会及其主题看出（见表 4-10）。中国民办教育协会的业务主管单位是教育部，接受教育部的业务指导，辅助教育部开展工作。当国家对民办高等教育的态度由扶持和鼓励转向规范和引导之后，中国民办教育协会的工作重点亦会随之做出调整。

---

① 陶西平，王佐书，等．中国民办教育发展报告（2003—2009）[M]．上海：上海人民出版社，2010：485-494．

表 4-10 2011—2017 年中国民办教育大会及其主题

年份	主题
2011	深化改革、优化环境、提高质量
2012	推进改革、优化环境、提高质量
2013	深化改革、完善政策、狠抓质量
2014	与时俱进、改革创新、办高水平民办学校
2015	适应新形势，推动改革创新，提高教育质量
2016	深入学习党的十八届六中全会精神，学习贯彻新修订的《民办教育促进法》，统一思想、凝聚共识，促进民办教育事业发展
2017	深入学习党的十九大精神，深刻领会习近平新时代中国特色社会主义思想，全面贯彻民办教育新法新政，进一步加强民办学校党的建设，推动新时代民办教育优质发展

资料来源：依据胡大白主编的《中国民办教育通史》及民办教育协会官网《协会大记事》相关内容，笔者自制。

4. 地方政府

对于地方政府来说，一方面，它要在中央政府的"大政方针"框架下开展工作，从这个视角说，地方政府在民办高等教育分类管理改革中的能动性有限；另一方面，中国民办高等教育分类管理政策变革是"摸着石头过河"，中央政府在确定改革的方向之后，会给予地方一定的政策空间，以便地方根据实际情况，在一定权限范围内发挥地方的能动性。民办高等教育分类管理政策的变迁亦符合这一逻辑。在国家确定了变革方向后，首先在浙江、上海、广东等地试点，将试点经验进行总结，再在全国实施。从总体上说，地方政府是支持民办高等教育发展的，民办高等教育发展中的"西安现象""江西现象""广东现象"以及"浙江现象"就是地方支持民办高等教育发展的最好例证。对于地方政府来说，一方面，民办高等教育有着很强的经济效应。以江西来说，2008 年江西民办高校在校生 20 万人，学费收入超过 14 亿元，20 万大学生一年消费至少 6.4 亿元，民办高校给江西带来的直接经济贡献超过 20 亿元，占江西地方财政收入的 4.09%（当年江西财政收入 488.6 亿元），再算上这些资金的乘数效应，民办高等教育的贡献会更大。[①] 同时，民办高等教育在培养人才、扩大就业以及提高地方的大学录取率等方面，都发挥了积

---

① 卢杰. 数字化社会背景下我国民办高等学校融资问题研究 [M]. 成都：西南交通大学出版社，2015：129-132.

极作用。另一方面，地方政府逐步有能力扶持民办教育发展。随着地方经济的发展，地方政府的财政收入逐渐增多，用于地方教育的公共财政预算在逐年增加。2010—2015 年，地方政府教育经费预算分别为 9.17 亿元、13.34 亿元、18.03 亿元、22.75 亿元、30.09 亿元、39.82 亿元。① 可见，地方政府已有能力支持民办高等教育发展。但是由于政策没有对民办高等教育进行非营利性和营利性分类，导致财政资金很难进入民办高等教育领域。这就需要通过分类管理改革，规范民办高等教育的办学行为。

（二）民办高等教育的趋利性发展社会行为体

2010 年制定的《国家中长期教育改革和发展规划纲要（2010—2020年）》，提出对民办高等教育实施分类管理改革试点，此后教育部连续四年（2013—2016 年）在"工作要点"中都将分类管理列为教育部的重点工作。2016 年，国家又连续发布了《民办学校分类管理登记实施细则》和《营利性民办学校监督管理实施细则》等文件，分类管理"已成定局"。② 此时要求获取合理回报的民办高校、独立学院、民办高等教育集团等，主张淡化民办高等教育的非营利性与营利性问题，不再反对分类管理。但是在产权、扶持政策、法人治理、内部治理、剩余索取等方面仍存在异议，以维护自身的既得利益。这些行为体具有明显的趋利性特征，我们将其称为趋利性发展社会行为体。

1. 要求"合理回报"的民办高校

相关人士在谈论中国的民办教育时曾经说过，"中国的民办教育是利用自筹资金办学，捐资办学者不多，大多数是投资办学"。③ 正是因为大多数办学主体是投资办学，才出现了"只有10%的个人或机构是出于公益目的办学，90%是要求营利回报的"。从经济学角度讲，绝大多数民办高校是投资办学，其办学目的就是为谋取投资回报、获取投资产权及其利润分配权。从数量上看，中国民办高校大多是在投资办学基础上发展起来的。但是很少有民办高校公开承认其是要求获取"合理回报"的民办高校，一是因为如果要求"合理回报"会被贴上"营利性民办高校"的标签，对招生工作产生不利影响；二是因为要求"合理回报"会丧失"民办非企业单位"资格，在税收、财政扶持、法人身份等方面按照企业对待。以至于民办高校都不要求"合理回

---

① 参见《中国教育经费统计年鉴》（2010—2015）。
② 李晓科. 民办高校发展现状与对策研究 [M]. 长春：长春人民出版社，2018：56.
③ 阚珂. 中国人民代表大会年鉴（2004）[M]. 北京：中国民主法制出版社，2004：192.

报",但是"95%的办学者都想获取合理回报"。①从办学者的诉求看,作为理性经济人的投资办学者,认为投资高等教育是一个很好的获利机会,民办高等教育领域隐藏着巨大的商机,培养人才只是获取利益的手段和工具,其办学的目的是获取投资的增值收益。②当分类管理改革"已成定局",这些举办者关注的仍是后续的"奖励""补偿""补贴"等经济利益。③从举办者的影响力看,随着民办高等教育机构的发展壮大,举办者在获取经济利益的同时,也获取了参与决策的官方渠道,通过参政议政对民办高等教育政策的变迁施加某种政治影响力。

2. 独立学院

这一时期独立学院有所减少,从 2011 年的 309 所下降到 2019 年的 257 所,占民办高校的比例从 44.3% 下降到 33.9%(见表 4-11)。独立学院虽然数量上有所减少,但是其所占的比例仍不低。这一时期独立学院的减少与国家的政策息息相关。2008 年 2 月,教育部出台《独立学院设置与管理办法》,要求 5 年内对独立学院进行"考察验收",规范设置为普通民办高校。此阶段一部分独立学院转设为民办普通高校。从独立学院的办学模式看,早期独立学院的办学模式有四种④:一是公办高校作为创办主体,通过向银行贷款或其他方式筹集资金创办的独立学院;二是地方政府为了发展本地的高等教育,以出资、出地等优厚条件,吸引优质高校合作举办的独立学院;三是企业作为投资主体,与公办高校合作举办的独立学院;四是由企业、政府和大学三方合作举办的独立学院。这四种独立学院可以"是否有民营资本参与"为标准,进一步分成有民营资本参与的独立学院和无民营资本参与的独立学院。有研究者做了相应的研究,前者占了 44.27%,后者占了 55.73%⑤。有民营资本参与的独立学院有营利的动机;无民营资本参与的独立学院一方办学主体为公办高校,也有通过举办独立学院"创收"的动机。从独立学院的转设路径看,2020 年 5 月,教育部发布了《关于加快推进独立学院转设工作的实施方案》,要求全国所有的独立学院都要转设,2020 年末"各独立学院全部制

---

① 李斯明,费坚,魏训鹏. 民办学校举办者诉求与分类选择动因分析——基于《中华人民共和国民办教育促进法实施条例(修订草案)(送审稿)》视角[J]. 现代教育论丛,2019(1):29-30.
② 黄威,李文章. 民办高校分类管理改革的"中间路线":基于举办者视角的分析[J]. 中国高教研究,2017(2):22.
③ 李虔,卢威. 民办学校分类管理十大未决问题探析[J]. 中国教育学刊,2018(8):6-9.
④ 胥秋. 独立学院十年发展历程的回顾与反思[J]. 辽宁教育研究,2011(10):48.
⑤ 郑雅萍,周婷,陶佳苹. 独立学院转设:必要性、困境及路径设计[J]. 教育理论与实践,2019,39(36):8.

定转设工作方案"①，其转设路径包括"转为民办""转为公办"以及"终止办学"。"办学终止的路径"在一定程度上会损害师生的合法权益，存在相应的终止风险。在现实中"转为公办的路径"地方政府的积极性不高，因为大学的运转费用高，转为公办会增加地方政府的财政压力。② 可见，未来大多数独立学院的出路是转为民办高校。一旦独立学院转为民办高校，就面临着上述"要求'合理回报'民办高校"同样的问题。

表4-11 2011—2019年全国独立学院统计　　　　　　　　单位：所

年份	2011	2012	2013	2014	2015	2016	2017	2018	2019
独立学院	309	303	292	283	275	266	265	265	257
民办高校总数	698	707	718	728	734	742	747	750	757
独立学院所占比例（%）	44.3	42.8	40.7	38.9	37.5	35.8	35.5	35.3	33.9

资料来源：根据《全国教育事业发展统计公报（2011—2019年）》统计数据整理，笔者自制。

3. 民办高等教育集团公司

在民办高等教育产业化、市场化理念的影响下，民办高等教育出现了一种新的组织模式——高等教育集团公司。这一时期全国共有23个民办高等教育集团公司，下属民办高校104所（包含9所境外高校），占全国民办高校的12.5%，在校生人数大约110万，占全国民办高校在校生人数的16.7%。③ 较有代表性的民办高等教育集团公司有：北京北方投资集团、四川希望教育产业集团、新高教集团等，这些民办教育集团公司拥有高校的数量和学生人数惊人。比如目前中国最大的民办高等教育集团公司北京北方投资集团，下属民办高校19所（其中17所本科民办普通高校和2所专科高校），在校生约20万人；四川希望教育产业集团下属11所高校，在校生12万人；新高教集团下属7所高校，在校生11.6万人。②民办高等教育集团公司作为这一时期新的公司化高等教育组织模式，从形式上看，是将规模较小的、分散的民办高等教育机构以教育集团公司的形式有机地结合，以实现民办高校运营的规模效益，是一种民办高等教育集约化、规模化办学模式。从功能上看，这种集团化的办学模式有利于发挥民办高校办学的规模效益，完善民办高等教育治理

---

① 参见《教育部办公厅关于〈关于加快推进独立学院转设工作的实施方案〉的通知》第二条，2020年。

② 郑雅萍，周婷，陶佳苹. 独立学院转设：必要性、困境及路径设计［J］. 教育理论与实践，2019，39（36）：8.

③② 钟秉林，周海涛，景安磊. 民办高校集团化办学的发展态势、利弊分析及治理路径［J］. 中国高教研究，2020（2）：29.

体系、转换集团发展动力以及稳定发展预期等。从发展特点看，这一时期高等教育集团公司纷纷进入资本市场，实现民办高等教育与资本的联姻（见表4-12）。从民办高等教育集团公司组织结构及发展特点看，作为一种市场化行为主体，有着西方营利性私立高校的特征。分类管理改革后，作为营利性民办高校其能够合法地利用市场机制进行融资、并购等，实现快速发展。但是民办高等教育集团公司基于社会公众对"营利性"的担忧，在分类管理改革中仍想保留"非营利性""公益性"外衣。比如河南春来教育集团，2015年营收3.363亿元、2016年营收3.786亿元、2017年营收4.61亿元，[①] 但是其在所属的官方网站中，仍被界定为"非营利性民办高校"。

表22 上市民办高等教育集团统计

教育集团名称	上市时间	上市地点	下属高校
嘉宏控股集团	2019年8月18日	港交所	中原工学院信息商务学院、浙江长征职业技术学院
中国银杏教育	2019年1月18日	港交所	成都信息工程大学银杏酒店管理学院
中国科培教育集团	2019年1月25日	港交所	广东理工学院
希望教育集团	2018年8月3日	港交所	西南交通大学希望学院、四川希望汽车职业学院、四川文化传媒职业学院、四川天一学院、山西医科大学晋祠学院、银川能源学院、鹤壁汽车工程职业学院、贵州财经大学商务学院、贵州应用科技职业学院、贵州大学科技学院、四川托普信息技术职业学院、苏州托普信息技术职业学院
中国春来教育集团	2018年9月13日	港交所	商丘学院、商丘学院应用科技学院、安阳学院、长江大学工程技术学院、苏州科技大学天平学院
21世纪教育集团	2018年5月29日	港交所	石家庄铁道大学四方学院、河北大学影视艺术学院、石家庄理工职业学院
新华教育集团	2018年3月26日	港交所	安徽新华学院、安徽医科大学临床医学院、南京财经大学红山学院
华商教育集团	2017年7月1日	港交所	广州华商职业学院、广东财经大学华商学院

---

① 春来教育冲刺港交所：年营收4.6亿：被批公益性淡化 [EB/OL]. 搜狐网，(2018-9-8) [2020-6-19]. https：//sohu.com/a/252686721_ 100253606/.

续表

教育集团名称	上市时间	上市地点	下属高校
中教控股	2017年12月15日	港交所	江西科技学院、广东白云学院、四川外国语大学重庆南方翻译学院、广州大学松田学院、广州松田职业学院、济南大学泉城学院
民生教育集团	2017年3月22日	港交所	云南大学滇池学院、重庆人文科技学院、重庆工商大学派斯学院、内蒙古丰州职业学院、重庆应用技术职业学院、河北工业大学城市学院、重庆电信职业学院、曲阜远东职业技术学院、南昌职业大学、安徽文达信息工程学院
宇华教育集团	2017年2月28日	港交所	郑州工商学院、山东英才学院、湖南涉外经济学院
成实外教育有限公司	2016年1月15日	港交所	四川外国语大学成都学院、Virscend University

资料来源：笔者自制。

第五章
制度与民办高等教育政策变迁

上一章从社会行为体视角,分析了不同阶段社会行为体的利益差异与民办教育政策选择。但是社会行为体的利益并不是影响民办高等教育政策变迁的唯一因素,各个社会行为体所处的制度环境在其中扮演着重要角色。制度规定了社会行为体相互作用的规则和场域,并在不同程度上设定条款和提供博弈所需的资源。只有进行回归制度分析,将理念和利益对政策的影响置于特定的制度框架下,才能更好地理解民办高等教育政策变迁的结果。20世纪80年代,历史制度主义兴起于西方,90年代引入中国。[①] 历史制度主义认为政治行为体和社会行为体的政策选择均发生在一国特定的制度中,国家的政治制度界定了政治发生和发展的基本框架。[②] 制度在一国的政策选择中具有重要的作用,它决定了哪些行为体可以参与政策的制定与选择以及其参与政策制定与选择过程中的角色、地位和相互关系等。制度可以细分为宏观制度、中观制度和微观制度,不同层次的制度面临着不同的环境约束,具有不同的特征和差异性规则体系。从宏观制度、中观制度和微观制度考察民办高等教育非营利性与营利性的政策选择,有利于建构一个制度对政策变迁影响的综合性分析框架。

一、制度与制度分层

(一) 制度及其重要性分析

新制度主义包含了理性选择制度主义、社会学制度主义及历史制度主义等,它们都基于自己的研究视角对制度进行了界定,但是这些界定各有侧重,以至于很难找到一个统一有效的制度概念。理性选择制度主义把制度界定为影响到结果的一系列规则,制度的出现是为了解决"公地悲剧"和"囚徒困

---

① 杨龙. 新制度主义理论与中国的政治经济学 [J]. 教学与研究, 2005 (7): 40.
② [美] 詹姆斯·G. 马奇, 约翰·P. 奥尔森. 重新发现制度: 政治的组织基础 [M]. 张伟, 译. 北京: 生活·读书·新知三联书店, 2011: 18.

境"之类的集体行动难题,如诺斯认为制度是"人为设计出来限定其行为互动的约束";奥斯特罗姆认为制度是一种稳定的均衡,一种义务规范,一种互动规则;索尔坦认为制度是由各种偏好、价值、观念、规则、规范等混合而成,它们既可以是实体性的,也可以是程序性的。[①] 社会学制度主义认为制度不仅包括正式的规则、规范、程序,还包括符号、认知以及道德规范等。它们把制度等同于文化,文化则是组织所拥有的态度、价值观、符号、惯例以及认知网络等,这些文化因素为社会行为体提供一个"意义框架",指导行为体的行为。历史制度主义则把制度理解为国家政体的组织结构以及政治经济生活中正式的或者非正式的惯例、程序、风俗以及规范等。历史制度主义对制度的界定比较宽泛,涵盖了国家的宪政规则、官僚制中的执行准则以及影响社会行为体的风俗习惯,其突出特点是把制度与政治组织内的规则(规范)和在政治组织内传播的风俗习惯联系在一起。历史制度主义的代表人物豪尔将制度界定为各种政治经济组织中构成人际关系的正式的规则、习惯和受到遵守的程序、操作规程。综合以上分析,我们可以发现制度包含以下特征:一是制度是一个社会和政体的结构性特征。这个特征既包括正式的制度结构,如政治机构、立法机构和行政机构之间的关系,也包括非正式的规范、原则以及惯例等。二是制度具有一定的稳定性。制度植根于一国的政治文化和历史传统之中,在一个较长的时段内变化速度较慢。但是制度的稳定性是相对的,制度的变迁则是绝对的。即便是强调路径依赖的历史制度主义,也承认制度变迁的存在。[②] 制度只有针对外部环境的变化不断进行自我调整,才能得以持续存在。

政治制度是制度的重要表现形式,它有着制度的一般性特征,对国家政治生活的发生、发展和变革有着重要意义。正如马奇和奥尔森所言,政治制度是一个环境框架,政治生活在其内部发生、发展、变革与完善。[③] 政策问题的提出、政策议程的设定、政策的选择与执行等,均是在一定的政治制度内完成的。政治制度具有多种意义指向,既可以是有形的国家政治、立法、行政机关的组织结构,也可以是无形的规则、规范和习惯。组织结构是政治制

---

① Karol Soltan. Institutions as products of politics in Karol Soltan, Eric M, Uslaner, & Virginia, Haufler, (eds), Institutions and Social Order [M]. Ann Arbor: The University of Michigan Press, 1998: 47.

② [美] B. 盖伊·彼得斯. 政治科学中的制度理论:"新制度主义" [M]. 王向民, 段红伟, 译. 上海: 上海世纪出版集团, 2011: 69.

③ [美] 詹姆斯·G. 马奇, 约翰·P. 奥尔森. 重新发现制度: 政治的组织基础 [M]. 张伟, 译. 北京: 生活·读书·新知三联书店, 2011: 17.

度的基础，是政治制度的硬约束；规则、规范和习惯则是政治制度的软约束。政治制度限定和约束社会行为体的行为选择，即是政治制度发挥作用的表现形式。政治制度一方面可以通过"恰适性逻辑"规范社会行为体的行为，另一方面也可以通过提供激励和塑造个体偏好来影响社会行为体的行为。前者表现为制度对社会行为体社会观念的塑造，后者则表现为制度对社会行为体利益偏好的改变。政治制度通过对行为体社会观念的塑造和利益偏好的改变促进政策变迁。政治制度在政策选择中具有极其重要的意义，它设定了国家与社会的关系、规定了社会行为体的行为准则、设定了公共政策选择的规则与程序。

（二）制度的分层：宏观制度、中观制度和微观制度

在某种程度上可以说政治制度是那些和政策制定与选择密切相关的制度，政治制度设定了国家政治生活的基本框架、规定了社会行为体的行动准则、决定了个体的行为方式，在国家的政治生活中具有极其重要的作用。约翰·伊肯贝里将政治制度细分为"政策制定权力配置的国家结构""政府干预经济所设定边界的规范性秩序"以及"影响接近决策渠道的政府机构的特征"三个层次。[①] 在每一个层次中，存在着不同的环境约束、不同的制度行为体以及不同的规则体系。本书将政治制度划分为宏观、中观和微观三个层次，宏观层次的制度影响着中观和微观层次的制度。当然，将政治制度划分为宏观、中观和微观三个层次并非本书首创，李巍[②]、柳彦[③]等在相关研究中也有类似的划分。对政治制度进行多层次分析，有利于厘清民办高等教育政策变迁的多层次约束，有利于构建政策变迁的一个整体性分析框架。

1. 宏观制度

宏观政治制度是国家政治结构中最基本的制度，主要表现为国家与社会的关系。国家与社会的关系是历史制度主义研究的核心问题，是一种最为抽象的制度关系。[④] 学术界对国家与社会关系的研究是从理想状态出发，将国家和社会视为彼此分离的二元结构存在。国家能力是衡量国家与社会关系的重要指标，当国家能够嵌入社会且拥有较高的自主性时，国家能力就强；反之，

[①] John, Ikenberry. Conclusion: An institutional approach to American foreign economic policy [J]. International Organization, 1988, 42 (1): 219.

[②] 李巍. 制度变迁与美国国际经济政策 [M]. 上海：上海人民出版社，2010：71-88.

[③] 柳彦. 观念、利益和制度：国内政治与中国对外经济政策 [M]. 北京：中央编译出版社，2017：116-127.

[④] 李巍. 制度变迁与美国国际经济政策 [M]. 上海：上海人民出版社，2010：71.

国家能力则弱。衡量国家能力的指标有三个：一是国家的渗透能力，这种能力表现为国家能够进入社会，并与社会进行良性互动；二是国家的汲取能力，这种能力表现为国家能够从社会中汲取有效的资源；三是国家的协商能力，这种能力表现为国家能够通过确立与社会行为体的合作关系，保障公共政策制定与实施的有效性。在不同时期，由于国家能力的不同，国家与社会的关系呈现出不同的制度特征。

2. 中观制度

李巍将中观制度界定为"国家政权内部各部门之间的权力分配关系"。① 本书认为中观制度主要指以中央政府为主体的政治权力结构制度，它规定了政治权力在不同政治行为体之间的分配状态。从中观政治制度中的政治行为体来看，民办高等教育政策场域中的政治行为体主要包括中国共产党、全国人民代表大会、中央人民政府（国务院）、地方政府等。

3. 微观制度

宏观制度是国家与社会关系层面的制度，中观制度是相关政治权力在执政党、立法机关、中央政府以及地方政府等政治行为体之间配置的制度，微观制度则是决策层面的制度，它是和政策制定与选择直接相关的制度。按照李巍的说法，微观制度最具正式性，受表述明确的法律文本的约束。② 从这一概念来看，微观制度是一种非常重要的制度，它决定了决策主体的行为逻辑。微观制度界定了决策部门之间的关系以及与决策相关的程序、规则等，具体包括决策系统中各机构之间的关系、各机构和中介部门之间的关系等。微观制度中的这些关系可以具体化约为决策主体之间的关系以及决策主体与中间部门之间的关系。民办高等教育政策场域中的机构主要包括全国人大和国务院。中间部门则主要指民办高校举办者、管理者及相关中介组织等。因此，民办高等教育政策场域中的微观制度主要指作为决策主体的政府与人大之间的关系以及其与民办教育行为体之间的关系。这里有一点需要说明，不同时期，国务院与全国人大在民办高等教育决策中所起的作用不同。为了研究方便，这里主要考察决策主导者与民办教育行为体之间的关系。

二、宏观制度变迁与民办高等教育政策选择

宏观制度是国家与社会关系层面的制度，它是国家政治制度中最基本的

---

① 李巍. 制度变迁与美国国际经济政策 [M]. 上海：上海人民出版社，2010：63.
② 李巍. 制度变迁与美国国际经济政策 [M]. 上海：上海人民出版社，2010：64.

制度。改革开放至今，国家与社会关系在不同的历史时期表现出不同的阶段性特征。总体来看，"强国家"是其显著特征，但是社会对国家的渗透能力也在不断增强。国家与社会的关系可以化约为政府与市场的关系，不同阶段国家与社会关系的特征影响着政府与市场的关系特征。通过考察不同阶段国家与社会、政府与市场的关系特征，有利于我们从宏观上把握不同阶段民办高等教育政策选择的逻辑。

（一）国家与社会关系的总体结构变迁

国家与社会关系是政治学与行政学关注的核心议题之一，也是理解不同时期国家治理、政府治理以及社会治理政策选择的重要因素。因此，通过考察国家与社会关系的变迁，有利于我们从宏观上更好地理解民办高等教育非营利性与营利性的政策选择。由于我国"强国家"的总体性特征，很难通过强弱关系来界定国家与社会的关系。这里借用杨平等对国家与社会关系的界定，[①] 呈现新中国成立至今国家与社会关系的总体变迁。

1. 国家与社会的"统合"关系

中国经历了两千多年的封建王权统治，在这两千多年的历史中，虽然有着"皇权不下县"的乡绅治理传统，但是中国社会始终受到封建王权的严密监控，家国同构的政治文化使得宗法社会牢牢地嵌入强制性的国家秩序之中，致使中国社会发育严重不足。辛亥革命推翻了两千多年的封建帝制，但是民主共和的政治制度并未真正建立。随之而来的军阀割据导致社会动荡不安，日本侵华加剧了中华民族危机，"内忧"与"外患"使中国面临着"总体性危机"。[②] 此时，中国共产党承担起了抗日救亡的历史任务，领导中国人民赢得了抗日战争和解放战争的伟大胜利。

新中国成立之初，面临着巩固新生的人民政权和发展社会经济的双重历史任务。新生的人民政权需要在较短时间内快速发展民族工业，摆脱贫弱现状。在较短的时间内完成如此艰巨的历史任务，就需要国家具有强大的社会动员和资源汲取能力。为此，执政后的中国共产党继续发挥革命时期的政治体制优势，动员和改造了社会；[③] 通过加强党的建设和统一战线巩固了人民政

---

① 杨平，铁镠. 新中国成立 70 年国家—社会关系变迁的内在逻辑及启示 [J]. 中共天津市委党校学报，2019（6）：53.

② 何显明，吴兴智. 大转型：开放社会秩序的生成逻辑 [M]. 北京：学林出版社，2012：86.

③ [美] 乔尔·S. 米格德尔，阿图尔·柯里，维维恩·苏. 国家权力与社会势力：第三世界的统治与变革 [M]. 郭为贵，曹武龙，等，译. 南京：江苏人民出版社，2017：245.

权，通过培育"社会主义接班人"和集体主义观念增强了国家意志。强国家模式直接影响了中国国家与社会关系的建构。这种强国家模式表现为国家对社会的"统合"，国家权力可以渗透到社会的各个领域和个人生活的诸多方面，整个社会从个人到组织、从微观到宏观都纳入党和国家的权力体系之中。① 在强国家模式下，国家为了加强对社会的管理，几乎担负了所有社会服务的供给，兴建了为数众多的事业单位，事业单位的领导者由国家委任，职工工资由国家财政承担，工作职责由国家设置。事业单位都由国家进行管理，具有相应的行政隶属机关和行政级别，并据此从国家获取活动所需的资源。

2. 国家与社会的"分疏"关系

新中国成立后，党领导全国人民所建构的国家统合社会模式的人民政权，能够快速且有效地提高国家的政治动员和行政组织能力，国家在较短的时间内进行了土地革命、公私合营、"抗美援朝"、合作化运动等，充分显示了国家"统合"社会集中力量办大事的制度优势，巩固了新生的人民政权。但是，随着形势的发展，国家"统合"发展模式开始不适应社会经济的发展，缺乏足够的发展动力，尤其是社会利益分配格局的变化引发了某些阶层的不满。在这种情形下，我国在 20 世纪 70 年代末确立了改革开放的国家战略。② 改革既包括经济体制的改革，也包括政治体制的改革，经济体制和政治体制的改革进一步引发国家与社会关系的变革。

经济体制改革的方向是建立社会主义市场经济体制。在 1978 年 12 月召开的党的十一届三中全会上，确立了实事求是的思想路线和实行改革开放的基本国策，市场化成为改革开放的基本方向，明确指出社会主义也可以搞市场经济。③ 1992 年邓小平发表南方谈话，为深化改革开放指明了方向。同年召开的党的十四大提出要逐步建立与完善社会主义市场经济制度，使市场在宏观调控下对资源配置起基础性作用。1997 年召开的党的十五大强调了坚持国家宏观调控下的市场对资源配置的基础性作用。国家在这一阶段通过一系列政策设计，逐步向市场放权，使市场在资源配置中起基础性作用。市场经济在解构旧的国家与社会关系以及建构新的国家与社会关系方面发挥了重要作用。从解构旧的国家与社会关系来看，市场经济倡导竞争、自由、平等及法治，这些精神加快了社会民主化进程。市场经济以平等主体的自由交换为

---

① 杨光斌. 中国政府与政治［M］. 北京：中国人民大学出版社，2003：193.
② 曹海军. 改革三十年：党、国家和社会关系再思考［J］. 浙江社会科学，2008（6）：61.
③ 邓小平. 邓小平文选（第二卷）［M］. 北京：人民出版社，1994：236.

前提，通过完善的法律制度来保障市场主体的有序竞争，促使社会生产要素在不同部门与不同行业间自由流动，在追求利润最大化过程中实现资源的有效配置。以竞争、自由、平等以及法治为原则的市场经济，促进了社会向现代法治社会转变。可以说，市场经济进一步强化了社会公众自由平等意识和竞争精神、国家民主政治原则。从建构新的国家社会关系来看，改革的基本思路就是通过权力下放，让市场获得较大的自主权和发展空间，使经济社会生活充满活力与生机。通过改革，国家控制资源的数量减少、能力减弱，一部分资源进入社会和市场，成为可以自由转让的流动资源。在城市，一部分生产资料脱离了国家的控制，进入市场自由流动。[①] 在农村，农民可以自主经营土地和支配个体劳动力。市场机制的逐步形成和非公经济的快速发展，使得社会成员的活动空间不断拓展。

政治体制改革的主要内容是权力下放、政府职能转变和府际关系调整等。从权力下放来看，政府将企业的人事任免权、经营管理权下放给企业。政府通过权力下放，将大部分权力下放给企业，以增强企业的积极性和活力。政府将权力下放给企业的同时，也放松了对社会公众的管理，公民自由活动的领域和空间不断扩大，自治能力不断提高。[②] 从政府职能转变来看，改革开放后，政府在强化宏观调控职能的同时，不断弱化在经济管理和社会管理方面的职能，把市场做得比较好的事情交给市场，把生产和经营管理职能交给企业，把不该管、管不了和管不好的职能交给各类社会中介组织，简政放权，还权于企业、还权于社会。政府支持社会中介组织参与公共服务供给和社会治理，发挥中介组织在咨询、参与和反映诉求方面的积极作用。从府际关系调整来看，改革开放后，中央政府将大量权力下放给地方政府，这些权力包括行政管理权、干部任免权、社会管理权以及经济、政治和财税金融等方面的决策权等。府际关系调整后，地方政府的权力大幅度增加，地方政府的自主性和积极性不断提高。此外，国家日益注重法律制度的建设，实施依法治国，国家对社会组织的管理由"监管"向"培养发展和监管并重"转变。

总之，在市场经济不断深化和发展的情况下，国家通过下放权力、转变政府职能和调整府际关系等方式，将权力逐渐向社会让渡。社会组织通过承接政府转移和下放的权力，迅速发展壮大，并在社会主义现代化建设中发挥越来

---

① 张卓元，房汉廷，程锦锥. 市场决定的历史突破——中国市场发育与现代市场体系建设40年[M]. 广州：广东经济出版社，2017：30-31.

② 党秀云. 公民社会与公共治理[M]. 北京：国家行政学院出版社，2014：99.

越大的作用。这一时期的国家与社会的关系表现为国家与社会的"分疏"。

3. 国家与社会的"整合"关系

改革开放前30年，国家权力逐步向社会和市场让渡，社会和市场的活力被充分激发，我国在各个领域、各个方面都取得了举世瞩目的成就，进入了快速发展阶段。国家的快速发展产生了两个方面的效应：一方面解决了大量的社会问题；另一方面也带来了新的社会问题。新的社会问题的出现导致国家治理的难度加大。大多数学者将这些新的社会问题的出现归结为转型期的必然，认为转型期的经济社会体制发生了深刻变化，这些变化又对国家的政治体制和行政体制等产生了深远的影响，要求政治体制和行政体制等进行变革。但政治体制和行政体制的变革滞后于经济社会体制的变革，这可能导致社会各领域出现矛盾冲突。当矛盾冲突不断增加而缺乏相应的协调和解决机制时，就会进一步加深、激化，进而引发各类突发性和群体性事件。① 作为国家治理中的"不变要素"，国家控制着社会发展所需的资源，② 国家必然要强化自身的治理能力，调整国家与社会的关系，以应对可能出现的危机。

阿尔蒙德认为政治系统是社会系统中执行社会整合和调试功能的子系统。为了实现国家的有效治理，政治系统必然要对社会进行调试与整合。为了化解治理危机，党的十八届三中全会提出了发展和完善中国特色社会主义、全面深化改革和推进国家治理体系和治理能力现代化，党的十九大更是将实现国家治理体系和治理能力现代化纳入"两个百年目标"的总体框架。党的十八大以后，国家赋予了党对一切工作的领导的全新内涵，加强党的领导就是党中央对一切重大工作的统一集中领导，党的十九大将党的领导表述为：党政军民学，东西南北中，党是领导一切的；必须增强政治意识、大局意识、核心意识、看齐意识，自觉维护党中央权威和统一集中领导。③ 为了形塑社会观念，必须坚持以习近平新时代中国特色社会主义思想为指导，大力培育和弘扬社会主义核心价值观。为了改变社会风气，国家通过政治纪律和政治规矩，构建新的国家监察制度，加大反腐力度和廉政建设，全面从严治党，营造风清气正的政治生态。为了加强对社会组织的管理，国家明确了对社会组织的改革方向，在加快行业协会规范发展的同时，明确提出加强党的领导，

---

① 俞可平. 中国的治理变迁（1978—2018）[M]. 北京：社会科学文献出版社，2018：23.
② 胡颖廉. 从"总体"到"整体"——新中国70年国家与社会关系变迁[J]. 天津社会科学，2019（3）：47.
③ 习近平. 决胜全面建成小康社会 夺取新时代中国特色社会主义伟大胜利——在中国共产党第十九次全国代表大会上的报告[M]. 北京：人民出版社，2017：26.

推动行业组织等在党的统一领导下协调行动、增强合力。为了加强对基层社会的管理，县和乡镇政府强化了对村级组织和村干部的管理，城乡社区逐渐成为政府科层末端的"准行政组织"，基层群众自治组织和社区干部逐步走向"官僚化"。

党的十八大以来，为了应对改革开放进程中出现的新情况、新问题，国家有意识地变革了社会治理方式。通过强化政治、组织、意识形态等方面的领导，增强了党和国家对社会的管控，在国家与社会关系上表现为国家对社会的"整合"。

（二）政府与市场关系变迁及民办高等教育政策选择

民办高等教育的复苏和发展与市场密切相关，在某种程度上可以说民办高等教育是市场化的产物。因此，民办高等教育政策场域中的国家与社会关系，可以化约为政府与市场的关系。在国家与社会关系变迁的影响之下，民办高等教育政策场域中的政府与市场的关系亦会发生相应的变化。通过考察不同时期政府与市场的关系，有助于发现民办高等教育非营利性与营利性政策选择的逻辑。

1. 政府允许与市场引导下的民办高等教育政策

党的十一届三中全会确立了改革开放的基本国策。市场化成为改革开放的总方向，国家向社会放权，政府向市场放权，经济领域向市场开放。党的十二大和十三大相继提出计划和市场两种经济形态并重发展；党的十四大进一步提出建立和完善市场经济体制，使市场在国家宏观调控下对资源配置发挥基础性作用；党的十五大再次强调政府宏观调控与市场对资源配置的基础性作用。随着市场和政策的放开，中国民办高等教育复苏并发展。1978年，具有高考文化补习班性质的湖南中山进修大学创办；1980年10月，新中国第一所民办大学——九嶷山学院创设；1982年，新中国第一所集体所有制高校——中华社会大学成立；1984年3月，新中国第一所国家正式承认学历的海淀走读大学诞生；1994年2月，黄河科技学院、上海杉达学院等成为第一批通过政府审批的民办专科高校；2000年3月，经教育部批准，黄河科技学院成为新中国第一所实施本科教育的民办高校。截至2001年，全国共有89所实施学历教育的民办普通高校。[①] 民办高校的发展，离不开政策的支持。1982年《宪法》鼓励集体经济组织、企业事业组织以及其他社会力量依法举

---

① 教育部发展规划司，等. 2002年中国民办教育绿皮书[M]. 上海：上海教育出版社，2003：83.

办各种教育事业；1985年发布的《中共中央关于教育体制改革的决定》指出，地方要鼓励企事业单位、集体和个人捐资办学；1987年出台的《关于社会力量办学的若干暂行规定》第一条规定，"鼓励和支持社会力量办学"；1992年10月，党的十四大提出要"鼓励多形式、多渠道社会集资办学和民间办学"；1993年2月出台的《中国教育改革和发展纲要》对民办教育提出了"积极鼓励、大力支持、正确引导、加强管理"的十六字方针；1997年颁布的《社会力量办学条例》"鼓励社会力量办学，维护举办者、学校及其他教育机构、教师及其他教育工作者、受教育者的合法权益，促进社会力量办学事业健康发展"；1999年6月发布《关于深化教育改革全面推进素质教育的决定》，指出要"积极鼓励和支持社会力量以多种形式办学"，"形成以政府办学为主体，公办学校与民办学校共同发展的新格局"；1999年第三次全国教育工作会议将民办学校的地位由"补充"变为"与公办教育共同发展"。总之，从宏观上看，这一时期国家对民办高等教育是持支持态度的。

过去的选择决定了现在可能的选择，① 制度一经建立，便具有很强的稳定性，形成路径依赖。新中国成立初期的国家统合社会的国家治理模式，依旧影响着政府部门的管理理念与行为。如1986年发布的《关于不得乱登办学招生广告的通知》、1987年发布的《社会力量办学财务管理暂行规定》、1988年发布的《关于社会力量办学几个问题的通知》、1990年发布的《关于跨省、自治区、直辖市办学招生广告审批权限的通知》、1991年发布的《关于社会力量办学印章管理暂行规定》等，这些政策法规从招生广告的监管到财务的管理、从印章的管理到学校内部治理等对民办高等教育的办学活动设置了具体的管理标准，对民办高等教育的办学行为进行明确且具体的限制。1993年2月出台的《中国教育改革和发展纲要》对民办高等教育提出了十六字方针，其中即有"加强管理"，而非"依法管理"；1993年国家教委发布的《民办高等学校设置暂行规定》，明确了民办高校的设置标准，对民办高校的师资配备、专业设置、校舍、图书馆、经费来源等设置了严格的限制性条件；1997年颁布的《社会力量办学条例》指出"国家严格控制社会力量举办高等教育机构"。这些政策法规既表明了在微观管理方面政府对民办高等教育的态度，又体现了在政府与民办高校关系中政府的强势地位。

---

① [美]道格拉斯·C.诺斯.经济史中的结构与变迁[M].陈郁，罗华平，译.北京：生活·读书·新知三联书店，1991.

在"宏观肯定,微观否定"①的政策环境下,民办高等教育虽有"量"的发展,但是"质"的发展非常缓慢,尤其是学历教育。从"量"上看,1996年全国有民办高等教育机构1219所,1997年1115所,1999年1277所,2000年1321所,2001年1758所。② 这些教育机构以高等教育文凭试点考试学校、助学辅导机构以及教育培训机构等为主。从"质"上看,办学质量高、国家承认学历的民办高校较少。1996年全国实施学历教育的民办普通高校21所,1997年20所,1998年25所,1999年37所,2000年43所,2001年89所。③ 既有"三无"起家、滚动发展的,又有企业投资、产业运作的,还有部分是公立转制、国有民办。总体来看,这一时期民办高等教育文凭试点考试学校、助学辅导机构以及教育培训机构等占多数,它们因市场而生,具有明显的趋利性,在发展过程中出现大量"违规"事件,比如没有挂靠单位或办学资格、没有办学条件、擅自承诺发放国家承认的学历文凭、乱登招生广告、跨省市招生办学以及利用办学非法牟利等。这些民办高等教育机构的违规行为严重损坏了教育的公益属性,与国家大力发展民办高等教育的目标背道而驰。为此,国家制定了"严格控制社会力量举办高等教育机构""社会力量办学不得以营利为目的"以及"任何组织和个人不得以营利为目的举办学校和其他教育机构"的政策。这正契合了钱民辉教授的观点:虽然经济体制的改革冲击着高等教育体制,但是高等教育改革中中央集权的体制还是在发挥着决定和主导的作用。④

2. 政府鼓励与市场主导下的民办高等教育政策

21世纪初,中国特色的社会主义市场经济体制不断完善。党的十六大报告指出要在更大程度上发挥市场资源配置的基础性作用。2003年召开的党的十六届三中全会强调:"增强公有制的活力,大力发展国有资本、集体资本与非公有制资本等参股的混合所有制经济,实现投资主体的多元化";党的十七大报告指出,"从制度上更好发挥市场在资源配置中的基础性作用"。可见,这一阶段政府继续向市场放权,通过放权发挥市场在资源配置中的基础性作用。相较于经济领域和社会领域的改革,民办高等教育领域的改革似乎要慢

---

① 卢彩晨.危机与转机:从民办高校倒闭看民办高等教育发展[M].广州:广东高等教育出版社,2009:104.
② 教育部发展规划司,等.2002年中国民办教育绿皮书[M].上海:上海教育出版社,2003:95.
③ 教育部发展规划司,等.2002年中国民办教育绿皮书[M].上海:上海教育出版社,2003:83.
④ 钱民辉.中国高等教育体制改革为何总是处在两难之中[J].清华大学教育研究,2013(5):35.

上半拍，直到1999年召开的第三次全国教育工作会议才提出教育是"知识产业""发展教育产业"的思想。关于教育是否可以产业化虽然存在着很大争议，但是民办高等教育的发展速度明显加快。一时间，各类投资主体纷纷举办民办高等教育，① 这一时期，涌现了大量高等教育培训机构和企办高校。

市场经济的发展引发了政府角色的转变和职能的变迁。面对国家财政资源的短缺和公众对高等教育的旺盛需求，政府看到了应用市场机制供给高等教育服务的潜力和优势，开始借助于市场的力量发展高等教育。借助市场力量发展高等教育包括两个方面的含义：一方面是允许公立高校开展市场化活动；另一方面是允许和鼓励社会资本投资民办高等教育，这里研究的是后者。既然政府要借助市场力量发展民办高等教育事业，那么就需要转变自身的角色和职能。从政策的制定来看，这一阶段相较于前一阶段有关民办高等教育的政策数目较少，总计10项，从侧面反映出政府对民办高等教育管控的减少。政策目标也发生了相应变化，从对民办高校的管控逐步走向鼓励与扶持。2002年12月颁布的《民办教育促进法》将此法的立法目的概括为"促进"，将民办教育的性质界定为"公益性事业""社会主义事业的组成部分"；提出政府对民办教育要"积极鼓励、大力支持、正确引导、依法管理"，"依法管理"代替了1993年《中国教育改革和发展纲要》中的"加强管理"，标志着政府对发展民办教育的理念转向规范化和法治化。② 2003年，教育部发布《关于规范并加强普通高校以新的机制和模式试办独立学院管理的若干意见》，独立学院得以快速发展。此后相继发布了《教育部关于转发〈重庆市人民政府关于促进民办教育发展的意见〉的通知》《国务院关于鼓励和引导民间投资健康发展的若干意见》等，这些政策均体现了国家对民办高等教育的鼓励与扶持。为了更好地向民办高等教育提供服务，"国家支持和鼓励社会中介组织为民办学校提供服务"。③ 国家对民办高等教育从管控走向鼓励与扶持，意味着政府的管控职能向服务职能让渡，民办高等教育出现新的变化。

20世纪末，人们对高等教育的本质和属性有了新的认识，认为教育不仅是上层建筑，而且还是生产力。④ 随着市场经济的确立，不少学者提出了高等

---

① 方晓田，王德清. 后大众化时期民办高等教育发展与政府干预[J]. 高等教育研究, 2013(10): 49-50.
② 景安磊，周海涛. 我国民办教育改革发展的回顾与思考[J]. 宁波大学学报（教育科学版），2020 (2): 46.
③ 参见《中华人民共和国民办教育促进法》第四十三条, 2002年。
④ 钱民辉. 政府·市场·大学: 谁决定大学教育的主流话语[J]. 北京大学学报（哲学社会科学版），2015 (5): 132.

教育市场化的思想,这一思想契合了时代发展的要求,很快被决策者所采纳,大量社会资本进入高等教育领域,民办高等教育得以快速发展。从数量上看,2002年全国民办普通高校133所,在校生31.98万人,① 到2010年,全国民办普通高校达到676所(其中独立学院323所),在校生476.68万人,② 九年间民办高校增加了543所,平均每年增加60所;在校生增加了444.7万人,平均每年增加49.4万人。从民办高等教育的类型看,这一时期的民办高校包括企办高校、独立学院、中外合作办学以及民办高等教育培训机构等。企办高校依托企业雄厚的资金和市场化运作,发展速度惊人;独立院校依托公办高校的良好声誉和合作方的雄厚资金,在较短的时间内得以快速发展。从民办高等教育行业协会的活动能力看,民办教育行业组织开始出现,并发挥着越来越重要的作用。这一时期国家层面的民办教育行业组织有2002年6月成立的民办教育工作者联谊会、2005年成立的全国民办高校德育研究会、2008年6月成立的中国民办教育协会以及全国民办高校党建研究会等。③ 尤其是中国民办教育协会在民办教育的理论与实践研究、行业服务、行业自律以及行业维权等方面发挥了重要作用。2002年在制定《民办教育促进法》过程中,争议较大的"合理回报"表述之所以能够获得通过,从某种程度上说,民办教育机构的运作起了非常重要的作用。④

总之,随着市场经济的逐步完善,国家对大学的统筹管理与层级治理结构已发生改变。国家逐渐向市场放权,允许社会资本进入民办高等教育领域,实现了高等教育的多元化供给,国家对民办高等教育的态度从管控走向激励与扶持,国家对民办高等教育的管控逐步弱化。与此同时,随着社会资本进入民办高等教育领域,民办高等教育快速发展,组织化程度不断提高,议价能力增强。投资办学的民办高校具有逐利的动机,要想借助民办高校发展高等教育事业,促进高等教育供给的多元化,就需要允许民办高校获取相应的投资回报。

3. 政府规范与市场有限主导下的民办高等教育政策

21世纪以来,中国特色社会主义市场经济体制更加成熟。2012年党的十八大报告提出继续完善国家宏观调控体系,在更广范围和更大程度上发挥市

---

① 中国民办教育协会. 中国民办教育[M]. 北京:教育科学出版社,2010:56.
② 2010年全国教育事业发展统计公报[EB/OL]. 教育部,(2012-3-21)[2020-7-13]. http://www.moe.gov.cn/srcsite/A03/s180/moe_633/201203/t20120321_132634.html.
③ 胡大白. 中国民办教育通史(当代卷)[M]. 北京:社会科学文献出版社,2018:476-484.
④ 邵金荣. 民办教育促进法立法案例研究[M]. 北京:知识产权出版社,2015:80-83.

场配置资源的基础性作用;"更加尊重市场规律,更好发挥政府作用";党的十八届三中全会对政府与市场的关系表述为:市场在配置资源过程中发挥决定性作用,更好地发挥政府的作用;2017年10月,党的十九大指出要建设的社会主义市场经济体制是"市场机制有效、微观主体有活力、宏观调控有度";党的十九届三中全会进一步要求"破除制约使市场在资源配置中起决定性作用、更好发挥政府作用的体制机制弊端"。可见,党的十八大以来,党在政府与市场关系问题上注重强调两个方面的积极性:一方面强调市场在配置资源中的基础性作用;另一方面强调政府对市场的宏观调控作用。因为市场机制在实现资源的优化配置过程中,存在自身无法克服的缺陷,即"市场失灵",需要通过政府的宏观调控加以规避。党对政府与市场关系的新论断既是对过往几十年改革开放经验的总结,也是对未来政府与市场关系的要求和指向。处理好政府与市场二者之间的关系,既要发挥市场在配置资源中的基础性作用,又要发挥好政府强有力的宏观调控作用。这就要求科学合理地处理政府与市场之间的关系。

从某种程度上说,政府与民办高校的关系可以化约为政府与市场的关系,政府与民办高校关系的变迁可以通过政府与市场关系的变迁进行考察。20世纪末,在产业化和市场化理念的影响下,国家为了应对高等教育供给不足的问题,在民办教育领域引入社会资本,鼓励社会资本投资民办高等教育事业。社会资本投资举办高等教育具有营利的需求,但是《教育法》和《高等教育法》均要求举办教育事业"不得以营利为目的"。国家在制定《民办教育促进法》时,为了不与《教育法》和《高等教育法》相矛盾,达到促进民办教育发展的目的,允许民办高校举办者获取"合理回报",民办学校迅速营利化。[①] 民办高校的举办者出于营利的目的办学,以市场理念经营民办高校,导致民办高校在招生、收费、课程设置、教学管理、教师用工以及内部治理等方面问题重重。河南、江西等地个别民办高校甚至因为学费、学籍和学历等问题,引发民办高校群体性事件。[②] 为此,国务院办公厅出台了《关于加强民办高校规范管理引导民办高等教育健康发展的通知》,以规范民办高校的办学行为。此外,"合理回报"产生的不良政策效应还包括:"营利性民办学校享受了公益性学校的优惠待遇""营利性民办学校长期享受逐年增长的以财政拨款为主的国家教育经费的补助""优惠政策不但未提高私人投资民办学校的比

---

① 邵金荣.《民办教育促进法》立法案例研究[M].北京:知识产权出版社,2015:60-63.
② 方晓田.中国民办高等教育七十年发展历程[J].高等教育研究,2019(9):16-17.

例，反而导致其逐年下降""社会对民办学校的捐赠数量甚微且呈现下降趋势"。① 这些问题促使国家对现有的"合理回报"政策进行调整，规范民办高等教育的办学行为，转变民办高等教育的发展方式。为此，国家在这一阶段先后出台了《国家中长期教育改革和发展规划纲要（2010—2020 年）》、《民办教育促进法》（2017 年）、《民办学校分类登记实施细则》以及《营利性民办学校监督管理实施细则》等，分类管理改革从"积极探索"转向"全方位实施"。推行非营利性和营利性高等教育分类管理，彰显了国家引导民办高校分类发展、大力扶持非营利性民办高等教育的政策导向。

这一阶段，民办高等教育有了新的发展。从数量上看，2019 年全国共有民办高校 757 所，占国家普通高等学校总数（2688 所）的 28.2%；本专科在校生 708.83 万人，占国家本专科在校生人数（3031.53 万人）的 23.4%。② 从办学层次上看，这一时期民办高等教育在办学层次上有了新的突破，西京学院、吉林华桥外国语学院、河北传媒学院、黑龙江东方学院以及北京城市学院五所民办高校获取研究生培养资格，开始招收硕士研究生。2019 年民办高校招收硕士研究生 876 人，在校生总数 1865 人。② 从办学形式来看，这一阶段民办高等教育出现了新的组织形式——高等教育集团公司。高等教育集团公司拥有的高校数量和在校生人数惊人。比如目前国内最大的民办高等教育集团公司北京北方投资集团，下属民办高校 19 所，在校生约 20 万人。从行业组织来看，除了中国民办教育协会及其所属的高等教育专业委员会之外，各省组建了省级层面的民办教育协会。此外，还有一些民办高校自发组织的行业协会，比如 2013 年吉林华侨外国语学院联合 26 所高校发起成立的全国非营利性民办高校联盟等。总之，随着民办高等教育的发展壮大和逐步规范化，其对政策的影响力不断增强。比如 2016 年元旦后，国家征询《民办教育促进法》修改意见，中国民办教育协会快速行动，通过 QQ 群、微信和电话等现代通信工具，就二审稿征集民办高校的修改意见。"二审未交付表决"结果，"实际上反映了民办教育界的政治影响力"。③

总之，党的十八大以来，随着政府与市场关系的调整，政府与民办高校的关系也经历了相应调整。在这一过程中，政府在党的领导下对民办高校的治理能力增强，显现了"强政府"的特征。随着民办高校的发展壮大，逐步

---

① 邵金荣.《民办教育促进法》立法案例研究［M］.北京：知识产权出版社，2015：63-68.
②② 2019 年全国教育事业发展统计公报［EB/OL］.教育部，（2020-5-20）［2020-7-15］. http：//www.gov.cn/xinwen/2020-05/20/content_ 5513250. htm.
③ 胡大白. 中国民办教育通史（当代卷）［M］. 北京：社会科学文献出版社，2019：271.

走向规范化,其对政策的影响力也在不断增强。针对民办高等教育市场化和产业化带来的消极影响,国家规范民办高校的办学行为,实现不同类型的民办高等教育各安其位、各行其道、各显所能、各得其所,对民办高等教育实行非营利性与营利性分类管理是必然的政策选择。

三、中观制度变迁与民办高等教育政策选择

中观制度是围绕着政府各部门形成的政治权力结构,它界定了国家政权内部各部门间权力配置的法律法规、原则以及惯例等。在民办高等教育的政策场域中,中观层面的制度主体包括党、全国人大、国务院(中央人民政府)以及地方政府等。以国务院(中央人民政府)为中心,形成了国务院与党的权力关系(党政关系)、国务院与全国人大的权力关系(府会关系)以及国务院与地方政府的权力关系(央地关系)。府会关系中全国人大负责立法,国务院负责执法。这里仅考察党政关系和央地关系的变化。通过考察中观层面的党政关系和央地关系,能够更好地解释民办高等教育从"不得以营利为目的"到"合理回报"再到"分类管理"的政策选择逻辑。

(一)党政关系与民办高等教育政策选择

公共行政奠基者古德诺认为国家存在表达和执行两种职能,这两种职能分别由政治与行政来行使,政治履行的是国家意志的表达职能,行政履行的则是国家意志的执行职能。① 在中国这两种职能是由党和国务院分别行使的。中国共产党是执政党,是国家各项事业的领导核心,拥有对民办高等教育的最高决策权。中央人民政府(国务院)是最高国家权力机关的执行机关,是国家最高行政机关,拥有民办高等教育的最高行政执行权,同时它还具有制定行政法规、委任立法、向全国人大及其常委会提出法案的权力。② 国家政治生活中,行政机构的活动往往偏重于"效率"考量,而政治机构的活动则偏重于"价值"考量。不同阶段党政关系制度结构的差异,会对民办高等教育政策的制定与选择产生相应的影响。

1. "党政分开"与民办高等教育政策

新中国成立初期,随着新生政权的巩固,党的领导人在党政关系上认为党不能从外部直接领导政府,党的领导应该通过政府组织实施,党组织不能

---

① [美]弗兰克·J.古德诺.政治与行政:一个对政府的研究[M].王元,译.上海:复旦大学出版社,2011:72.
② 朱光磊.当代中国政府过程[M].天津:天津人民出版社,2002:34.

直接向公众发号施令，应通过政府中的党员贯彻执行。1951年，党中央下发了《关于加强中央人民政府系统各部门向中央请示报告制度和加强中央对政府工作领导的决定（草案）》，该决定要求一切重要的和主要的政策、方针、计划必须先向党中央请示，中央讨论和批准以后才能执行。在民办高等教育领域，这一时期在党的领导下，国家为了获得建设计划经济所需的大规模专业人才，先后出台了《全国工学院调整方案》《关于全国高等学校1952年的调整设置方案》等。经过院系调整和私立大学的社会主义改造，1956年后国家出现了公立大学"一统天下"的局面。

邓小平同志在1980年召开的五届人大三次会议上指出：中央一部分主要领导同志不兼任政府职务，这样可以集中力量管党、管方针、管路线；① 凡属政府职权范围内的工作都由政府讨论、决定和发文，不再由中央与地方党委做决定、做指示。② 1980年，邓小平在中央工作会议上指出，"从原则上说，各级党委应把日常业务工作和行政工作交给业务部门和政府来做，党委除了掌握政策方针和重要干部任免外，要腾精力做好思想政治工作、人的工作和群众工作"。③ 1986年，邓小平在中央政治局会议上指出：党管干部怎么管，这需要进行经验总结，从十一届三中全会就提出了党政分开。④ 1986年6月，邓小平在关于政治体制改革的讲话中指出：改革的主要内容首先是党政分开，这是关键，要放第一位。⑤ 党的十三届四中全会后，强调党对政府的政治领导、组织领导和思想领导，重新在政府内部设立党组。1997年9月召开的党的十五大提出了"依法治国"的思想，根据这一指导思想，党对国家政权的领导必须通过法定程序和制度将党的执政理念上升为国家意志，以此实现党的领导的法治化和规范化。

党政关系的变革影响着民办高等教育政策的选择。在党政分开阶段，党中央主要负责国家的重大方针政策、重要人事任免以及思想政治教育等方面的工作，而将具体的业务工作、行政工作交由中央政府来做，这就使得党对民办高等教育的工作直接管理较少，具体的业务工作交给了国务院、教育部等行政部门。从民办教育政策的制定情况来看，这一阶段有关民办教育的政策文本共有31项，其中以国务院、国家教委（教育部）单独署名发文或者联

---

① 邓小平. 邓小平文选（第二卷）[M]. 北京：人民出版社，1994：321.
② 邓小平. 邓小平文选（第二卷）[M]. 北京：人民出版社，1994：339-340.
③ 邓小平. 邓小平文选（第二卷）[M]. 北京：人民出版社，1994：163.
④ 邓小平. 邓小平文选（第三卷）[M]. 北京：人民出版社，1993：164.
⑤ 邓小平. 邓小平文选（第三卷）[M]. 北京：人民出版社，1993：177.

合发文的有 25 项，占所有政策文本的 81%；全国人大制定的政策文本为 3 项，包括《宪法》（1982 年）、《教育法》以及《高等教育法》；党的机关署名联合或单独发文的政策文本为 4 项，占所有政策文本的 12%，包括《中共中央关于教育体制改革的决定》《关于不得乱登办学招生广告的通知》《中国教育改革和发展纲要》以及《关于加强社会力量举办的高等学校党的建设工作的意见》等。政府部门所制定的政策占据了此时政策文本的绝大多数，党的机关制定的政策相对较少，而且主要是宏观层面的或者与政府部门联合发文，这在一定程度上反映了"党政分开"对民办高等教育政策的影响。此时党主要是对重大问题的决策领导，民办高等教育在高等教育中所占比例较小，比如 2000 年全国共有民办普通高校 37 所，在校生 6.83 万人，① 而此时全国共有普通高校 1041 所，在校生 556.09 万人。② 因此，这一阶段民办高等教育政策由行政部门所主导。

　　行政部门是国家公共政策的执行部门，行政部门更关注回应性和有效性。③ 改革开放至 20 世纪末这一时期，中国民办高等教育政策由国务院及其所属的国家教委（教育部）所主导，作为民办高等教育政策场域中最具权威性的行政机关，其主导的政策必定更加关注回应性和有效性。这一阶段国务院和国家教委（教育部）出台了大量规范民办高校办学行为的民办高等教育政策，目的就是对民办高校"违规"行为进行回应以及对这些行为进行规制。④ 比如，20 世纪 80 年代初，一些社会人士在没有教室、没有师资，也没有经费等的情况下，利用名人效应举办民办高校，造成社会办学的混乱，为此国家教委出台了《关于社会力量举办高等学校和中等专业学校试行条例》；一些民办高校在没有获得办学资质的情况下，擅自向学生许诺发放国家承认的大学学历文凭，造成学历文凭管理混乱，为此国家教委出台了《关于社会力量办学的若干暂行规定》《民办高等学校设置暂行规定》等；一些民办高校为了招收更多的学生，在国家和地方等报刊刊登招生广告，自命为××大学、××函授大学、××学院，承诺学生毕业时颁发国家承认的学历文凭，造成招生宣传的混乱，为此国家教委制定了《关于不得乱登办学招生广告的通知》《关于跨省、自治区、直辖市办学招生广告审批权限的通知》等；一些民办高

---

① 中国民办教育协会. 中国民办教育 [M]. 北京：教育科学出版社，2010：451.
② 2000 年全国教育事业发展统计公报 [EB/OL]. 教育部，（2002-4-21）[2020-7-18]. http：//www.moe.gov.cn/s78/A03/ghs_left/s182/moe_633/tnull_843.html.
③ 朱国云. 美国公共行政理论的政策取向 [J]. 南京社会科学，2010（1）：37-38.
④ 林小英. 教育政策变迁中的策略空间 [M]. 北京：北京大学出版社，2012：45-51.

校任人唯亲，财务管理和资金使用混乱，为此国家教委联合财政部出台了《社会力量办学财务管理暂行规定》。随着民办高等教育不断发展壮大，办学的营利性越来越明显，所获得的经济利益越来越多，民办高校趋利性引发的"违规"办学行为引发社会的不满。1993年发布的《民办高等学校设置暂行规定》规定"民办高校不得以营利为办学宗旨"，在其后的《教育法》《高等教育法》中也出现了"办学不得以营利为目的"的规定。

2. "党政分工"与民办高等教育政策

这一时期，党政关系逐渐从党政分开向通过法治化手段实现党政分工方向转化。早在1997年9月召开的党的十五大就提出"依法治国"的思想，党的十五大报告指出：推进政治体制改革，健全社会主义法治，扩大人民民主，通过依法治国，建设社会主义法治国家。① 十五大报告进一步指出，依法治国把坚持党的领导、依法行政和发扬社会主义民主相结合，从法律制度上保证党的领导和党始终发挥总揽全局、协调各方的领导核心作用。② 2002年11月召开的党的十六大强调：发挥各级党组织在同级政权组织中的核心领导作用，集中力量抓大事。支持各方独立负责和协调一致地开展工作。③ 依据党总揽全局和协调各方的原则，规范党委同人大、政府、政协等的关系，支持政府依法履行行政职能，依法行政；支持人大通过法定程序，使党的意志上升为国家法律，使党组织推荐的干部成为各类国家机关的领导人员，并依法对这些人员履行监督职责；支持人民政协围绕民主和团结，参政议政，依法履行职能。2007年10月召开的党的十七大将党政关系描述为：在坚持党总揽全局、协调各方的领导核心原则下，提高党的科学执政、民主执政和依法执政水平。可见，这一时期党和国家领导人倾向于通过法治化手段实现党政分工，党委的工作是协调各方、总揽全局；政府履行法定职能，依法行政；人大负责立法和监督工作。通过党政分工，实现民主执政、依法执政和科学执政，提高党的执政水平和执政能力，保证党对国家各项事业的有效领导。

党在"依法治国"理念下确立的党政分工关系，意图通过法律制度规范

---

①② 江泽民. 高举邓小平理论伟大旗帜，把建设有中国特色社会主义事业全面推向二十一世纪[EB/OL]. 中央人民政府网，(2007-8-20)[2020-7-29]. http://www.gov.cn/test/2007-08/29/content_730614.htm.

③ 江泽民. 全面建设小康社会，开创中国特色社会主义事业新局面[EB/OL]. 中国共产党新闻网，(2002-11-8)[2020-7-19]. http://cpc.people.com.cn/GB/64162/64168/64569/65444/4429125.html.

党的决策行为和政府的行政行为，使党在法律制度框架下依法执政、民主执政、科学执政，使政府在法律制度框架下履行法定职能，依法行政。这一制度设计，影响着党政关系的变迁，也影响着民办高等教育政策的选择。首先，"依法治国"理念下的政府更加注重依法行政。1993年《中国教育改革和发展纲要》所提出的"积极鼓励、大力支持、正确引导、加强管理"的十六字方针，在此阶段已变革为"积极鼓励、大力支持、正确引导、依法管理"。也就是说，政府对民办高等教育的态度从"加强管理"向"依法管理"转变，政府依法行政的意识在增强。国务院在2004年依据《民办教育促进法》制定了《民办教育促进法实施条例》。在该实施条例中，国务院开放了教育市场的准入限制，扩大各级民办教育的发展空间；允许民办高等教育举办者获取"合理回报"，对"合理回报"由实质控制改为程序控制；赋予举办者更多自主权，民办高等教育由审批制改为备案制；有针对性地制定优惠措施，大力扶持民办高等教育发展。同时，在这一时期国务院和教育部还制定了《民办高等学校办学管理若干规定》《独立学院设置与管理办法》以及《关于转发〈重庆市人民政府关于促进民办教育发展的意见〉的通知》等，法律制度的不断完善，促使民办高等教育逐步走上正规化的发展道路。其次，"依法治国"理念下党更加注重依法执政、科学执政和民主执政。江泽民同志在谈到党政关系时指出：中国共产党是执政党，党的执政地位是通过对政权机关的领导实现的，政府、人大、政协、检察院、法院等各级政权机关都必须接受党的领导。党的组织领导、政治领导和思想领导是通过对政治原则、政治方向、重大决策的领导以及向政权机关推荐干部等实现的。党不能替代人大机关行使国家权力，要善于将党对重大事务的决策通过法定程序成为国家意志。① 可见，党的"依法执政"要通过全国人大，将党的主张上升为国家意志，然后由政府负责实施。这种制度设计凸显了人大的立法功能，2002年制定的《民办教育促进法》便是这种制度逻辑的产物。《民办教育促进法》由人大负责起草，通过法定程序上升为国家法律。全国人大是国家的立法机关，更加注重立法的合法性逻辑。在《民办教育促进法》的制定过程中，全国人大的意见是《教育法》《高等教育法》等上位法要求民办教育"不得以营利为目的"，如果进行分类管理，将允许营利性民办高校的存在，与《教育法》《高等教育法》等上位法相冲突。因此，在赋予民办高校公益性组织身份的情况下，允

---

① 江泽民. 江泽民文选［M］. 北京：人民出版社，2006：112.

许民办高校获取"合理回报"。

3. 党的领导与民办高等教育政策

党的十八大以来，以习近平同志为核心的党中央多措并举，使党的领导得到全面加强。2013年12月，习近平总书记在中央经济工作会议工作上的讲话中指出："中国特色社会主义有很多特征，但最本质的特征是坚持中国共产党的领导。"① 2014年1月，习近平总书记在中共十八届中央纪委第三次会议上指出，"各方面党组织都应该对党委负责，向党委汇报工作"。② 2015年2月，在主要省部级干部学习十八届四中全会精神全面推进依法治国专题研讨班开班式上，习近平总书记指出，社会主义政治制度优越性的突出表现是党协调各方和总揽全局的领导核心作用，共产党的领导是中国最大的国情。2016年11月发布实施的《关于新形势下党内政治生活的若干准则》规定，国务院、全国人大、全国政协，中央纪委、最高检、最高法、人民军队，各人民团体、各企事业单位、社会组织以及其他组织都要不折不扣执行党中央决定，定期向党中央报告工作。③ 党的十九大进一步指出，"党政军民学，东西南北中，党是领导一切的"，"必须增强政治意识、大局意识、核心意识和看齐意识，自觉维护党中央的权威和集中统一领导"。④ 2019年10月，党的十九届四中全会通过的《中共中央关于坚持和完善中国特色社会主义制度推进国家治理体系和治理能力现代化若干重大问题的决定》进一步强调，"坚决维护党中央权威，健全党总揽全局、协调各方的领导制度体系，把党的领导落实到国家治理各领域、各方面、各环节"。总之，这一阶段以习近平同志为核心的党中央通过一系列举措，强化了党的核心领导以及党对"一切"的领导。

党的领导决定了公共政策的制定与选择必然以执政党的意志为主，执政党决定了公共政策的制定与选择。这一时期在民办教育政策场域中对非营利性与营利性分类管理的争议较大。比如，国家在2010年制定的《国家中长期

---

① 习近平. 在中央经济工作会议上发表重要讲话［EB/OL］. 新华网，(2013-12-13)［2020-7-20］. http://www.xinhuanet.com/photo/2013-12/13/c_125857613.htm.

② 习近平. 在十八届中央纪委三次全会上发表重要讲话［EB/OL］. 人民网，(2014-1-14)［2020-7-2］. http://politics.people.com.cn/n/2014/0114/c70731-24118640.html.

③ 关于新形势下党内政治生活的若干准则（全文）［EB/OL］. 新华网，(2011-5-2)［2020-7-20］. http://www.xinhuanet.com/politics/2016-11/02/c_1119838382_4.htm.

④ 习近平. 决胜全面建成小康社会 夺取新时代中国特色社会主义伟大胜利：在中国共产党第十九次全国代表大会上的报告［M］. 北京：人民出版社，2017：26.

教育改革和发展规划纲要（2010—2020 年）》中，提出修订《教育法》《高等教育法》《职业教育法》《教师法》《学位条例》以及《民办教育促进法》等六部法律，最后的结果是"修六立五"①，在《民办教育促进法》方面只提出了"积极探索营利性和非营利性民办学校分类管理"的表述，而未获立案；2015 年在一揽子教育法律（《教育法》《高等教育法》以及《民办教育促进法》三部法律）修订过程中，《教育法》和《高等教育法》获得表决通过，《民办教育促进法》因"分类管理"争议较大，最后"暂缓表决"。2016 年 4 月 18 日，习近平总书记主持召开中央全面深化改革领导小组第二十三次会议，审议通过了《民办学校分类登记实施细则》《营利性民办学校监督管理实施细则》以及《关于加强民办学校党的建设工作的意见（试行）》等文件，提出"建立非营利性和营利性民办学校分类登记和分类管理制度，提高教育质量"，②肯定了分类管理制度。2016 年 11 月，延期再审的《民办教育促进法》经第三次审议通过修订。至此，"分类管理"上升为国家的法律，分类管理成为既定事实。分类管理能够获得党中央的肯定与支持，一方面是因为民办高等教育发展迅速，在高等教育领域中所占的比重增大。比如 2015 年，全国共有普通高校 2560 所，在校生 610.90 万人，其中民办高校 734 所（包含独立学院 275 所），在校生 610.90 万人，所占比例分别达到 28.7% 和 23.3%。另一方面是因为"党政军民学，东西南北中，党是领导一切的"，民办高校必然接受党的领导。在民办教育分类管理的政策变革过程中，党中央一锤定音，确定了民办高等教育分类管理改革的方向。

（二）央地关系与民办高等教育政策选择

央地关系即中央政府与地方政府的关系，它是国家政治权力在中央政府与地方政府之间纵向上的分配关系。从中华人民共和国成立至今，央地关系在不同阶段具有不同的特征。央地关系决定着民办教育决策权在中央政府和地方政府之间的配置状况，进而决定了民办教育政策的制定与选择。通过央地关系考察民办教育政策的变迁，有利于我们解释民办高等教育从"不得以营利为目的"到"合理回报"再到"分类管理"的政策变迁逻辑。

1. 中央集权路径依赖下的民办高等教育政策

1949 年中华人民共和国成立，建立了"人民利益根本一致基础上的"新

---

① 董足胜. 民办学校分类管理推进策略研究［M］. 上海：华东师范大学出版社，2020：25.
② 周楠. 习近平主持召开中央全面深化改革领导小组第二十三次会议［EB/OL］. 新华网，(2016-4-18)［2020-7-20］. http：//www.xinhuanet.com//politics/2016-04/18/c_1118659626.htm.

型国家政权,在此基础上,党开始形塑新的央地关系。《共同纲领》规定:中央人民政府是国家权力的最高执行机关,地方各级人民政府服从中央人民政府,央地之间的职权划分由中央政府通过法令的形式予以规定。此后,国家财政经济实行统收统支,中央统一制定财政政策、法令、收支范围、项目和标准等,地方收入统一上交中央财政,没有中央批准,地方不得动用。通过这种方式,逐步建立了中央高度集权的经济运行与管理制度。1954年9月制定的《宪法》确立了中央高度集权的政治体制。这一体制的总体特征是加强中央统一领导,一切权力归中央政府。

在中央集权的政治体制下,中国高等教育实行高度集权的管理方式。[①] 国家集高等教育的举办者、管理者和所有者于一身,中央对大学大包大揽,实行统一计划、统一安排、统一管理。地方政府及其业务管理部门必须按照中央精神对辖区内的高校进行管理,地方的自主权非常有限。[②] 在中央集权的体制之下,1952年下半年开始,国家对高等教育进行了两次大规模的院系调整。比如将燕京大学和北京大学的工科并入清华大学,使清华大学成为工科高校。清华大学和燕京大学的文科、理科、法学并入北京大学,使北京大学成为综合性大学。此后,作为私立高校的燕京大学不复存在。复旦大学、南开大学保留原校名,但经过院系调整、合并、扩充之后,成为公立综合性大学。辅仁大学并入北京师范大学。南开大学的工学、津沽大学的工学以及河北工学院合并成为新的天津大学。齐鲁大学、金陵大学、之江大学、圣约翰大学、岭南大学、沪江大学以及华南联合大学等私立高校被撤销校名,相关专业并入其他大学。至此,存在了30余年的私立高校彻底从高等教育领域消失了。1945年4月,毛泽东在《论联合政府》一文中明确指出,"新民主主义"是中国共产党人的"最低纲领","社会主义"和"共产主义"则是中国共产党人的"最高纲领"。1953年,党中央提出过渡时期的总路线,开始对私有制进行改造,私立高等教育接受社会主义改造亦是必然。

中央集权体制下的高等教育表现为中央政府对高等教育的绝对主导,高等学校的设立、专业设置、经费来源、招生计划、科学研究、教育教学活动、毕业生就业、后勤管理等都遵循国家的计划指令。这种高度集权的办学体制,对于调整新中国成立初期高等教育的结构和培育革命建设人才发挥了重要作

---

① 林荣日. 制度变迁中的权力博弈:以转型期中国高等教育制度为研究重点[M]. 上海:复旦大学出版社,2007:166-167.
② 张忠华. 高等教育专题新论[M]. 北京:光明日报出版社,2013:154-155.

用。但随着社会经济的发展变化，这种体制逐渐不适应国家对各类人才的培养需求。党的十一届三中全会后，伴随经济管理权力的下放，教育行政部门通过"分级管理、地方负责"的改革，实现了高等教育公共权力向地方的转移。一些具有办学热情和教育情怀的离退休老同志、"老革命"、老教师、社会知名人士等，看到高等教育国家一元供给的不足，开始举办文化补习班、自考辅导班以及短期培训机构，社会上陆续出现了中华社会大学、黄河科技学院、九嶷山学院等民办高校。看到高等教育的巨大市场需求和"有利可图"，社会团体、国有企事业单位、民营企业等也积极参与举办高等教育事业。在这种形势下，民办高等教育得以快速发展。在这一阶段，民办高等教育虽得到了快速发展，但国家仍控制着民办高等教育发展的重要资源，比如民办高校的设立、专业设置和招生人数分配等，特别是相关法律中规定民办教育"不得以营利为目的"。这可以通过制度的路径依赖理论进行解释。路径依赖最简单的含义便是事物的初始状态对后期产生因果关系影响。除此之外，该理论强调事物一旦选择某一种发展路径，由于改变路径的成本因时间的推移而越来越高，因而原有的路径很难改变。① 国家规定民办高等教育"不得以营利为目的"存在着很强的路径依赖效应。1952年，国家推行了全国高校的院系调整，通过院系调整，存在30余年的私立高校退出了历史舞台。高等教育作为培养人才和追求社会效益的公共事业，必须符合公益要求。民办高等教育作为高等教育的组成部分，也必然坚持公益性原则，不得以营利为目的。2002年，在《民办教育促进法》制定过程中，仍有人认为"我们是社会主义国家，不宜在法律中写上营利性学校"。② 可见，公益性理念仍然有很强的路径依赖。

2. 地方分权改革中的民办高等教育政策

改革开放后，权力下放成为推动央地关系改革的重点。1979年，中央同意广东实施某些"特殊政策和灵活措施"。1982年《宪法》明确规定了处理央地关系的总原则：在中央的统一领导下，充分发挥地方的积极性、主动性。20世纪80年代的经济性和行政性分权改革，赋予了地方政府广泛的权力，地方获得了较多的企业管理和体制改革的自主权力，逐渐成为地方经济利益的主宰者。随着地方政府财政权力和经济权力的增加，利益自主空间逐步扩大，

---

① [韩]河连燮. 制度分析理论与争议[M]. 李秀峰，柴宝勇，译. 北京：中国人民大学出版社，2014：86-87.

② 程化琴.《民办教育促进法》制定过程研究[M]. 北京：北京大学出版社，2012：59.

地方政府推动地方经济发展的能力增强。1994年，国家推行分税制改革，税收按照税种划分为中央税和地方税两类进行管理，旨在通过分税制改革理顺中央与地方之间的财权和事权关系。同一时期，中国的高等教育亦经历了类似的变革。1985年发布的《中共中央关于教育体制改革的决定》提出了简政放权的思想，明确"中央只负责大政方针和宏观政策的制定"；20世纪90年代，国家发布了《中国教育改革和发展纲要》，该纲要重申了"高等教育以中央和省、自治区和直辖市两级政府办学为主"；1995年出台的《教育法》再次重申了上述规定。通过高等教育放权改革，地方政府获得了一定的政策空间，可以在一定范围内积极主动地去"试验"，同时试验的成效会反过来影响国家宏观政策的制定。民办高等教育的"合理回报"诉求便是这种逻辑的产物。

民办高等教育及其"合理回报"诉求体现了地方分权下的诱致性政策变迁。诱致性变迁是一种先试点后推广、先外围后核心的变迁。[①] 从民办高等教育的发展历程看。20世纪70年代末，我国恢复了中断十年的高考，广大适龄青年参加高考的热情高涨，但是高等教育的政府一元化供给效率低下，很难满足公众高涨的需求。高涨的高等教育需求和供给的短缺之间的矛盾日益突出，传统的政府一元供给高等教育的局面亟待打破。在这种形势下，国家看到了集权供给高等教育的弊端，开始向地方政府、向市场部分让渡高等教育的供给权力。民办高等教育就是在这种形势下，通过市场机制自筹资金逐渐发展起来。从中国第一所国家承认学历的民办大学——海淀走读大学的办学历程看，1984年国家教委做出批示："可以试一试"，建立一个试验性的专科学院，并划拨了600个专科招生名额。[②] 正是这种"试一试"，才有了国家承认学历的正规民办高校。再比如国家文凭考试制度，也是国家为了满足社会对学历教育的需求，于1993年开始"试点"，后逐渐在全国范围内推广。

从民办高等教育的"合理回报"诉求看。1999年普通高等学校"扩招"，由于公办高等教育不能满足扩招的需求，国家通过鼓励社会资本进入高等教育领域的方式，扩大高等教育的有效供给。但是囿于《教育法》《高等教育法》等法律法规"教育不得以营利为目的"的规定，社会资本进入高等教育领域投资办学的积极性不高。一方面国家的法律法规限制了民办高校办学者的逐利行为，另一方面社会资本进入高等教育领域的目的就是为了获取投资

[①] 卢现祥. 新制度经济学[M]. 武汉：武汉大学出版社，2004：112.
[②] 陈笃彬，吴端阳. 中国大陆民办高校的发展进程及特点评析[J]. 民办教育研究，2005（2）：11.

回报。这一时期，一些地方政府看到了民办高等教育在"扩大高等教育资源供给，节约地方政府高等教育财政支出""降低政府运营高等教育的制度成本""提升地方政府政治绩效，维护地方政府形象"① 等方面的积极效应，通过地方性法规给予民办高等教育举办者相应的回报（见表5-1）。

表5-1 《民办教育促进法》颁布前地方法规给予举办者的"合理回报"

省份	发布时间	法规名称	主要内容
河北省	2001年6月1日	《河北省民办教育条例》	第二十八条：民办教育机构举办者在保证教育机构正常运转与发展的前提下，可以取得合理回报
湖南省	2002年5月24日	《湖南省人民政府关于加快发展民办教育的通知》	第三条：民办学校在留足必需的办学经费后，投资办学者可以逐步收回办学成本，并取得合理回报
辽宁省	2002年8月5日	《关于大力促进民办教育发展的若干意见》	第七条：民办教育机构达到国家规定的设置标准后，在保证正常运转的情况下，投资办学者可以取得合理回报

资料来源：根据《河北省民办教育条例》《湖南省人民政府关于加快发展民办教育的通知》及《辽宁省关于大力促进民办教育发展的若干意见》等相关政策文本的内容，笔者自制。

上述地方性法规都早于《民办教育促进法》（2002年12月28日）颁布，也就是说在国家颁布《民办教育促进法》之前，地方政府已经通过地方法规的形式赋予民办高校获取合理回报的权利。程化琴通过研究发现："民办教育的回报问题在立法之初并未引起国家立法机关的注意，而是在地方和省级解决的"。1996年民办教育立法进入全国人大常委会立法议程，国家立法起草小组发现"部分民办学校已在从事营利性活动"，"允许营利有利于调动投资教育的热情"②，进而将"合理回报"写入立法草案。虽然在整个立法过程中各方对"合理回报"存有分歧，但是经过一审、二审、三审、四审四个阶段，最终《民办教育促进法》在2002年12月28日第九届全国人大常务委员会第三十一次会议上审议通过，"合理回报"相关内容进入国家的法律层面，在全国范围内推广实施。

3. 中央主导、地方试点下的民办高等教育政策

党的十八大以来，国家在处理中央与地方的关系上注重发挥两个方面的

---

① 赵军. 诱致性制度变迁中的政府行为——陕西民办高等教育现象分析 [J]. 高等工程教育研究，2007（6）：101.

② 程化琴.《民办教育促进法》制定过程研究 [M]. 北京：北京大学出版社，2012：156.

积极性，一方面强调发挥地方政府的积极性，另一方面强调国家的权威性和顶层设计。2012年11月召开的十八大指出，要鼓励有条件的地方继续走在现代化建设的前列，为国家改革发展做出更大的贡献。这说明国家在处理央地关系上延续了改革开放以来"摸着石头过河"的思路，强调通过局部试验的方式发挥地方在改革中的积极性和创造性。党的十八届三中全会发布的《中共中央关于全面深化改革若干重大问题的决定》强调，中国已进入改革的深水区和攻坚期，要"加强顶层设计和摸着石头过河相结合"。① 这里除了强调"摸着石头过河"，也强调了国家的顶层设计。党的十九大报告强调了党对一切工作的领导，认为"党政军民学，东西南北中，党是领导一切的"。这一时期在央地关系上更强调了党的领导和制度的顶层设计。民办高等教育的政策变革也受到这一制度设计的影响。

民办高等教育"分类管理"是源于国家顶层设计的强制性政策变迁。早在2002年《民办教育促进法》制定过程中相关部门就认为实施民办教育分类管理，一方面有利于提高真正办教育者的积极性，另一方面可以有效防控"假公益、真营利"办学者的牟利行为。虽然这一主张最终没有体现在《民办教育促进法》中，但是分类管理思想已进入中央最高决策层的视野。2010年制定的《国家中长期教育改革和发展规划纲要（2010—2020年）》（以下简称《规划纲要》）第四十四条明确指出"积极探索非营利性和营利性民办学校分类管理"，分类管理再次进入政策议程，对民办高等教育立法意义重大。《规划纲要》是由国家中长期教育改革和发展规划纲要工作小组办公室负责起草，《规划纲要》2010年6月21日由中央政治局会议审议通过。2015年1月7日，国务院常务会议审议通过《教育法律一揽子修正案（草案）》，提出对民办学校实施分类管理，1月29日，该草案被提请全国人大审议。2016年4月19日，中央深改组第二十三次会议审议通过《民办学校分类登记实施细则》《营利性民办学校监督管理实施细则》以及《关于加强民办学校党的建设工作的意见（试行）》。2016年11月7日，十二届人大常委会第24次会议审议通过了《民办教育促进法（修正案）》，民办高等教育分类管理成为国家的法律制度。民办高等教育分类管理政策是由国务院发起的、自上而下的，表现出明显的政府意图。② 这种变迁模式符合"国家或者集团通过政策法令主

---

① 吴斌，程宏毅. 中共中央关于全面深化改革若干重大问题的决定［EB/OL］. 中国共产党新闻网，（2013-11-15）［2020-8-6］. http://cpc.people.com.cn/n/2013/1115/c64094-23559163.html.
② 贾建国. 我国民办学校分类管理制度创建的路径分析［J］. 现代教育管理，2012（10）：54.

导实施的制度变迁"① 的强制性制度变迁特征。

民办高等教育分类管理政策"试点"具有强制性。2010 年制定的《国家中长期教育改革和发展规划纲要（2010—2020 年）》除了明确指出要"积极探索非营利性和营利性民办学校分类管理"之外，还确定了上海、浙江、广东以及吉林华侨外国语学院等"三地一校"作为试点单位。浙江的试点单位为温州市。温州市根据中央精神，针对民办教育中法人属性错乱、财政扶持不力、队伍整体薄弱、合理回报无从获得、产权归属不明、办学自主权难以保障、土地政策不到位、融资体制不通畅、税费优惠不落实、治理结构不科学等问题，出台了《关于实施国家民办教育综合改革试点加快教育改革与发展的若干意见》的"1+9"文件（见表 5-2），在办学体制、投资体制、师资待遇、融资体制、财政支持等方面有诸多创新。时任教育部副部长鲁昕曾对此评价："温州市民办教育综合改革之力度最大，推进之速度最快，试点之成效最为显著，改革试点之经验值得借鉴。"②

表 5-2 温州民办教育综合改革试点"1+9"文件的框架体系

《关于实施国家民办教育综合改革试点加快教育改革与发展的若干意见》	《关于民办学校分类登记管理的实施办法》
	《关于完善民办教育社会保险制度的实施办法》
	《关于进一步加强民办学校教师队伍建设的实施办法》
	《关于非营利性民办学校财务管理的实施办法》
	《关于公共财政补助民办教育的实施办法》
	《关于明确非营利性民办学校法人财产权的实施办法》
	《关于加强民办学校现代学校制度建设的实施办法》
	《关于落实民办学校优惠政策的实施办法》
	《关于民办学校办学水平评估的实施办法》

资料来源：笔者自制。

上海市民办学校分类管理改革试点的重点是鼓励和引导非营利性民办学校发展。③ 为此，上海市教委在 2014 年先后颁布了《关于开展非营利性民办高校示范校建设工作的通知》《上海市非营利民办高校示范校创建方案》等文

---

① ［美］R. 科斯，等. 财产权利与制度变迁［M］. 刘守英，等，译. 北京：生活·读书·新知三联书店，1994：384.
② 尹晓敏. 民办学校分类管理的实践之困及其破解——温州改革的视角［J］. 浙江树人大学学报，2015（4）：6.
③ 董圣足，等. 民办学校分类管理促进策略研究［M］. 上海：华东师范大学出版社，2020：140-144.

件，通过建构非营利性民办高校示范校创建的三级指标体系，鼓励和引导社会力量举办非营利性民办高校。吉林华侨外国语学院是非营利性民办高校建设试点单位，其以公证处置财产为起点，建立非营利性民办高校产权制度；以非营利性学校章程为核心，完善学校内部规章制度；为教职工购买补充社会保险，完善教职工保障制度。[1] 这些单位的"试点"工作，为国家积累了分类管理改革的相关经验，推进了分类管理改革的顺利实施。但是，这些"试点"与以往有所不同，以往的试点大多是地方自发组织实施，而此次"试点"工作是由国家直接确定，带有一定的强制性。

此外，民办高等教育分类管理政策的推广与实施具有强制性特征。十二届人大常委会第 24 次会议审议通过《民办教育促进法（修正案）》以及《国务院关于鼓励社会力量兴办教育促进民办教育健康发展的若干意见》之后，一些地方开始按照新的《民办教育促进法》和《国务院关于鼓励社会力量兴办教育促进民办教育健康发展的若干意见》制定实施分类管理政策的相关配套文件，比如辽宁省 2017 年 9 月 30 日发布了《辽宁省人民政府关于鼓励社会力量兴办教育促进民办教育健康发展的实施意见》，安徽省在同年 10 月 17 日发布了《安徽省人民政府关于鼓励社会力量兴办教育促进民办教育健康发展的实施意见》，此后甘肃、天津、云南、湖北、浙江、上海、河北、内蒙古、陕西、海南、江苏、河南、青海、广东等省份陆续发布了相关配套文件，但仍有部分省存在"工作进展缓慢，配套文件仍未出台"、"现有民办学校分类登记的关键环节不明确"[2] 等问题。为此，教育部专门出台了《关于民办教育分类管理改革地方配套文件制定工作进展情况的通报》，对相关工作做得好的省份进行了表扬，对做得不好的省份进行了不点名批评，无形中给还没有制定分类管理相关配套措施的省份施加了"压力"。此后，山东、重庆、江西、广西、贵州、吉林、四川等省份也纷纷制定相关配套措施，民办高等教育分类管理政策在全国范围内顺利实施。可见，民办高等教育分类管理政策的推广与实施具有强制性。

---

[1] 黄洪兰，柳海民. 探索营利性与非营利性民办高校分类管理——以吉林华桥外国语学院为例[J]. 高校教育管理，2018，12（4）：81.
[2] 教育部办公厅关于民办教育分类管理改革地方配套文件制定工作进展情况的通报[EB/OL]. 教育部，(2018-5-23) [2020-8-7]. http://www.moe.gov.cn/srcsite/A03/s3014/201806/t20180604_338172.html.

四、微观制度变迁与民办高等教育政策选择

微观制度是决策层面的制度，和民办高等教育政策的制定与选择直接相关。微观制度界定了决策部门之间的关系以及与决策相关的程序、规则等，具体包括决策系统中各机构之间的关系、决策机构和中间部门之间的关系以及决策制度的特征等。① 民办高等教育政策场域中的决策机构主要包括全国人大和国务院，中间部门主要指民办高校及其中介组织。通过考察不同时期国务院与全国人大的关系，以及其与民办高校及中介组织的关系，② 有利于解释民办高等教育从"不得以营利为目的"到"合理回报"再到"分类管理"的政策选择逻辑。

（一）决策主体之间的关系变迁与民办高等教育政策选择

全国人大是最高国家权力机关，拥有最高立法权，理应是民办高等教育政策的最高决策机关。国务院除了是最高国家权力机关的执行机关外，它还拥有相应的行政立法权，行政立法也会影响民办高等教育政策的制定。中国共产党作为执政党，在整个国家事务中发挥着"总揽全局、协调各方"的总体性功能。因此，民办高等教育政策场域中的决策主体包括全国人大、国务院以及中国共产党等三个部分。在民办高等教育发展的不同阶段，决策主体之间的关系不同，导致民办高等教育政策呈现出不同的特征。

1. "人大授权"关系下的民办高等教育政策

党的十一届三中全会后，以市场化为导向的改革和对外开放成为党和国家工作的重心，要求建立以市场为导向的经济体制，而市场经济的有效运行需要法律制度的保障，这就要求立法机关及时制定法律。但是，法律所具有的正式性、稳定性和权威性特征与改革开放背景下经济利益调整引发的社会关系频繁变动存在着明显的矛盾。在社会关系频繁变动的情况下匆忙制定的法律往往适应性较差，有时候还会产生适得其反的效果。这就需要立法机关制定一些具有灵活性、过渡性质的法律文件，以便在一定时间内规范社会行为体的行为。等到所调节的社会关系趋于稳定，再由全国人大制定相关法律。基于这种情况，全国人大通过授权立法的形式，将部分立法权授予国务院，国务院因此具有了相应的行政立法权。这一时期国务院所制定的《关于安置

---

① 李巍. 制度变迁与美国国际经济政策 [M]. 上海：上海人民出版社，2010：64.
② 不同时期，国务院与全国人大在民办高等教育决策中所起的作用不同，为了研究的方便，这里主要考察政策主导者与民办高校及其中介组织之间的关系。

老弱病残干部暂行办法和关于工人退休退职暂行办法》《关于国营企业利改税和改革工商税制的税收条例》等，都是授权立法的产物。

在民办高等教育政策领域，也存在全国人大将立法权授予国务院的现象。在有关民办高等教育的31项政策文本中，仅有3项为全国人大所制定。这三项政策文本分别为1982年制定的《宪法》、1995年制定的《教育法》以及1998年制定的《高等教育法》。从三项政策文本所调节的社会关系来看，并非都是针对民办高等教育的；相反，这一时期调整民办高等教育领域关系的重要政策文本，比如《社会力量办学的若干暂行规定》（1987年）、《民办高等学校设置暂行规定》（1993年）、《关于加强社会力量办学管理工作的通知》（1996年）、《中华人民共和国社会力量办学条例》（1997年）等，都是由国务院及其所属的国家教委（教育部）所制定。可见，这一时期民办高等教育政策由国家行政机关所主导。行政机关本身是政策执行机关、是民办高等教育的管理机关，这决定了其在调整与民办高等教育的关系中更加注重"效率""回应性"等，其所制定的行政法规更符合"效率逻辑"和"回应性逻辑"。当民办高校的举办者在不具备办学条件和没有办学资格等情况下，擅自办学、乱发招生广告、擅自许诺颁发国家承认的高等学历文凭、财务管理混乱以及违反《关于社会力量举办高等学校和中等专业学校试行条例》的规定，教育行政部门在较短的时间内连续发布了《关于社会力量办学的若干暂行规定》《社会力量办学财务管理暂行规定》《关于不得乱登办学招生广告的通知》《关于跨省、自治区、直辖市办学招生广告审批权限的通知》等政策文本加以规范。这一时期，举办民办学校被认为是"无本生意"，一些民办高校的举办者通常是先招生、先收费，再雇老师、找房子，"只要有本事把学生招进来，把学费收上来"，就能够迅速获取收益，办学是以营利为目的。[①] 针对这种情况，1993年，国家教委制定的《民办高等学校设置暂行规定》第七条要求"民办高等学校不得以营利为办学宗旨"；1997年，国务院制定的《社会力量办学条例》第六条同样做出了"社会力量举办教育机构，不得以营利为目的"的规定。

2. "党委领导"下的民办高等教育政策

党的十八大指出，要支持人民通过人民代表大会制度行使国家权力；支持人大和人大常委会充分发挥国家权力机关的功能，依法履行立法、监督、

---

① 张博树，王桂兰. 重建中国私立大学：理念、现实与前景 [M]. 北京：教育科学出版社，2003：119.

决定和任免等法定职权；加强人大对"一府两院"工作的监督。① 党的十九大报告同样强调了人大的功能：发挥人大和人大常委会在立法工作中的主体功能；支持和保障人大依法履行立法权、监督权、决定权、任免权。② 除了强调全国人大依法履行法定职能外，这一时期在党与人大、政府的关系的制度设计上，更加凸显了党的领导地位。比如，在党的十八大和十九大报告中分别强调了"善于使党的主张通过法定程序成为国家意志"，"加强党的集中统一领导，支持政府、人大、政协、法院以及检察院等依法依章程履行职能、开展工作、发挥作用"，"党政军民学，东西南北中，党是领导一切的"等。

这一时期民办高等教育决策主体间的关系，可以概括为党委领导下的府会之间的分工与合作。2010 年国家中长期教育改革和发展规划纲要工作小组办公室③主持编写的《国家中长期教育改革和发展规划纲要（2010—2020年）》再次提出，要"积极探索非营利性与营利性民办学校分类管理"。2010 年 6 月 21 日，中央政治局会议审议通过了《国家中长期教育改革和发展规划纲要（2010—2020 年）》，分类管理改革引起最高决策层的注意。2012 年 7 月 27 日，教育部将《教育法》《高等教育法》和《民办教育促进法》等三部法律，通过《教育法律一揽子修订建议（草案）》一并报请国务院审议，"消除民办学校分类管理的法律障碍"④。2015 年 1 月 7 日，国务院第 77 次常务会议讨论通过了《教育法律一揽子修订建议（草案）》，决定提请全国人大常委会审议。2015 年 12 月 27 日，全国人大常委会对于三部法律进行了分组审议，表决通过了《教育法》和《高等教育法》的修订案，但对于《民办教育促进法》暂不表决。2016 年 4 月 19 日，习近平总书记主持召开了中央全面深化改革领导小组第二十三次会议，在该次会议上审议通过了《民办学校分类登记实施细则》《营利性民办学校监督管理实施细则》以及《关于加强民办学校党的建设工作的意见（试行）》等政策文本。全国人大教科文卫委员会为了配合国务院法制办（2018 年 3 月，根据第十三届全国人民代表大会第一次会议批准的国务院机构改革方案，将司法部和国务院法制办公室的职责整

---

① 胡锦涛在中国共产党第十八次全国代表大会上的报告［EB/OL］. 人民网，（2012-11-18）［2020-7-28］. http://cpc.people.com.cn/n/2012/1118/c64094-19612151.html.
② 习近平在中国共产党第十九次全国代表大会上的报告［EB/OL］. 人民网，（2017-10-28）［2020-7-28］. http://cpc.people.com.cn/n1/2017/1028/c64094-29613660.html.
③ 该办公室的领导小组组长是时任国务院总理温家宝，该办公室工作小组组长为时任国务委员刘延东。可以认为《国家中长期教育改革和发展规划纲要（2010—2020 年）》由国务院主持编写。
④ 袁曙宏，李晓红，许安标.《民办教育促进法》释义［M］. 北京：中国民主法治出版社，2017：193.

合)、教育部做好法律修改工作,先后赴北京、陕西、天津、浙江、福建、广东、新疆等地进行调研,并多次主持召开座谈会听取有关部门、专家学者以及民办学校的修改意见和建议。① 法律委员会在审议《民办教育法修正案(草案)》时明确指出,"党中央审议通过了鼓励社会力量办学、促进民办教育健康发展的文件及其配套规定……为了贯彻党中央有关民办教育分类管理精神,促进民办教育健康发展,修改民办教育促进法是必要的"。② 十二届全国人大常委会第24次会议审议通过了《关于修改〈中华人民共和国民办教育促进法〉的决定》,从法律层面明确了民办高等教育的分类管理制度。

(二) 决策主体、民办教育行为体关系变迁与民办高等教育政策选择

在美国等西方国家的政策制定与选择过程中,利益集团是一个非常重要的影响因素。研究政策变迁的"铁三角"理论认为,官僚机构、国会和利益集团形成三角关系,牢牢地控制着美国公共政策的制定与选择。③ 在中国,随着改革开放的不断推进,一元化的利益格局开始分化,利益结构出现了多元化特征,利益集团通过自组织或者中介组织的形式得以呈现。随着中国民办高等教育的发展壮大,民办高等教育的利益集团通过或现或隐的方式影响着民办高等教育政策的制定与选择。通过考察不同阶段决策主体与利益集团的关系,有助于解释民办高等教育从"不得以营利为目的"到"合理回报"再到"分类管理"的政策选择。由于中国民办高等教育的利益集团结构松散,活动公开性低,不完全具备利益集团的相关特征,这里统一使用"民办教育行为体"来代替利益集团。

1. "依附"关系下的民办高等教育政策

新中国成立至改革开放前,在长期的计划经济体制影响下,逐渐形成了全能型政府。在这种体制下,政府集中配置社会资源,对经济生活和社会生活进行全面且直接的干预。④ 将高等教育纳入国家事业,政府垄断了高等教育事业,集高等教育的投资者、办学者、管理者于一身。正如劳凯声教授所言,新中国成立后确立的高等教育制度,是在计划经济体制和高度集权的管理体

---

① 胡大白. 中国民办教育通史(当代卷)[M]. 社会科学文献出版社,2018:268.

② 全国人民代表大会法律委员会关于〈中华人民共和国民办教育促进法修正案(草案)〉审议结果的报告[EB/OL]. 人大网,(2015-12-17)[2020-7-29]. http://www.npc.gov.cn/wxzl/gongbao/2017-02/20/content_ 2007552. htm.

③ [美]米切尔·黑尧. 现代国家的政策过程[M]. 赵成根,译. 北京:中国青年出版社,2011:67.

④ 兰旸. 中国国家治理结构研究[M]. 北京:知识产权出版社,2018:129-131.

制下所形成的高等教育制度，是国家政治意志在高等教育领域中的集中体现，国家通过整体规划教育政策目标、制定教育发展计划以及设定教育教学机构等方式控制教育活动。① 总之，这一时期，国家在高等教育的招生计划、专业设置、机构编制、经费使用、干部任免、职称评定、福利待遇以及国际交流合作等方面，进行直接且全面的管理。在全能型政府体制下，政府掌握着高校生存与发展所需的所有资源，对高校的一切事务采取了"统、包、管"的措施。② 与此相对应，高校则缺乏积极性与创造性，形成了"等、靠、要"的依赖思想。因此，全能型政府治理模式下政府与高校的关系表现为高校对政府的依赖。这一制度有着很强的路径依赖，改革开放后所形成的政府与民办高等教育的关系亦受到这一制度的影响。

改革开放后，随着社会经济和高等教育的不断发展，全能型政府模式下的政府一元化办学体制的弊端开始显现，比如高等教育的投入不足、高等教育资源的闲置与浪费、高等教育系统缺乏创新能力、高等教育不能满足公众日益增长的教育需求等。基于这种情况，政府开始放弃对高等教育的统包统揽和集权化管控，将高等教育的供给权和管理权向市场让渡，高等教育机构不得不根据市场规则和市场的需求来确定自身的发展方向、发展层次、发展空间和发展类别。民办高校便是政府放权和市场介入高等教育领域的产物。虽然民办高校是政府放权和市场介入的产物，但是由于30余年来政府对民办高等教育管理制度形成了很强的路径依赖，使得政府对民办高等教育一元化管理的惯性依然很强大，政府仍旧控制着民办高校的办学审批、专业设置、招生计划、检查评估等工作。这一时期政府与民办高校的关系仍旧表现为民办高校对政府的"依赖"。对政府而言，一方面需要通过发展民办高等教育促进高等教育的发展，另一方面又要管理好民办高校，以防范民办高校的违规行为。③ 对于民办高校而言，它们希望政府让渡更多的行政权力，以获取相应的合法性和更大的发展空间。这一时期，政府虽然在后勤管理、课程设置、人事安排等方面逐渐放权给民办高校，但是受教育的公益性理念以及担心民办高校逐利而引发高等教育混乱等的影响，仍在宏观上规定民办高等教育"不得以营利为目的"。

2. "合力"关系下的民办高等教育政策

决策的民主化、科学化，要求民办教育行为体参与民办教育的决策。党

---

① 劳凯声. 教育法论[M]. 南京：江苏教育出版社，1993：6.
② 张轩. 中国高等教育制度变迁研究[M]. 北京：现代出版社，2016：78-79.
③ 程化琴.《民办教育促进法》制定过程研究[M]. 北京：北京大学出版社，2012：129.

的十一届三中全会后,决策民主化和科学化成为政治体制改革的重要内容和基本要求。邓小平同志在1980年发表了《党和国家领导制度的改革》的重要讲话,提出了决策民主化和科学化的问题。1997年,党的十五大报告要求在国家决策中要逐步形成充分表达民意、深入了解民情和广泛集中民智的科学决策机制,"推进决策民主化、科学化,提高决策水平和效率"。① 决策的民主化和科学化则需要民办教育行为体积极参与民办教育决策过程。在《民办教育促进法》的起草和审议过程中,全国人大教科文卫委员会(法律起草小组)分赴全国各地进行了广泛的调查研究,听取了教育行政部门、民政部门、劳动和社会保障部门等有关部门,民办学校的举办者、校长、教师及专家学者等的意见和建议。② 同时,全国人大教科文卫委员会(法律起草小组)还通过举办立法研讨会、座谈会的形式,听取社会各界对民办教育促进法立法的建议。③ 在决策科学化和民主化的要求下,决策者需要将民办高等学校举办者、校长、教师及专家学者等利益行为体的意见作为决策参考,以使决策更具科学性、合理性和合法性。

民办高等教育的发展壮大,提升了民办高等教育行为体参与决策的能力。1999年,中国普通高校开始大规模扩招,当年录取160万人,2000年录取221万人,2001年录取260万人。录取人数的增加与公办高校有限的容纳能力产生了明显的矛盾,这就需要民办高校接收扩招的部分大学生。民办高等教育举办者抓住了"扩招"的机遇,利用资金和管理等方面的优势,迅速发展壮大。1999年,全国普通民办高校为37所,2000年为43所,2001年为89所。如果从高等教育文凭考试试点学校来看,这一数据更加巨大。1999年全国高等教育文凭考试试点学校370所,2000年为467所,2001年为436所。④ 随着民办高等教育的发展壮大,其利益诉求逐渐引起决策者的关注,在《民办教育促进法》制定阶段,全国人大教科文卫委员会为了使民办教育政策更具科学性和合法性,在法律起草阶段就广泛征询过民办教育行为体的意见,法律委员会在法律草案出台后又多次征求其意见;同时,行政机关和立法机关都有来自民办教育领域的代表,其利益在立法过程中可得到保

---

① 《中国共产党第十五次全国代表大会文件汇编》编委会. 中国共产党第十五次全国代表大会文件汇编[M]. 北京:人民出版社,1997:32-33.
② 程化琴.《民办教育促进法》制定过程研究[M]. 北京:北京大学出版社,2012:13.
③ 程化琴.《民办教育促进法》制定过程研究[M]. 北京:北京大学出版社,2012:18-24.
④ 教育部发展规划司,等.2002年中国民办教育绿皮书[M]. 上海:上海教育出版社,2003:95.

障。① 此外，民办教育行为体在2002年6月成立了行业组织——民办教育工作者联谊会。

决策者与民办教育行为体的"合谋"。决策者为了使决策更具合理性与合法性，需要听取民办教育行为体的意见；民办教育行为体为了获取和保障自身的利益，需要将其利益诉求传达给决策者，为二者"合力"提供了可能性。决策者与民办教育行为体"合力"，一方面源于共同的诉求，另一方面源于民办教育行为体对决策者的汇报。从诉求来看，《民办教育促进法》由全国人大教科文卫委员会所起草。全国人大教科文卫委员会是全国人大的专门委员会，在全国人大及其常委会的领导下，开展教科文卫方面的法律草拟和立法审议工作，代表国家和社会的整体利益，所选择的政策方案必须有利于国家整体利益的实现，同时具有合法性和合理性。国家需要通过发展民办高等教育，满足公众接受高等教育需求，政策方案必须体现出"促进"民办高等教育的意图。在《教育法》和《高等教育法》等上位法要求"教育不得以营利为目的"的情况下，全国人大教科文卫委员会不会允许营利性民办高校的存在，也不可能制定民办高校非营利性和营利性分类管理的政策。同时，教科文卫委员会与民办教育行为体接触较多，有些委员还兼任着民办教育工作者联谊会相关职务，比较熟悉民办教育的情况，立法时会考虑民办教育行为体的利益。比如，在立法过程中有委员说："我们代表民办学校的利益，也是有可能的，因为我们是专门委员会，我们不为教育说话还为谁说话呢？我们不为教育说话，谁还会为教育说话呢？"② 从民办教育行为体的利益诉求来看，作为"理性经济人"，民办教育行为体既想获取民办学校的产权，又想获取相应的办学收益，同时还要享受税收和土地方面的优惠政策。这可以从教科文卫委员会对民办学校举办者的立法调研反映出来。③ 立法调研中，民办学校举办者反映的问题主要有：没有确立民办教育应有的地位与作用、民办教育和公办教育没能享受同等的待遇、民办教育产权不清晰、政府对民办教育的管理不规范、《社会力量办学条例》所规定的优惠政策没有得到很好的落实等。总之，既然立法的宗旨是促进民办教育发展，那么就要在法律上满足办学者的利益诉求，实现立法者与民办教育行为体的"合力"。

从民办教育行为体对决策者的影响来看。民办教育行为体对决策者的影

---

① 程化琴.《民办教育促进法》制定过程研究［M］. 北京：北京大学出版社，2012：101.
② 程化琴.《民办教育促进法》制定过程研究［M］. 北京：北京大学出版社，2012：152.
③ 全国人大教科文卫委员会，等. 民办教育研究与立法探索［M］. 广州：广东高等教育出版社，2001：288.

响表现在两个方面：一是民办教育行为体利用决策者在立法调研以及法律草案征询意见阶段，将诸如没有确立民办教育应有的地位与作用、民办教育没能享受公办教育同等的待遇、民办教育产权不清晰、政府对民办教育的管理不规范、《社会力量办学条例》所规定的优惠政策没有得到很好的落实等问题传达给决策者，使全国人大教科文卫委员会在草拟立法议案时关注相关问题，使之能够进入政策议程。二是在立法机关和行政机关有民办教育的支持者，可以反映民办教育行为体的利益与诉求。可以将民办教育行为体的政策偏好传达到决策层面，以影响民办教育政策的制定。比如全国人大法制委员会在会同国务院法制办、人大教科文卫委员会对立法草案重大问题进行研究协商时，在教科文卫委员会的推荐下，法工委听取了民办教育工作者联谊会相关同志对立法草案的意见，民办教育工作者联谊会提出应当给予民办学校"合理回报"。①

总之，在《民办教育促进法》制定过程中，决策者和民办教育行为体存在"合力"关系。最终通过的《民办教育促进法》把民办教育界定为可以获取"合理回报"的"公益性事业单位"，可以享受税收和土地方面的优惠政策。

3. "竞争"关系下的民办高等教育政策

决策者在制定《民办教育促进法》过程中，通过允许民办高校举办者获取办学收益，鼓励社会资本投资办学，促进高等教育的有效供给。社会资本看到了投资高等教育的利润空间，意图通过投资办学，获取经济收益。在这种情况下，决策者与民办教育行为体在《民办教育促进法》制定过程中实现了"合力"，其政策结果是把民办教育界定为可以获取"合理回报"的"公益性事业"，可以享受税收和土地方面的优惠政策。通过"合力"行为，决策者实现了促进民办教育发展的立法目的，民办高等教育举办者通过投资办学获取了投资回报。但是投资办学遵循的是市场逻辑，即通过办学实现利润最大化。② 这决定了民办高校在办学过程中关注招生，关注投入与产出，注重控制成本和增加收益，以此扩大利润空间。许多民办高校在办学过程中，不顾办学条件，盲目扩大招生规模、压缩教师数量、降低教师工资、减少教学设备和图书采购，由此造成高等教育人才培养质量的下降。短期来看，这一后果由受教育者所承担，但是从长远看，后果最终还是由国家来承担。当决策

---

① 程化琴.《民办教育促进法》制定过程研究［M］.北京：北京大学出版社，2012：37.
② 刘莉莉.中国民办高等教育研究［M］.长春：吉林人民出版社，2002：26.

者看到民办教育行为体的办学行为背离了"促进民办教育发展"的立法初衷时，就会打破这种"合力"关系，对民办高等教育实施分类管理。由于分类管理改革是涉及利益格局调整的深层次变革，作为理性经济人的民办教育行为体必然存在对产权、办学收益、管理权和税收、土地等优惠政策等方面的利益诉求，而决策者则要通过分类管理，引导民办高等教育行为体进行公益性办学，放弃产权、办学收益、管理权等。二者诉求存在差异。

从决策者的角度来看。决策的民主化、科学化需要民办教育行为体参与民办教育政策的制定。党的十七大报告指出，推进决策民主化、科学化，增强决策的透明度和公众的参与度，制定与社会公众利益密切相关的政策时，原则上要公开听取公众意见。① 在《民办教育促进法（修正案）》的草拟、修改、审议等过程中，国务院法制办、全国人大法制工作委员会、法律委员会以及教科文卫委员会等都通过调研、论证会、座谈会的形式，征询过民办学校、行业协会、教师等的意见。② 民办教育行为体可以通过这些平台将自身的诉求传达给决策者，引起决策者的关注。从民办教育行为体的角度来看，在国家鼓励民办高等教育发展的战略方针指引下，从2002年《民办教育促进法》的制定到2010年，中国高等教育事业有了长足的发展。据《2010年全国教育事业发展统计公报》的统计数据，当年全国共有各级各类高等学校11.90万所，各类教育在校生达3392.96万人，其中民办高校676所（含独立学院323所），在校生476.68万人。随着民办高等教育规模的扩大，其在政策制定上拥有更大的话语权。尤其是随着民办教育的发展壮大，民办教育举办者的地位有了很大提高，有学者搜集了115位民办教育举办者的信息，发现115人"均拥有政治身份"。③ 部分民办教育举办者为全国人大代表和政协委员（见表5-3），他们通过在每年的两会上提交有关民办教育的议案、提出相关建议、意见等方式，将民办教育举办者的利益诉求传达给最高决策者，以引起决策者的关注。当然，部分民办教育举办者拥有相应的表决权，可以直接参与民办高等教育的决策。总之，这一时期，民办教育行为体通过相关渠道和平台主动参与民办教育政策制定，试图影响民办教育政策的制定。民办教

---

① 高举中国特色社会主义伟大旗帜 为夺取全面建设小康社会新胜利而奋斗［EB/OL］.中国共产党新闻网，(2007-10-15)［2020-8-1］.http://cpc.people.com.cn/GB/64162/64168/106155/106156/6430009.html.

② 袁曙宏，李晓红，许安标.《民办教育促进法》释义［M］.北京：中国民主法治出版社，2017：191-208.

③ 周海涛，等.中国教育改革开放四十年：民办教育卷［M］.北京：北京师范大学出版社，2019：152.

育行为体与决策者的关系有别于前期的"依附"与"合力",趋向于独立主体之间的"竞争"关系。

表 5-3 民办教育领域第十三届全国人大代表和政协委员

	姓名	在民办学校担任的职务
人大代表	秦和	吉林华侨外国语学院院长
	李孝轩	中国新高教集团董事会主席
	李光宇	宇华教育集团董事长
	杨雪梅	黄河科技学院院长
	赵超	陕西国际商贸学院董事长、院长
	缪国乐	广东德爱教育集团有限公司董事长
	牛三平	陕西工商学院董事长
政协委员	俞敏洪	新东方教育集团董事长
	苏华	四川现代教育集团董事长
	胡卫	上海协和教育集团创始人
	刘林	北京城市学院党委书记、校长
	杨文	山东英才学院董事长
	何伟	辽宁何氏医学院院长
	李胜堆	东华教育集团董事长
	刘卫昌	河北邯郸市肥乡区曙光学校校长

资料来源:周海涛,等.中国教育改革开放四十年:民办教育卷[M].北京:北京师范大学出版社,2019:153-154.

从《民办教育促进法》修订的整个过程来看,民办教育行为体参与政策的方式包括两种:显性参与方式和隐性参与方式。显性参与方式是民办教育行为体应邀出席决策者所举办的咨询会、研讨会、座谈会,提交决策者委托的专题报告、政策研究报告等。比如,2010 年 2 月 28 日国家教委等五部门发布了《〈国家中长期教育改革和发展规划纲要〉(征询意见稿)》。同年 3 月 12 日民办教育协会组织了相关民办教育专家、民办高校举办者、民办高校校长等围绕该规划纲要涉及的民办教育问题召开座谈会,会后提交的报告认为:民办学校的产权要有突破,教育的所有权与经营管理权应该分开(民办教育举办者可以拥有产权);给予民办学校招生权、教学权、收费权;赋予民办高校与公办高校同等地位;增加公共财政对民办教育的扶持等。[1] 在《民办教育

---

[1] 陶西平,王佐书.中国民办教育发展报告(2003—2009)[M].上海:上海人民出版社,2010:485-493.

促进法（草案）》草拟过程中，国务院法制办两次书面征求民办学校、民办教育协会以及一线教师的意见，民办教育行为体得以把自身的政策诉求传达政策草拟者。在《民办教育促进法（草案）》审议过程中，全国人大法制工作委员会将草案印发至各省、自治区、直辖市、民办高校等单位，并在中国人大网全文公布修订草案，征求各界意见。教科文卫委员会、法律委员会和法制工作委员会联合召开座谈会，听取有关部门、人大代表、民办教育协会、民办教育者、专家学者等的意见。尤其是法制工作委员会、法律委员会联合召开了民办教育分类管理专题座谈会，听取地方教育行政部门和民办学校举办者的意见，还到北京、上海、湖南、广东和浙江调研，听取有关部门对修正案的意见。民办教育行为体反映的主要问题有"分类管理改革尚在探索中，建议不急于修改""分类管理过渡期的问题""剩余财产分配的问题"等。正是这些问题，导致法律委员会对《民办教育促进法（草案）》"暂不付表决"。针对发回再审的《民办教育促进法（草案）》，全国人大法制工作委员会、法律委员会再次召开座谈会，听取民办教育协会、民办教育举办者、管理者的意见，还到浙江、山东和江苏等地进行调研，一些民办教育行为体对分类管理仍有异议，诸如"实施分类管理后，应保障办学者举办者参与办学和管理的权利""分类管理后，非营利民办学校享受同公办学校同等的用地优惠，营利性民办学校也应该享受相应的用地优惠政策""为保障分类管理平稳有序进行，要对民办学校的过渡期做出规定"等。后中央深改组第二十三次会议批准实施非营利性与营利性民办教育分类管理改革的相关文件，分类管理改革"已成定局"。最终，十二届全国人大常委会第24次会议审议通过了《关于修改〈中华人民共和国民办教育促进法〉的决定》，从法律层面明确了民办高等教育的分类管理制度。

  从显性参与方式来看，民办教育行为体的政策参与是决策者在民主决策、科学决策要求下的决策权让渡，具有重要的实际意义。隐性参与方式是一种非官方邀请的参与，即民办教育行为体作为专家、学者或者人大代表、政协委员等，以发表学术论文、出版学术专著、自组织学术研讨会、接受大众传媒的专访等方式，将其对民办高等教育分类管理政策的意见通过电视、网络、报刊以及全国两会等宣传平台传达给决策者，以达到影响政策的目的。相较于显性参与方式，隐性参与方式更具博弈性和竞争性。虽然很难量化隐性参与方式对政策的影响程度，但是隐性参与方式会对政策变革带来影响是必然的。

虽然分类管理改革是在政府主导下的强制性制度变迁,① 但是民办教育行为体有渠道和能力参与政策制定,并对政策的选择施加影响。2010 年《国家中长期教育改革和发展规划纲要（2010—2020 年）》提出修改《教育法》《高等教育法》《职业教育法》《教师法》《学位条例》《民办教育促进法》等六部法律,最终"修六立五","未立"的就是《民办教育促进法》,因为涉及了分类管理的问题。2015 年 12 月全国人大常委会二审"教育法律一揽子修订案"时,"立三过二",《民办教育促进法》同样因为"分类管理"争议较大而"暂缓表决"。《民办教育促进法》最终获得立法通过并于 2017 年 9 月 1 日开始实施,这一历程从侧面反映了决策者与民办教育行为体之间的博弈和竞争。

---

① 张利国,袁飞. 民办高校分类管理中政府职能的重塑 [J]. 黑龙江高教研究, 2014 (10): 89.

第六章

民办高等教育政策变迁：
理念、利益与制度的互动

本书在第三、第四、第五章分别论述了理念、利益和制度三个因素对民办高等教育政策变迁的影响。如制度复合体中的理念、利益和制度决定制度的属性，引发制度变迁一样，民办高等教育政策场域中的理念、利益和制度亦不是单独影响政策变迁，三者之间存在互动，这促进了民办高等教育政策的变迁，表现为民办高等教育政策从"不得以营利为目的"到允许举办者获取"合理回报"，再到非营利性与营利性分类管理。本章主要探讨理念、利益和制度三种因素相互作用，共同引发民办高等教育的非营利性与营利性政策变迁。

一、理念、利益与制度：民办高等教育政策变迁的关键因素

（一）民办高等教育政策变迁的理念因素

理念是政策变迁的认知要素。政策变迁是多种因素共同作用的结果，理念是政策变迁得以发生的认知因素。理念是个人和社会行为体关于如何行动的认知与信念。政策变迁语境下的理念，特指社会行为体以及决策者的认知与信念。理念构成了政策本身，在每个政策场域中存在某种特定的行为体，各类社会行为体不会自动按照某种既定的规范行事。理念总是隐藏在特定的政策背后，作为一种认知和信念体系，约束和引导社会行为体以及决策者在政策变迁过程中的行为。把理念作为政策变迁的核心因素并非本书所独创，政策变迁的多源流理论认为思想在政策源流中起着提出智力问题、使人陷入智力困境，再解决智力问题的作用。在政策共同体中有些思想没有显现，是因为这些思想的主题令人生厌；那些幸存下来的思想，既具有技术的可行性，也具有思想的可接受性，这些思想之所以可接受，是因为它们彰显了某种价

值。① 鲍姆加特纳和琼斯在解释政策的稳定性时强调了理念的重要性，指出每一个集团、每一种利益、每一个政策企业家都对建立政策垄断抱有很大的兴趣，而要保持和固化政策垄断，条件之一就是要有一套与此制度结果密切结合的权威性政策理念的支持。② 萨巴蒂尔则直接强调信念体系在政策变迁中的重要意义，认为信念体系包括个人和联盟的价值取向、对因果关系的认知、对重要问题的理解、对世界局势的判断以及对政策工具有效性的判断，信念体系在政策变迁过程中发挥着形塑信念联盟的作用。③ 理念因素是影响政策变迁的重要因素。

理念是政策的灵魂，也是政策选择的依据。民办高等教育政策变迁，先后经历了不得以营利为目的的政策阶段、合理回报的政策阶段以及非营利性与营利性分类管理的政策阶段。在不同阶段的政策中皆可以发现理念的痕迹。在民办高等教育不得以营利为目的的政策阶段，高等教育国家所有制理念和高等教育公益性理念认为社会主义国家的高等教育应该由国家举办，公益性是高等教育的重要特征，为了保证高等教育的公益性，必然不允许高等教育以营利为办学目的。21世纪初，在高等教育产业化和学术资本主义等理念的影响下，高等教育被认为是一种产业，可以通过市场机制供给高等教育，既然市场可以供给高等教育，政策上就需要允许举办者获取办学收益，表现为民办高等教育可以获取"合理回报"。2010年后，决策者对高等教育属性的认知更加深化，认为高等教育具有准公共物品的属性，作为一种准公共物品，其供给主体可以是政府等公共部门，也可以是个人或者企业等私人部门，供给主体的差异性表现为民办高等教育属性的差异性，政策上表现为允许非营利性与营利性两类民办高校同时存在，对两类不同的民办高校实行分类管理。可见，特定的政策隐藏着决策者的认知与信念。

理念创新引发民办高等教育政策变迁。理念影响政策变迁是新制度主义理论的一个核心论断。④ 新制度主义认为理念既不会自发转变为公共政策，也不会自发引起政策变迁。理念主要通过三种途径影响公共政策：一是决策者

---

① ［美］约翰．W. 金登．议程、备选方案与公共政策［M］．丁煌，方兴，译．北京：中国人民大学出版社，2017：104-105.

② ［美］弗兰克．R. 鲍姆加特纳，布莱恩．D. 琼斯．美国政治中的议程与不稳定性［M］．曹堂哲，文雅，译．北京：北京大学出版社，2017：6-7.

③ ［美］保罗．A. 萨巴蒂尔．政策变迁与学习：一种倡议联盟途径［M］．丁煌，方兴，译．北京：中国人民大学出版社，2017：150.

④ Albert S. Yee. The causal effects of ideas on policies［J］. International Organizations, 1996, 50（1）: 78.

通过对理念的学习，使理念获得合法性；二是政策场域中不同理念之间的竞争，胜出者成为主导理念，进入政策议程，上升为国家的政策；三是理念嵌入制度，实现对客观世界的持续影响。民办高等教育政策变迁亦是这种逻辑的产物。从政策学习的视角看，梅斯盖尔等认为政策选择并不是政策系统消极被动的自我调适，而是一个积极主动的学习过程，政策学习既可以是内生的，也可以是外生的。内生学习是决策者根据过往的政策绩效，刻意调整政策的目标和技术的过程；外生学习则是决策者针对政策外部环境变化而做出的反应。[1] 民办高等教育政策理念的获取，既是内生学习的过程，也是外生学习的过程。比如《民办教育促进法》制定过程中，决策者既有对中国传统私立教育的历史经验总结，也有借鉴欧美国家经验的痕迹，又有向相似行业学习的经历。从理念竞争的视角看，在民办高等教育政策场域中往往存在高等教育国家所有制理念、高等教育产业化理念、高等教育非营利组织理念以及高等教育准公共物品理念等多种政策理念，这些理念之间存在竞争，比如产业化理念之争、营利性与公益性理念之争以及公益性与分类管理理念之争等。那些具有经济可行性、政治可行性以及行政可行性的理念会在竞争中胜出，上升为主导理念，进而对政策变迁产生影响。从理念嵌入制度的视角看，新的理念带来新的社会行为体，社会行为体的变化以及行为体组织化程度的提高，会引发制度的缓慢变迁。同时，理念嵌入制度还需要获得决策者的认同与支持，决策者利用自身所拥有的政治资源，将某种其认同的且成为主导理念的政策理念嵌入制度，实现理念的持续性影响。正是理念对公共政策的这种作用机制，促使民办高等教育政策变迁，而理念的创新，导致民办高等教育政策在不同阶段表现为不同的特征。

（二）民办高等教育政策变迁的利益因素

利益是政策变迁的动力要素。现代社会是高度组织化的社会，国家调节和控制着利益分配。国家的政治制度为公共利益的分配提供了一整套规范框架，但是大量的常规性利益问题需要通过公共政策进行调节。各类社会行为体为了实现自身的利益，都试图影响政策的制定与选择。正如丁煌教授所言，政策过程本质上就是政策主体之间基于利益得失而进行的利益博弈过程。[2] 鲍

---

[1] Meseguer C. Policy learning, policy diffusion, and the making of a new order [J]. The Annals of the American Academy of Political and Social Science, 2010 (11): 67-82.

[2] 丁煌. 利益分析：研究政策执行问题的基本方法论原则 [J]. 广东行政学院学报, 2004 (3): 28.

姆加特纳和琼斯在解释美国公共政策的变迁时指出,处于优势地位的利益集团控制着政策问题的界定和公共政策议程的设置,这些利益集团相对保守,倾向于形成一种抵制政策变迁的机制,以维持政策的稳定性;处于劣势地位的利益集团提出对政策问题新的描述,并且试图吸引政策系统中的其他利益联盟的注意力,优势利益集团会对这种行为加以抵制,且尝试在这种情形下强化初始观点。① 在这个过程中,如果劣势经济集团获得成功,则政策变迁;如果劣势经济集团失败,则政策保持稳定。金登认为,政策场域中的政策源流、问题源流和政治源流三者之间存在着博弈,促成这种多重博弈行为发生的一个重要因素就是利益。比如在政治源流中,金登认为一个人之所以加入联盟,并不是因为他完全被某个政策的收益所说服,而是因为他害怕不加入联盟可能会丧失某些只能加入联盟才能获得的利益。② 利益因素是政策变迁得以发生的动力因素。

  民办高等教育政策变迁表现为利益的调整。从民办高等教育非营利性与营利性政策变迁看,20 世纪 80 年代初,伴随着改革开放和社会主义市场经济的发展,中国民办高等教育以高考补习班、助学考试辅导班等形式出现,带有明显的市场特征和逐利动机。国家为了规范民办高等教育的逐利行为,保障民办高等教育的公益性,在政策上要求民办学校"不得以营利为目的"。20 世纪末,国家为了鼓励社会资本进入高等教育领域,在政策上把民办高等教育界定为公益性事业的同时,允许民办高校举办者获取"合理回报"。2003 年后,民办高等学校迅速营利化,民办高校的举办者基于营利的目的办学,以市场理念经营民办高校,导致民办高校在招生、收费、课程设置、教学管理、教师用工以及内部治理等方面出现一系列问题。河南、江西等地个别民办高校甚至因为学费、学籍和学历等问题,引发民办高校群体性事件。国家为了规范民办高校的办学行为,在政策上将民办高校分为非营利性和营利性两类。针对两类不同性质的民办高校,采取不同的管理方式,让选择营利性办学的民办高校更好地营利,让选择公益性办学的民办高校更好地从事公益。民办高等教育非营利性与营利性政策变迁的过程,就是对民办教育举办者获取办学收益不断调整的过程,是从不允许举办者获取办学收益,到允许民办高校举办者获取办学收益,再到让举办者在非营利性民办高校和营利性民办

---

  ① [美] 弗兰克. R. 鲍姆加特纳,布莱恩. D. 琼斯. 美国政治中的议程与不稳定性 [M]. 曹堂哲,文雅,译. 北京:北京大学出版社,2017:8.
  ② [美] 约翰. W. 金登. 议程、备选方案与公共政策 [M]. 邓征,译. 北京:北京大学出版社,2011:30-34.

高校之间进行选择的过程。

利益驱动民办高等教育政策变迁。利益是支配社会行为体活动的根本原则，社会行为体的行为选择是利益引导的结果。最能说清楚行为者行为逻辑的莫过于利益。① 利益关涉集体行动，无论是利益集团理论还是社会联盟理论都承认行为体围绕稀缺性资源进行竞争是政策变迁的根本原因，民办高等教育非营利性与营利性政策变迁亦是如此。20 世纪 80 年代初，民办高等教育伴随着国家的市场化改革出现，其利益诉求是生存与发展，在招生宣传、学历文凭以及学校财务管理等方面常有"违规"。针对这些"违规"事件，国家必然通过制定政策法规进行规制，不得以营利为目的便是对民办高校营利行为的规范。21 世纪初，大量社会资本进入高等教育领域，民办高等教育逐渐具有了投资办学的特征，获取办学收益成为举办者的利益诉求。此时，国家需要借助发展民办高等教育满足公众接受高等教育的需求。为了鼓励民办高等教育的发展，允许民办高等教育举办者获取"合理回报"成为这一阶段的政策选择。2010 年之后，中国民办高等教育不断发展壮大，其政治影响力不断增大，民办高等教育的举办者不再满足于获取"合理回报"，在产权、政策扶持、法人治理结构以及剩余索取权等方面有了新的利益诉求。此时，民办高等教育的逐利行为逐渐背离了高等教育的育人本质，与国家借助发展民办高等教育满足公众接受高等教育需求的政策目标渐行渐远，国家需要对民办高等教育的"合理回报"政策进行变革，对民办高校的办学行为进行规范，不再允许民办高校在获取合理回报的同时享受公益性组织的免税待遇。实施非营利性与营利性民办高等教育分类管理，两类不同性质的民办高校在产权、法人治理以及政府扶持等方面享受不同的政策待遇，是国家规范民办高等教育办学行为的政策选择。

（三）民办高等教育政策变迁的制度因素

制度是政策变迁的框架因素。正如韩国学者河连燮所言，在社会科学发展过程中，20 世纪 60—70 年代的核心概念是集团，80 年代的核心概念是国家，制度则成为近期社会科学研究的焦点。② 公共政策是特定政治制度下的产物，研究政策变迁问题，自然避不开制度。金登认为不管政策源流和问题源流如何变化，作为政府变更、政党在国会中的分布以及意识形态等的政治源

---

① ［英］霍布斯.利维坦［M］.黎思复，黎廷弼，译.北京：商务印书馆，1985：557.
② ［韩］河连燮.制度分析理论与争议［M］.李秀峰，柴宝勇，译.北京：中国人民大学出版社，2014：3.